数字供应链金融理论与实践

孙双厚　孙　跃　编著

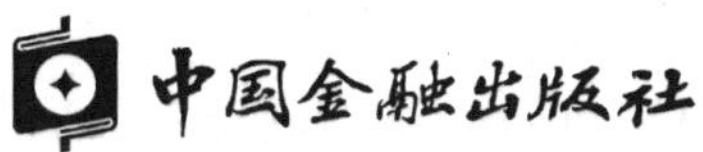

责任编辑：肖　炜　董梦雅
责任校对：刘　明
责任印制：陈晓川

图书在版编目（CIP）数据

数字供应链金融理论与实践/孙双厚，孙跃编著．—北京：中国金融出版社，2024.6

ISBN 978－7－5220－2373－1

Ⅰ.①数…　Ⅱ.①孙…②孙…　Ⅲ.①数字技术—应用—供应链管理—金融业务—研究　Ⅳ.①F252.2

中国国家版本馆CIP数据核字（2024）第063560号

数字供应链金融理论与实践
SHUZI GONGYINGLIAN JINRONG LILUN YU SHIJIAN

出版
发行　中国金融出版社

社址　北京市丰台区益泽路2号
市场开发部　(010)66024766，63805472，63439533（传真）
网上书店　www.cfph.cn
　　　　　(010)66024766，63372837（传真）
读者服务部　(010)66070833，62568380
邮编　100071
经销　新华书店
印刷　北京七彩京通数码快印有限公司
尺寸　169毫米×239毫米
印张　18.25
字数　252千
版次　2024年6月第1版
印次　2024年6月第1次印刷
定价　78.00元
ISBN 978－7－5220－2373－1

本书的结构和内容

本书共分为三篇：第一篇为“从传统金融到供应链金融”，第二篇为“从供应链金融到数字供应链金融”，第三篇为“数字供应链金融实践：人力资源服务行业”。相应地，其构成本书的基础篇、重点篇和行业实践篇，并形成从基础篇到重点篇、再到行业实践篇进阶的框架结构。

第一篇是本书基础篇，主要内容是关于供应链金融理论和实务的介绍。

本篇包含两章：其中第 1 章是初识供应链金融，介绍的是供应链金融基础理论；第 2 章则是供应链金融实务介绍，着重介绍预付款融资、库存融资以及应收账款融资三种主要业务模式。

第二篇是本书重点篇，主要内容是关于数字供应链金融理论和实践介绍。

本篇共用六章（第 3 章到第 8 章）的篇幅介绍数字供应链金融理论与实践，足见该篇在本书的分量。

其中第 3 章，介绍数字金融内涵、发展历程和优势，阐述数字供应链金融产生背景，梳理数字供应链金融不同发展阶段，提出数字供应链金融应该包括的三个要义，对数字供应链金融与传统供应链金融进行全面对比分析，指出未来数字供应链金融发展的七个趋势。

第 4 章则着重探讨数字供应链金融平台建设一系列根本性和关键性问题：介绍数字供应链金融行为主体方和环境影响方，阐述数字供应链金融平台建设目标、手段和路径，提出数字化供应链金融平台建设应培育三种能力，指出数字供应链金融平台要实现“互联、协同、可视、穿透、快捷和交互”六个具体功能。

第 3 章和第 4 章，构成本篇的一个重点内容。

第 5 章和第 6 章是专业供应链金融平台介绍。

其中第 5 章，选取横向跨行业整合供应链金融平台（B2C 电商、物流企业以及信息服务商三种模式）以及纵向垂直产业供应链金融平台（核心企业、商业银行和垂直 B2B 电商三种模式）共六个典型模式（案例），并分别探讨了各自模式的优势和不足。

第 6 章从阐述金融科技定义开始，选取有代表性的平安壹账通、中国银联、浙商银行、小米、中企云链、联易融、明心数智和盛业资本等金融科技平台（模式）做详细介绍，并对平台价值和不足作出针对性点评。此外，还介绍了供应链票据平台与供应链票据创新，并对供应链金融科技平台未来发展进行展望。

第 7 章主要内容是金融科技，介绍 ABCDI 等概念、特点、应用价值以及金融领域应用场景，重点介绍金融科技在供应链金融层面的具体运用以及综合应用，阐述金融科技赋能供应链金融的两个重点和三个目标。

第 8 章主要内容是数字供应链金融风险管理，在介绍供应链金融风险来源、十二种具体风险、六类典型欺诈案例的基础上，阐述供应链金融风险控制机理、风控的“五化”原则和十项具体举措，重点探讨数字供应链金融智能风控“三步走”实现路径，提出从数据、应用和预测三个层面建设数字供应链金融风控系统的思路，厘清当前金融科技助力风控的一些误区。

第三篇是行业实践篇，从介绍人力资源服务行业供应链金融开展、数字供应链和数字供应链金融实践等方面，揭示该行业开展数字供应链金融面临的问题，指出各相关主体努力方向，并对未来数字供应链金融发展作出前瞻。

本篇包括第 9 章和第 10 章。

其中第 9 章具体分析人力资源服务行业融资难的原因，详细介绍有关供应链金融开展情况。

第 10 章介绍人力资源服务行业数字供应链金融实践（“应收款项 + 保

理”的线下模式、“核心企业 + 保理公司”线上模式、“交易支付 + 智能发薪 + 供应链金融”SaaS 平台模式)，重点分析开展数字供应链金融面临的瓶颈问题，指出行业各相关主体努力的方向，最后对人力资源服务行业数字供应链金融发展作出前瞻：未来将出现互联网平台主导模式、专业化第三方平台主导模式，探讨了商业银行参与或主导的发展路径。

本书的特点

一、较为系统的创新性

1. 较为系统地阐述了数字供应链金融产生背景、发展阶段、主要内涵及发展趋势

产业互联网和数字供应链发展，为开展数字供应链金融创造条件；金融科技应用与发展，为开展数字供应链金融提供智能化营销和智能化风控支持。

提出线上化、互联网化和智慧化供应链金融，是数字供应链金融发展的早期、中级和高级阶段。

指出数字供应链金融的主要内涵：现代信息科技应用是实现数字供应链金融重要技术条件；数据和信息实时、透明、互联和可追溯是基本要求；通过数字资产化，实现资产流动化，是数字供应链金融核心目标。

2. 较为系统地阐述了数字供应链金融平台建设一系列根本性和关键性问题

数字供应链金融平台建设目标是通过金融赋能提升供应链价值，借助现代信息技术应用是其重要手段，坚持从自身需要和发挥比较优势是其现实路径选择。

数字化供应链金融平台建设应培育三种能力：业务场景解构与数字化能力构成基础能力，智能化风控管理能力构成核心能力，提供金融解决方案能力决定最终输出。

数字供应链金融平台要实现互联、协同、可视、穿透、快捷和交互六个具体功能。

3. 较为系统地介绍了 ABCDI 等现代信息技术在供应链金融领域的应用

重点介绍金融科技在供应链金融层面的应用，特别是与物联网的结合，与大数据和人工智能的结合，与区块链的结合等。

阐述金融科技赋能供应链金融三个目标：交易场景数据化、业务过程可视化、风控管理智能化。

4. 较为系统地提出数字供应链金融智能风控实现路径和风控体系建设思路

介绍供应链金融风险来源、十二种具体风险、六类典型欺诈案例，阐述供应链金融风控“五化”原则和十项具体举措。

重点探讨数字供应链金融智能风控“三步走”实现路径，提出从数据、应用和预测三个层面建设数字供应链金融风控系统的思路。

二、较为扎实的原创性

首创在人力资源服务业领域，系统性研究供应链金融、数字供应链和数字供应链金融理论和实践的先河。

从人力资源服务公司融资难、融资贵出发，系统梳理人力资源服务行业供应链金融发展不同阶段。详细介绍该行业供应链数字化实践，着重探讨开展数字供应链金融面临的关键问题，指出各相关主体努力方向，并对数字供应链金融发展趋势作出前瞻。

三、较为丰富的实践性

本书的实践性集中体现在第 6 章、第 9 章和第 10 章。

第 6 章在介绍九个供应链金融科技平台基础上，着重对模式价值和不足进行针对性点评。

第 9 章和第 10 章则集中呈现了人力资源服务业数字供应链和数字供应链金融一些列实践活动。从面临的一些列具体现实问题出发，剖析背后深层次的原因，探讨各相关主体未来努力的方向，推动数字供应链金融破解中小人力资源公司融资难、融资贵难题，推动数字供应链金融赋能人力资源服务业实现又好又快发展。

目 录
CONTENTS

第一篇 从传统金融到供应链金融

第二篇 从供应链金融到数字供应链金融

第三篇　数字供应链金融实践：人力资源服务行业

第一篇
从传统金融到供应链金融

第1章　供应链金融介绍

案例1－1　格力电器在供应链上的大规模融资

以下是格力电器五年间（2009年至2013年）的几个有关负债项目的财务比率（见表1－1）。

表1－1　格力电器部分财务比率

五年间均值（2009年至2013年）	
财务比率	%
资产负债率（总负债/总资产）	77.09
流动负债占比（流动负债/负债总额）	97.80
应付项目和预收账款对流动负债占比（应付项目＋预收账款）/流动负债	64.37
应付项目和预收账款对总负债占比（应付项目＋预收账款）/总负债	62.95

其中，资产负债率均值为77.09%；流动负债对负债总额占比均值为97.80%。而应付项目和预收账款，在流动负债中占比较高，对流动负债占比均值为64.37%。换言之，在供应链上通过应付项目和预收账款，格力电器对上游供应商和经销商的融资占到总负债的62.95%。而这种融资是不需要支付成本的，属于无息负债。

应收和应付项目反映一个企业在收付款方面的谈判能力，这往往来源于企业某种竞争优势的体现。在交易收款时，格力电器更倾向收到应收票据（银行承兑汇票），而不是应收账款，因为应收票据风险相对较小，且易于变现。付款时更倾向选择应付账款，而不是使用应付票据，后者的兑付刚性显然比前者强。

五年间，格力电器收入和成本都呈现增长的趋势，相应的应收票据和应付账款也同步增长，但应收账款基本保持不变，并且应付票据从2011年以后开始下降，这反映出格力在上下游收付款方面处于强势的地位。通过进一步研究发现，格力电器的预收账款也具备一定的规模，显示了格力电器对下游经销商具有强大的谈判能力。不仅是在2009年至2013年调查的这五年，即使到今天，格力电器这种态势依然未有大的改变。

通过格力电器这个案例，我们可以发现一个令人吃惊的现实，不是供应链上处于核心地位的大企业为上下游的中小企业合作方提供了流动性资金支持，而是众多的中小企业供应商和经销商为核心企业提供了巨大的资金流动性支持。

核心企业通过对供应商延期付款，对经销商收取预收账款或交付保证金的方式，获得了规模巨大的流动资金。有的专家甚至将这种能力称为“两头吃”的能力，即用别人的钱办自己的事，而且通过这种方式获得的资金没有利息付出，与金融负债相比，属于无息负债，可以节约大量财务费用，因此这是核心企业具备某种竞争优势的体现。

另外，在供应链上，中小企业供应商面临需要及时向核心企业供货，却迟迟收不到应收账款的情况，中小企业经销商则面临在销售前向核心企业提前支付保证金或预付账款的情况。这两种情况都会给中小企业带来较大的资金压力。实际上，中小企业在供应链上不但没有得到核心企业的流动性支持，反而在承担核心企业的资金压力。

核心企业在交货、价格和账期等方面，对上下游中小企业提出较为苛刻的要求，从而将资金压力转移到上下游中小企业身上。这种成本和风险转移的做法虽然对核心企业一时有利，但从长远来看却不是什么好事。事实上，核心企业把供应链上下游中小企业放在对立的位置，最终的结果不可能共赢。

1.1　中小企业融资难、融资贵

中小企业普遍存在融资渠道有限、融资难和融资贵等问题。大多数中小企业资金的主要来源是通过自筹获得。中小企业常常因为缺乏有效的资产抵押和缺乏有实力的担保而融资受阻。近些年来，虽然国家出台了一系列支持中小企业发展的金融政策，但是中小企业资金缺口依然巨大（见表1－2）。

表1－2　企业融资方式介绍

资金性质	融资方式	来源
自有资金	资本金 折旧基金 留存利润	内源性融资
直接融资	发行股票 吸引外商投资 发行债券 内部集资	外源性融资
间接融资	银行借款 非银行金融机构融资（信托公司、融资租赁公司） 保理融资 典当融资 商业信用	外源性融资

中小企业融资难主要表现在以下几个方面。

一是股权融资难。我国资本市场对发行股票的要求比较高，即使是发行条件相对宽松的创业板，绝大多数中小企业都很难达到发行条件。因此，对于绝大多数中小企业，通过资本市场来融资不太现实。

二是中小企业发债难。根据现行债券发行规定，我国绝大多数中小企业达不到发债条件。虽然近年来市场也出现了中小企业集合发债的形式，但是能够达到发债标准，并能得到强增信的中小企业毕竟是少数。绝大多数中小企业很难通过发债这一渠道获得融资。

三是中小企业间接融资难。对于企业，间接融资的主渠道是以商业银行为代表的金融机构。当前，中小企业从金融机构间接融资满足率处于较低水平。从企业贷款需求来看，2010年至2019年，中型企业贷款需求与银行贷款审批指数之间缺口略有好转，小企业贷款需求指数与银行贷款审批指数之间缺口反而有拉大的趋势。2019年小型企业贷款需求指数为70.2%，说明小企业融资需求迫切。而银行贷款审批指数为51%，表明中小企业融资需求与银行贷款审批方面的矛盾并没有好转，反而在加大。

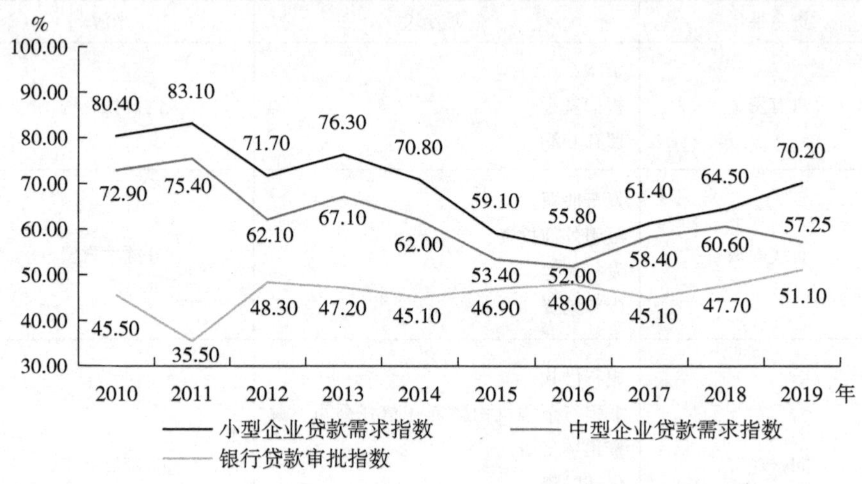

图1-1　中小企业贷款需求指数与银行贷款审批指数走势

另一份来自2020年3月的统计表明，75%的中小企业现金流压力未得到缓解，82%的中小企业没有获得信贷优惠，信用贷款占普惠小微企业贷款比例仅为15.5%，绝大部分普惠小微贷款都是抵押贷款。

四是中小企业融资贵。中小企业融资利率较高，加之为融资发生的显性和隐性费用较高，致使中小企业负担的资金成本高，除了融资难，还普遍存在融资贵现象。

中小企业融资贵主要表现在以下几个方面。

一是中小企业贷款风险相对较高，决定了银行普遍选择上浮贷款利率。

当前中小企业经营素质相对较低，经营管理水平、企业制度建设等方面与现代企业制度的要求还有相当大的差距，因而中小企业贷款面临相对较高的信用风险。为有效覆盖风险，银行对中小企业贷款利率要求普遍上浮，高于大中型企业。

二是中小企业贷款呈现短、小、频、急的业务特点，导致银行发展中小企业业务的运营成本远高于大中型企业贷款，银行借此提高中小企业贷款利率以有效覆盖运营成本。

当前中小企业融资难、融资贵，已经成为制约其发展最突出的瓶颈之一。因此，有必要突破传统融资模式的桎梏，大胆进行针对中小企业的金融产品和金融服务创新，大力发展供应链金融，切实满足中小企业发展的金融需求，支持中小企业在推动经济发展、稳定就业和社会进步等方面发挥更大的作用。

1.2　供应链金融解决的问题

1.2.1　破解上下游中小企业融资难、融资贵

在产业供应链中，竞争力较强、规模较大的核心企业通常居于主动地位，在协调与控制供应链信息流、物流和资金流方面具有不可替代的作用，而正是这一地位造成了供应链成员事实上的不平等。一方面，供应链上的众多中小企业供应商通常会面临这样的情形，既要按时保质保量向核心企业供货，又要承受着货款延迟支付和账期不断拉长的压力。另一方面，众多的中小企业经销商不得不在销售开始之前，以保证金或预付账款的形式向核心企业提前支付货款。

供应链上下游中小企业普遍认为，“资金压力”是它们在供应链合作中碰到的最大压力。居于供应链上下游的中小企业分担了核心企业的资金压力，但几乎没有得到核心企业的流动性支持和信用支持。供应链金融的出

现，使得供应链上下游中小企业，在真实的业务场景和真实的业务交易条件下，有望依托核心企业以控物、确权、差额补足和担保等多种形式的信用背书、传递和延展，获得金融机构流动性支持，从而破解供应链上下游中小企业融资难、融资贵的局面。

1.2.2 推进金融机构产品创新和服务创新

从供应链视角来看，核心企业不愿承担资金压力，而供应链上下游中小型企业缺乏融资能力是供应链资金流“梗阻”的内在动因。如果核心企业能够将自身的信用延伸至其上下游企业，银行等金融机构能够有效监管核心企业及其上下游中小企业的业务往来，抓取相应的商流、信息流和物流，能够有效管理资金流，那么金融机构作为供应链外部的第三方机构就能够有效“盘活”整个供应链，同时金融机构自身也可获得金融业务的扩展和新的利润来源，催生和推动了供应链金融业务实现快速发展。

当前形势下，包括银行在内的金融机构大力发展供应链金融业务，是金融支持实体经济发展的重要内容，是金融机构大力支持中小微企业发展的重要渠道，是金融机构开展金融产品和金融服务创新的重要领域，是金融机构获得良好自身效益和社会效益的重要来源。

1.2.3 助力核心企业供应链转型升级

未来的时代不是单个企业之间的竞争，而是供应链之间的竞争，谁拥有供应链的优势，谁就有竞争上的优势。因此，基于维护整体供应链的良好运转和提升自身竞争力的需要，核心企业应该承担更多的责任和发挥更大的作用。现在到了核心企业关注供应链上中小企业的资金困扰问题，并作出某种程度上改变的时候了。从这个意义上讲，发展供应链金融是核心企业减少供应链环节上的“木桶效应”，增强整个供应链管理能力和提升企业核心竞争力的战略需求。

供应链金融的发展与壮大，得益于这种全新的产融结合模式解决了传统供应链中的参与主体的痛点。对于中小企业来说，供应链金融模式为风险管理弱势的中小型企业提供了低成本的融资渠道，解决了资金困扰问题；对于大型核心企业，供应链金融模式降低了整体的供应链成本，密切了供应商和经销商战略合作，提升了供应链效率，增强了企业的竞争力；对于金融机构，供应链金融模式探索出全新的风险管理与流动性管理路径，拓展和创新了金融产品和金融服务，增加了收入来源的通道。随着供应链金融的发展，商流、物流、信息流与资金流形成四流合一，供应链整体的资本结构、资本成本和资金流转周期得到改善和优化，推动供应链整体绩效得到有效提升。

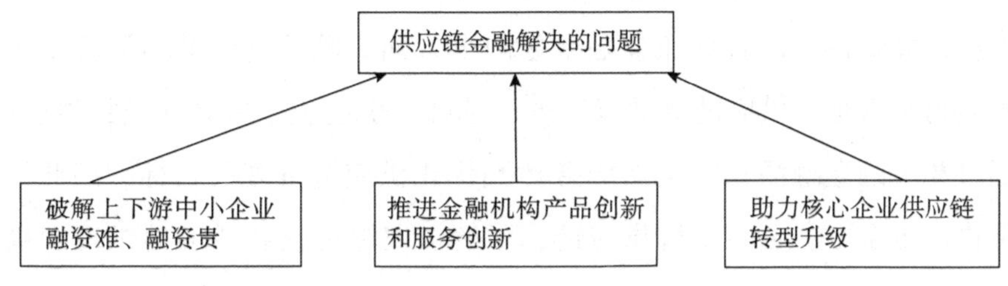

图 1－2　供应链金融解决的问题

1.2.4　推动形成新型产业生态和金融生态

全球一体化与网络化背景下的供应链金融是一种有效的商业融资模式，也是一种全新的产业组织模式。供应链金融的模式通过产业数据的底层渗透，能够对产业链整体全面把控，提供综合金融服务，促进供应链上企业资金流与供应链各环节的稳固和流转顺畅，降低整个供应链运作成本，提升供应链整体价值。

同时，供应链金融模式也对企业间的关系以及企业与金融机构之间的关系进行改造。一方面，由于金融机构的介入使供应链上的企业合作能够更加紧密；另一方面，企业与金融机构之间突破了单纯的融资行为，基于企业真实业务的资金链维护与监控的全程合作，形成了产业经济和金融服务共生发展的新模式。

因此，供应链金融的本质是通过金融资本与产业经济的协作，构筑金融机构、核心企业和供应链上下游中小企业的互利共存、持续发展的新型产业生态和金融生态。

1.3 供应链金融概念

1.3.1 供应链概念

笔者认为，供应链金融是供应链与金融活动相融合的产物，即供应链金融应该涵盖供应链管理和金融服务两个方面。供应链金融如果脱离了供应链运行和管理，供应链金融就失去了基础。供应链金融必须依托供应链，并通过相关的金融活动或金融服务达到优化供应链管理的目标。因此，要了解供应链金融，必须了解供应链，了解供应链运行和活动的机理即供应链管理。

马士华在《供应链管理》中将供应链定义为围绕核心企业，通过对信息流、物流、资金流的控制，从采购原料开始，制成中间产品以及最终产品，最后由销售网络把产品送到消费者手中的将供应商、制造商、分销商、零售商、最终用户连成一个整体的功能链结构模式。

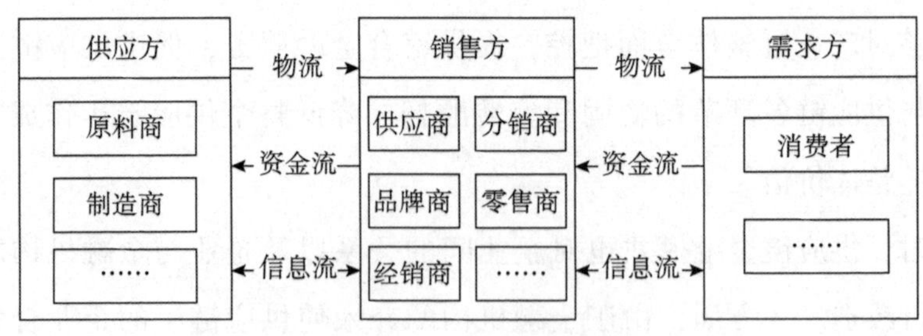

图1－3　供应链模型

1.3.2　供应链金融概念

目前供应链金融没有统一的权威定义。瑞士圣加伦大学的霍夫曼教授在 2005 年提供了一个具有代表性的定义：供应链金融是供应链中包括外部服务提供者在内的两个以上的组织，通过计划、执行和控制金融资源在组织之间的流动，来共同创造价值的一种途径。

关于供应链金融的概念，国内有很多相关论述，这里介绍几个有代表性的观点。

供应链金融是指以核心客户为依托，以真实贸易背景为前提，运用自偿性贸易融资的方式，通过应收账款质押登记、第三方监管等专业手段封闭资金流或控制物权，对供应链上下游企业提供的综合性产品和服务。这是站在商业银行角度的一个表述，最有典型代表性的模式是深圳发展银行创造的"1 + N""M + 1 + N"模式的实践。

郑殿峰在《产业供应链金融》中提出，供应链金融主要是围绕核心企业，来管理上下游中小企业的物流和资金流，将单个企业的不可控风险转化为整个供应链企业的可控风险，综合获取各种信息，从而将风险降到最低的一种金融服务。这个表述虽然比较简短，但突出了通过综合获取信息、控制供应链风险的特征。

零壹财经在《互联网 + 供应链金融创新》中提出，供应链金融模式的实质是把供应链上的核心企业及其相关的上下游配套企业作为一个整体，以产业链为依托、以交易环节为重点、以资金调配为主线、以风险管理为保证、以实现共赢为目标，将金融服务在整条供应链全面铺开。这一简明扼要的表述，比较清晰地概括了供应链金融的几个关键性特征。

陈晓华（2018 年）在《供应链金融》中提出，供应链金融是一种融物流、商业和金融运作为一体的管理行为过程。在这一过程中，贸易的买方、卖方和第三方物流以及金融机构紧密联系，用物流盘活资金，用资金拉动物流，而金融机构如何更有效地参与供应链网络中，与企业开展合作，在控制风险的基础上保证供应链有效运行，是供应链金融的关键问题所在。

宋华（2020年）认为，供应链金融有狭义与广义之分。狭义的供应链金融是基于供应链金融运营面向特定环节中的特定中小企业展开短期的资金信贷，如保理、动产抵质、仓单质押等。其特点是点对点的关系，这种关系是在供应链运用场景中产生的。而广义的供应链金融不是只针对某个企业，而是供应链中所有的参与方。供应链金融的宗旨在于优化整个产业的现金流，缩短现金流量周期，让利益各方都能用较低的资金成本实现较高的经营绩效，从这个意义上讲，供应链金融不仅仅是融资借贷，它包括更为广义的金融服务活动，通过各类金融机构和产品共同为产业供应链服务。因此，广义供应链金融的视角，更能够反映金融服务实体经济的要求和趋势。

1.3.3 供应链、供应链管理和供应链金融的关系

供应链是基础，是载体，供应链管理、供应链金融的作用对象是供应链，而商流、信息流、物流和资金流则是在供应链的运营过程中产生的。

供应链管理包含供应链金融，供应链金融是供应链管理的一个分支，供应链金融是在供应链管理基础上产生的，即供应链金融诞生于供应链管理中各环节的资金错配产生的金融服务需求，是供应链管理的一个有机组成部分。

供应链金融是传统供应链管理的延伸，相对于传统供应链管理，供应链金融要求更高程度的商流、物流、信息流和资金流合一的信息整合和跨节点协同，而现代供应链管理的发展对此做了有效的支撑，现代通信技术以及现代信息科技的发展又为这种整合和协同提供了技术条件。

总之，供应链金融的顺利开展依托于成熟的供应链管理，高效的供应链金融反过来增强整个供应链的竞争力，提升供应链管理的效果和价值。

1.4 从传统融资到供应链金融

1.4.1 传统融资的逻辑

传统融资的逻辑，是以财务报表（资产负债表、利润表和现金流量表）分析为判断依据，以抵押、质押或有实力担保为主要保障。对于财务报表分析，一般基于连续三年以及当期的财务报表，主要采取以比率分析为主的静态分析方法，在短期偿债能力、长期偿债能力、盈利能力、运营能力和发展能力等多个维度展开。授信的保障方面，则主要依据企业拥有的资产情况，特别是看其拥有的固定资产和存货情况，包括资产的市场价值、资产权属、资产性质以及资产变现能力等。由于抵押资产往往是还款最后的约束和保障，因而更为银行所看重。

中小企业财务管理往往不规范，财务制度不健全，财务信息披露不充分，有的甚至出现财务失真现象和造假行为。基于质量不高或假的财务信息，很难对企业真实的财务状况和经营情况作出判断。即使中小企业能够提供真实的财务报表，由于财务报表是基于历史形成，有时候很难简单地从过去推断未来，特别是在经济波动的情况下表现得就更加明显。这往往会导致两个倾向，一方面催生作为借款方的中小企业通过粉饰财务报表来向银行信贷标准靠近；另一方面银行等金融机构会强化提供资产抵押、质押和有实力的担保等保障条件来强化信贷约束。换言之，如果缺乏有效足值的资产来抵押、质押或有实力的担保来增信，即使其经营和财务数据还不错，也很难获得贷款，抵押、质押或有实力的担保增信已经成为信贷的强约束条件。

1.4.2 供应链金融理论基础

供应链金融理论主要建立在自偿性贸易融资和结构性融资两大理论基

础之上。

自偿性贸易融资是指以企业真实的贸易背景和上下游客户的信用等级和额度，采用单笔或者额度授信的方式，将企业的销售收入、存货、贸易衍生的未来现金流收入作为第一还款来源的一种融资模式。自偿性贸易融资的重点在于金融机构通过对物流、资金流的控制，或者对有关关联方的信用捆绑，进而来控制相应授信风险。

结构融资通过创造性或者创新性地将各种融资方式进行组合、搭配等，为企业提供融资解决方案。结构融资模式相当于为融资企业量身打造一种融资方案，将每宗业务的特征作为主要依据，根据企业的信用等级、信贷额度、还款来源、企业运营状况、还款期限、融资成本等来设计一个对金融机构和融资企业都有利的解决方案。

供应链金融评估的是整个供应链的信用状况，加强了债权本身的结构控制，其金融性行为既服务于实体经济，同时又源于实体经济的状况来控制金融活动的风险。供应链金融可以根据交易对手、行业规则、商品特点、市场价格、运输安排等交易条件，为供应链上不同交易层次和交易地位的交易主体定制专业化的金融解决方案。

1.4.3 供应链金融扩展企业可融资资产范围

传统融资的主要依据：

（一）以企业的主体信用为主，以必要增信措施为辅

就传统融资的增信逻辑而言，包括自有增信和第三方增信两个方面：自有增信措施，主要是指利用资产负债表中的固定资产抵押形式来实现；第三方增信措施，主要是指利用有实力第三方公司担保形式来实现。

（二）关注的重点是授信主体的信用，而不是交易或结构的信用

从实质上讲，传统融资只是金融机构与融资企业建立简单的信贷关系，并没有把交易或结构性信用作为主要评价的依据，没有真正关注还款的现金流情况。

供应链金融的主要授信依据：是以交易信用和结构信用为主，与融资企业的主体信用相比，更关注真实现金流情况，关注与之相匹配的存货控制情况以及应收账款的真实情况，有的甚至还借助核心企业的信用（控物、确权、担保、差额补助等措施）来进行增信。

正是上述差别，供应链金融大大扩展了企业可融资的资产范围：传统条件下，企业融资主要靠固定资产抵押来实现，只有固定资产具备融资属性，流动性资产的融资属性则受到很大限制，几乎没有被释放出来。在供应链金融条件下，存货、应收账款和应收票据等都可以作为标的资产进行融资，企业可融资的资产范围，从非流动资产扩展至流动资产，范围被大大地拓展了。从资产负债表的资产部分视角来观察，从下方的固定资产开始，到上方的存货、应收账款和应收票据等都具备融资属性。事实上，从流动性（变现能力）视角上来观察，从上到下，应收票据、应收账款、存货和固定资产则依次减弱。因此可以得出初步的结论，供应链上的中小企业，其应收票据、应收账款和存货因自身具有较强的流动性而具备较强的融资功能。

供应链金融条件下，存货、应收账款和应收票据等流动资产具备以下特点：第一，具备真实的业务背景；第二，市场价值充足、可衡量且可变现性强；第三，有真实的现金流。供应链金融特有的收入自偿性和闭合运作等特点，使得金融机构能够较好地在把控风险前提下开展业务。因此，存货、应收账款和应收票据等资产具备的上述特点，使得这些资产具备较强的流动性和融资功能，大大拓展了企业的融资范围，同时成为金融机构最能接受、最受欢迎的标的性资产。

表 1－3　企业简化的资产负债表（流动资产部分）

编制单位：　　　　　　　　　　　年　月　日　　　　　　　　　　　单位：元

资产	传统融资	供应链金融
流动资产：		
货币资金		
应收票据	可质押	标的资产

续表

资产	传统融资	供应链金融
应收账款		标的资产
存货		标的资产
……		
流动资产合计		

1.5 供应链金融和传统融资对比分析

传统融资和供应链金融都以满足融资需求为目标，但传统融资基于企业的静态财务报表，基于企业的主体信用，看重最后融资的保障情况，比如要用固定资产抵押或提供有实力的担保等形式来增信，这样就把天生不具备这样条件的大多数中小企业拒于融资门外。

而与传统融资相比较，供应链上的中小企业，借助产业链供应链上核心企业的参与，借助于产业供应链的交易信用，克服了传统融资模式下的信息披露不充分的不足，克服了信用风险和道德风险较高的缺陷，从而大大增加了金融机构融资的机会。

表 1－4　传统融资与供应链金融对比

	传统融资	供应链金融
参与主体	融资企业、担保企业和金融机构	融资企业、核心企业、金融机构、物流公司、供应链平台等
服务对象	主要面向财务报表优质的大中型企业等	供应链上各环节的企业，中小企业居多
信用评估	根据企业经营和财务状况，即基于企业主体信用	根据融资企业、交易对手（核心企业）、交易情况以及供应链运作的总体状况评估，借助于交易结构信用
抵质押情况	一般要求提供有实力的担保、动产质押和固定资产抵押	基于应收账款转让、货权质押以及核心企业回购等

续表

	传统融资	供应链金融
还款来源	企业经营、筹资或投资产生的现金流，来源不特定	融资项下资产产生的未来现金流，基于特定来源的现金流
融资期限	短期、中期、长期	短期为主，高频、业务可持续
参与程度	关注企业整体情况，对具体经营业务参与度不高	关注整个业务过程和交易情况，对业务参与度较高
信息披露	不充分	程度较高，关注供应链上的商流、物流、信息流和资金流状况
风险程度	中小企业信用风险和道德风险较高	由于核心企业筛选机制的存在，中小企业信用风险和道德风险相对较低
融资效果	解决单一企业融资问题	盘活整个供应链资产，使供应链资金流动顺畅
融资方便性	中小企业融资不方便，手续复杂	中小企业融资更方便、手续相对简单
企业融资成本	中小企业融资成本相对较高	中小企业融资成本相对较低
金融机构操作成本	中小企业操作成本相对较高（由于采取单个操作的原因）	中小企业操作成本相对较低（可批量化持续操作）

1.6　供应链金融特点和优势

1.6.1　供应链金融特点

上一节给出了供应链金融和传统融资对比分析，很显然，与传统融资比较，供应链金融具备一些独特的优势，而供应链金融这些优势来源于其自身独有的一些特点。

概括起来，供应链金融具有交易驱动（通过贸易或服务等实现）、闭合运作、收入自偿和交易连续的四大特点（见图 1－4）。

交易驱动	闭合运作	收入自偿	交易连续
不同于主体信用驱动，而是基于真实业务的交易驱动，主要通过判断链上的交易信用情况	提供的融资限制在可控范围之内，相应资金流和物流按照合同约定的要求封闭流转	还款来源基于真实业务和交易产生的未来现金流，且回款要回到指定账户	驱动供应链金融的同类贸易或交易行为在上下游之间会持续发生

图 1－4　供应链金融的四大特点

1.6.2　供应链金融优势

一是提高了中小企业信用评估的准确性和可靠性，从对单一企业的主体信用评估转化为整个供应链信用的评估，并实现从静态评估到动态评估的转变。

对中小企业的信用评估不再强调企业规模、固定资产价值、财务指标和担保抵押方式等要素，转而强调企业的贸易或交易的真实背景以及供应链主导企业的实力和信用水平。由于供应链金融业务的开展是建立在对供应链的商流、物流、信息流和资金流连续和动态获取的基础上，因此，据此评估出的中小企业的信用水平会更可靠、更准确。

因为这种信用评价依托供应链，依托产业贸易或交易基础；依托结构性信息控制，通过双方贸易或交易信息以及连续存在的交付实现情况，可以很好地考察和评价贸易或交易的动态信用情况，克服了传统的基于财务报表静态分析的不足，据此评估出的中小企业的信用水平比用传统方式评估出的更加准确和更加可靠；同时它依托交易对手，即依托核心企业信用支撑，是供应链上核心企业信用的传导和延伸，是对中小企业最好的增信实现方式。

二是闭合运作、收入自偿和交易连续的业务特征，使得供应链金融的风险可控且业务具有可持续性。

闭合运作是指银行等金融机构通过设置封闭性贷款操作流程来保证专款专用，借款人无法将资金挪作他用；收入自偿是指还款来源就是贸易或交易自身产生的未来的现金流；交易连续是指同类贸易行为在上下游企业之间会持续发生。因此，以此为基础的授信业务也可以反复进行。供应链金融具备的这些特点，使得供应链金融具有业务可操作性和可持续性，而风险则具有可控性。

供应链金融摆脱中小企业主体信用不足，通过嵌入供应链网络、以贸易或交易信用为前提，以贸易或交易产生的债权以及动产为载体，其商流、物流和信息流可获得性大大增强，且资金可以实现闭合运作，从而大大降低了信用风险。

1.7　国外供应链金融发展情况

1.7.1　国外供应链金融发展阶段

欧美的供应链金融发展历程，大致可以分为三个阶段。

第一阶段，以商业银行为代表的金融机构向实体产业渗透。欧美的供应链金融产生于 19 世纪末。在这一阶段，由于金融监管环境较为宽松，以商业银行为代表的金融机构开始向实体产业渗透。因此，这一阶段产生了像洛克菲勒、摩根和三菱等企业，其金融业务衍生到产业。本质上讲，这仍是发展不完全的供应链金融模式，商业银行对于产业链上下游把控力的优势并没有真正建立起来。

第二阶段，核心企业成为供应链金融业务开展的核心。20 世纪 30 年代金融危机之后，金融监管环境趋紧，金融机构向产业的渗透开始受到限制，准入门槛提高。这一阶段，产业集团公司纷纷成立金融部门，核心企业具备了信用优势和业务信息优势，来帮助中小企业解决融资难。核心企业设立金融子公司或金融部门兴起了由产而融的新模式。

在20世纪80年代后期，国际上的主要物流开始逐渐集中到少数物流企业，联邦快递（FedEx）、UPS和德国铁路物流等一些大型的专业物流巨无霸企业已经形成。随着全球化供应链的发展，这些物流企业更为深入地进入众多跨国企业的供应链体系之中，与银行相比，这些物流企业更了解供应链运作。国外供应链金融发展开始形成“物流为主、金融为辅”的运作理念，供应链金融因物流企业的深入参与获得了快速的发展。

第三阶段，核心企业主导模式发展受到限制，借助现代信息技术的发展与应用，兴起科技信息平台模式，比如美国供应链项目服务商PrimeRevenue和荷兰供应链金融服务商DEMICA（具体介绍见下一节）。

1.7.2 国外供应链金融三类主要模式介绍

国外供应链金融按照服务主体角度，存在三类主要的模式：金融主导型、产融结合型以及信息协同型。

（一）金融主导型

金融主导型即金融机构通过掌控产业链上下游的资金流、物流、信息流等，来主导提供融资服务。

金融主导型在供应链金融发展的早期就登上历史舞台，至今仍在广泛的领域发挥作用。

（1）苏格兰皇家银行MaxTrad平台

MaxTrad是供应链金融线上化的领先者，被用于实现对供应链的有效监管和控制，以及提供国际贸易与供应链相关的金融解决方案。该平台为企业提供的服务包括自动处理贸易交易、管理应收账款与预付账款等。

大型跨国企业能够通过MaxTrad Enterprise与供应商在全球范围开展合作，而中小型企业同样能够通过MaxTrad Express获得开展全球贸易的支持。

（2）德意志银行

德意志银行从作为买方的核心企业出发，为供应商提供灵活的金融服务，包括装船前后的融资、应付账款确认、分销商融资以及应收账款融资等。在不同的贸易场景中，基于买方良好的信用，德意志银行能够为指定的供应商提供融资机会；对于信用良好的分销商，该银行则帮助它们从制造商那里采购货品。

此外，该银行还能为卖方提供应收账款融资服务，使后者获得额外的流动资金，缓冲未付款产生的风险。

（二）产融结合型

产融结合型即产业资本渗入或掌控供应链金融，常见的有核心企业主导、物流企业主导两种。产融结合型伴随着精细化的生产与物流管理和规模化的企业集团运作发展起来。

在这类供应链金融模式中，核心企业或大型物流企业借由在产业链中所处的优势地位，整体把控上下游的价格、订单、货物等关键信息，并结合自身或金融机构的资本优势开展供应链金融业务。

（1）通用电气公司的 GE Capital（GEC）

通用电气（GE）通过不断整合将把散布在各业务板块中的金融业务集中到一起形成了 GEC。

GEC 业务范围广泛，飞机融资租赁业务是 GEC 供应链金融崛起的关键因素。GEC 与航空公司签署融资租赁协议，由 GEC 直接向飞机制造商下订单、付款采购飞机。

飞机交付航空公司后，航空公司按期支付本金以及相应利息给 GEC。GEC 利用通用电气在飞机制造产业链的优势地位，在促进通用电气和飞机厂商销售的同时，也使租赁方能更早获得飞机，同时也减轻了资金压力。

（2）联合包裹公司的 UPS Capital（UPSC）

联合包裹公司（UPS）于 1993 年推出以全球物流为名的供应链管理服务，并于 1998 年通过收购银行成立 UPS Capital，又于 2002 年成立 UPS 供应链解决方案公司。

UPS 为大型进货商和众多供应商提供物流服务，而 UPSC 以此切入物流与商贸链条，为供应商提供存货质押、应收账款质押等供应链金融服务，并在之后逐步将业务拓展至信用保险、中小企业贷款、货物保险等其他相关金融服务。

（三）信息协同型

随着信息技术在金融、产业、物流等领域越发深入地应用，供应链金融的第三种模式，即信息协同型开始浮出水面。

在这种模式中，第三方平台通过领先的信息技术和供应链解决方案，成为联系各方的重要服务纽带。

（1）PrimeRevenue（PR）

PrimeRevenue 是一家美国供应链项目服务商，其云平台为供应链中的买方、供应商提供有针对性、定制化的金融服务。

PR 和企业应用软件解决方案供应商 SAP Ariba 创建了一个闭环系统，通过结合各方关系、转账以及财务数据，链接采购与融资，并为买方与供应商提供现金流的优化方案、促进交易双方的合作关系。

核心企业与供应商可以在这个平台上兑换发票与账款，供应商拥有自助工具将获得核准后的应收账款兑换成现金流。

（2）DEMICA

DEMICA 是一家荷兰供应链金融服务商。其可以帮助客户延长应付款的天数或是获得提前付款的优惠，并帮助供应商寻找更低成本的资金。

DEMICA 专业服务于非投资级项目以及跨国运营企业。通过独特灵活的技术平台和创新性架构，DEMICA 为每一位客户提供量身定制的供应链金融解决方案。

DEMICA 为国际保理商联合会（FCI）开发了一款以买方为中心的确认应付账款融资平台 FCI Reverse，基于反向保理业务并围绕核心企业开展供应链金融服务。

如果从产业和科技的发展历史看，金融主导型、产融结合型和信息协同型可以视为金融资本、产业资本、科技资本先后推动供应链金融发展的阶段性典型。时至今日，这三种模式已经在一定程度上出现交融之势。

1.8　中国供应链金融大有可为

我国供应链金融发展经历了从商业银行单一主导，再到产业龙头核心企业主导，最终发展到类别众多的参与主体，包括互联网企业、供应链管理服务商、第三方物流企业、信息服务商以及金融科技公司等，各类主体分别结合各自优势切入供应链金融业务，供应链金融迎来了大发展的机遇期。

随着国内经济转型升级，产业结构调整深入，实体企业融资需求不断增长，近年来我国供应链金融市场规模不断扩大。灼识咨询发布的报告显示，中国供应链金融市场规模 2019 年为 23 万亿元，预计到 2024 年，供应链金融市场规模将达到 40.3 万亿元，其间复合年均增长率（CAGR）为 11.8%。中国供应链金融市场空间广阔，供应链金融大有可为。

报告同时显示，通过供应链金融科技解决方案处理的供应链金融交易量 2019 年为 4.4 万亿元。预计到 2024 年，规模将达到 16.4 万亿元。金融科技渗透率进一步加强，金融科技在供应链金融领域发挥的作用越来越大。

1.9　近年来支持供应链金融发展一系列政策

2019 年 2 月，中共中央办公厅、国务院办公厅《关于加强金融服务民营企业的若干意见》中提出“商业银行要依托产业链核心企业信用、真实交易背景和物流、信息流、资金流闭环，为上下游企业提供无须抵押担保的订单融资、应收应付账款融资”。

2019 年 4 月，中共中央办公厅、国务院办公厅《关于促进中小企业健康发展的指导意见》特别鼓励企业依托应收账款、供应链金融、特许经营权等渠道进行融资。

2019 年 7 月 9 日，原中国银保监会发布《关于推动供应链金融服务实体经济的指导意见》，从业务模式、风控、额度管理等方面，对银行、保险等机构从事供应链金融提供了业务标准。

2020 年 3 月 31 日，李克强总理主持召开国务院常务会议，部署强化对中小微企业的金融支持，这是近两个月来国务院常务会议第 8 次定向为中小微企业和个体工商户这一庞大群体“供氧”，会议同时决定，为民营和中小微企业低成本融资拓宽渠道，鼓励发展订单、仓单、应收账款融资等供应链金融产品。

2020 年 4 月 10 日，国家发展改革委、中央网信办印发《关于推进“上云用数赋智”行动 培育新经济发展实施方案》（以下简称《实施方案》）的通知。在强化数字化转型金融供给方面，《实施方案》提出，一是推行普惠性“上云用数赋智”服务。结合国家数字经济创新发展试验区建设，探索建立政府—金融机构—平台—中小微企业联动机制，以专项资金、金融扶持形式鼓励平台为中小微企业提供云计算、大数据、人工智能等技术，以及虚拟数字化生产资料等服务，加强数字化生产资料共享，通过平台一次性固定资产投资、中小微企业多次复用的形式，降低中小微企业运行成本。对于获得国家政策支持的试点平台、服务机构、示范项目等，原则上应面向中小微企业提供至少一年期的减免费服务。对于获得地方政策支持的，应参照提出服务减免措施。二是探索“云量贷”服务。结合国家数字经济创新发展试验区建设，鼓励试验区联合金融机构，探索根据云服务使用量、智能化设备和数字化改造的投入，认定为可抵押资产和研发投入，对经营稳定、信誉良好的中小微企业提供低息或贴息贷款，鼓励探索税收减免和返还措施。三是鼓励发展供应链金融。结合数字经济创新发展试验区建设，探索完善产融信息对接工作机制，丰富重点企业和项目的融资信息对接目录，鼓励产业链龙头企业联合金融机构建设产融合作平台，创新面向上下游企业的信用贷款、融资租赁、质押担保、“上云”保险等金融服务，促进产业和金融协调发展、互利共赢。

2020 年 9 月，中国人民银行会同工业和信息化部、司法部、商务部、国资委、市场监管总局、原银保监会、外汇局出台了《关于规范发展供应链金融　支持供应链产业链稳定循环和优化升级的意见》（银发〔2020〕226 号，以下简称《意见》）。《意见》从准确把握供应链金融的内涵和发展方向、稳步推进供应链金融规范发展和创新、加强供应链金融配套基础设施建设、完善供应链金融政策支持体系、防范供应链金融风险、严格对供应链金融的监管约束 6 个方面，提出了 23 条政策要求和措施。

第2章　供应链金融主要业务模式

供应链金融能够为产业链上的中小企业提供产业链相应节点的融资服务，提高营运资金的周转能力。从业务节点来看，中小企业涉及了订单采购、存货保管、销售回款三个阶段。相应地产生了预付款融资、库存融资以及应收账款融资三种主要业务模式。

2.1　预付款融资

订单采购阶段相对应的是预付款环节，采购方作为资金需求方为了预定采购、获取货物而进行融资，可以理解为未来存货的融资。在供应链中，强势的卖方往往是核心大企业，而买方的中小企业处于弱势的地位。弱势的买方由于资信记录、还款能力达不到金融机构的要求，难以通过传统的借贷来填补资金缺口。于是，一种基于强势卖方的信用为买方企业获取融资的模式——预付款融资应运而生，预付款融资对强势卖方信用的运用是以卖方回购标的货物为体现。

预付款融资中买卖双方的强弱关系与应收账款中双方的强弱关系正好相反，应收账款融资旨在帮助弱势的卖方在先货后款中填补资金缺口，而预付款融资则旨在帮助弱势的买方解决先款后货的资金缺口需求。

2.1.1　先款（票）后货融资

先款后货融资要求，买方先付货款再发货，买方在向金融机构交纳一定比例保证金后，从金融机构获得融资并向卖方支付全部货款。卖方依约向买方发货，货物到达后设定质押作为对金融机构的担保，客户追加保证金后，取走一部分货物。

这一融资模式对买方的好处是，金融机构的授信时间覆盖了生产周期和在途时间，货物到达后可以转化为存货融资，有效地缓解了买方的资金压力。另外，由于获得金融机构的资金支持，扩大了采购规模，可以锁定商品价格以及获得一定的商业折扣（见图2-1）。

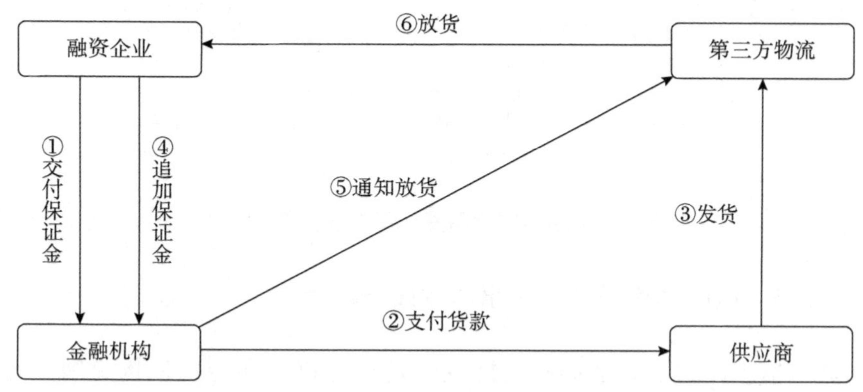

图2-1 先款（票）后货融资业务流程

2.1.2 担保提货融资（保兑仓）

担保提货融资，又称保兑仓，在这种融资模式下，买方要先交纳一定的保证金，银行才会为客户提供贷款，用于支付给卖方的货款。买方分次交纳提货保证金，银行再分次通知卖方向客户发货。如卖方发货出现不足，应就不足部分向银行承担退款责任。

担保提货融资本质上是先款（票）后货融资的变种，其特征是以银行汇票作为预付款，同时约定卖方的差额退款责任实现对卖方信用的利用。

这一融资模式，买方可以获得价格优惠和锁定价格风险。卖方可以提前锁定未来销售，获得大笔预收款。而银行方面，由于卖方和物流监管合二为一，这样简化了风险控制维度，并引入卖方发货不足的退款责任机制，解决了质押物变现的问题（见图2-2）。

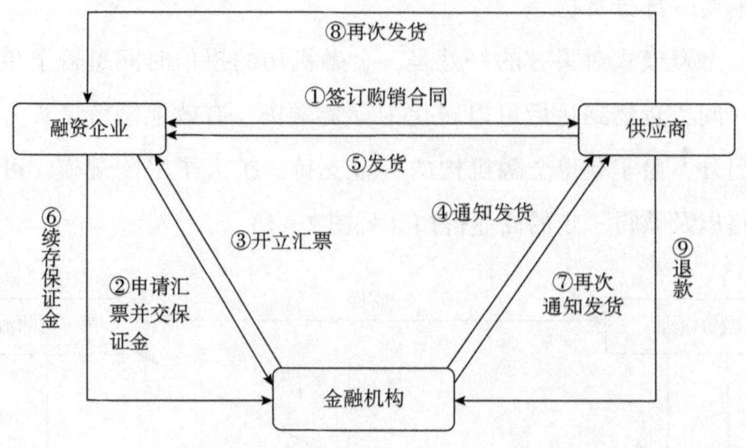

图2-2 担保提货融资（保兑仓）基本模式

2.1.3 进口信用证项下未来货权质押融资

进口信用证项下未来货权质押授信是指进口商向金融机构交纳一定比例的保证金后，金融机构为进口商开出信用证，并通过控制信用证项下单据所代表的货权来控制还款来源的一种融资方式。

这种融资模式，对买方而言，在没有其他抵质押或担保的情况下，只需交纳一定的保证金即可对外开证采购，可以利用少量保证金扩大一次性采购规模，并且获得不少的商业折扣。对银行而言，由于放弃了传统开证业务中对抵质押和保证担保的要求，扩大了客户范围。同时，由于控制了货权，银行风险并未明显增加（见图2-3）。

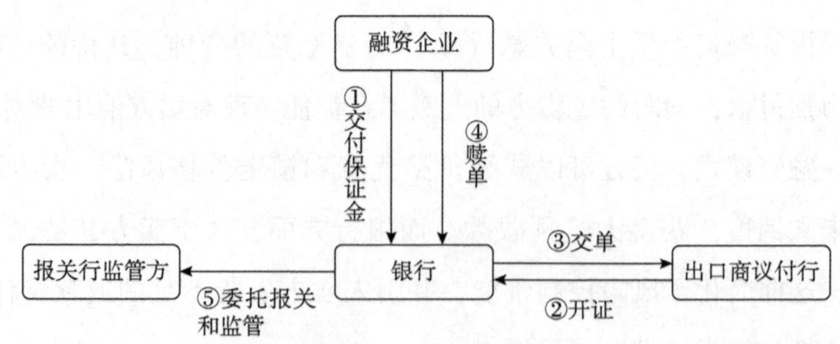

图2-3 进口信用证项下未来货权质押融资业务流程

2.1.4　国内信用证融资

国内信用证融资是指在国内企业之间的交易中，银行根据买方请求开具给卖方的一种保证承担支付货款责任的书面凭证。

信用证主要用于在买卖双方相互之间缺乏信任的时候，以银行信用弥补企业信用的不足。买方申请信用证付款扮演了预付款的角色。并且，由于议付具有可追索的功能，因此采用议付的方式支付货款具备了利用卖方信用的功能。

这一融资模式，对于买方的好处是，可以通过金融机构的授信额度延期付款、提前提取货物实现销售，然后支付信用证款项。对于卖方的好处是，按规定发货后，卖方的应收账款成立且具备银行信用保障，几乎没有坏账的风险。对于银行而言，通过有力地控制相应的货权，从而降低了融资风险（见图 2－4）。

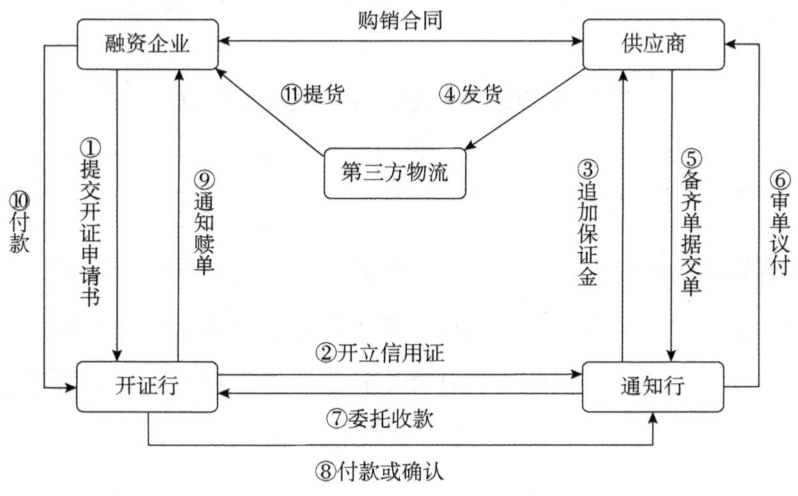

图 2－4　国内信用证融资业务流程

2.1.5　国内信用证项下打包贷款

国内信用证项下打包贷款是指金融机构应卖方的申请，以其收到的信用证项下的预期销售货款作为还款来源，为解决卖方在采购支付、组织生产、货物运输等方面资金需要而发放的贷款。

与前一种融资流程类似，都是借用信用证和议付的方式获得融资，但此种融资方式更加侧重于解决卖方在生产过程中涉及的各项生产成本面临的资金短缺问题（见图2-5）。

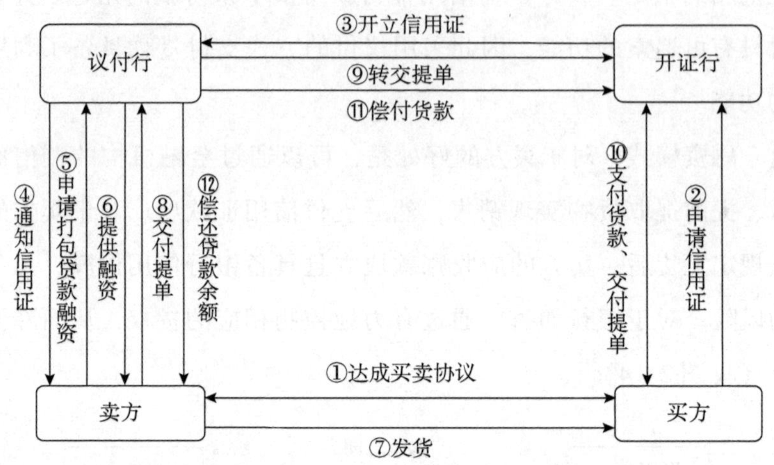

图2-5 国内信用证项下打包贷款业务流程

2.1.6 附保贴函的商业承兑汇票

附保贴函的商业承兑汇票，也叫作商业承兑汇票保贴，是指金融机构对商业承兑汇票承兑人、背书人或持有人核定授信额度，并在授信额度内对其商业承兑汇票提供贴现的一种授信行为。通过商业承兑汇票给予贴现的承诺保证，商业承兑汇票就具备了银行的信用。

这一融资模式，对于交易双方都有好处：免除了手续费的同时，贴现利率也低于贷款，因而融资成本较低。由于银行保贴函的存在，对出票人形成了信用增级。而且不用签署担保合同等文件，使用起来非常方便。对金融机构而言，可以控制资金流向，再加上票据责任形成了隐性连带担保，从而降低了信用风险（见图2-6）。

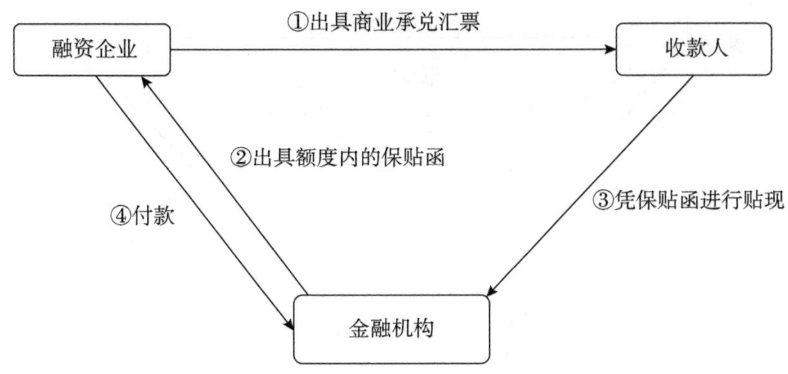

图2-6　附保贴函的商业承兑汇票操作流程

2.2　库存融资

库存融资产生在供应链金融发展的早期，其模式发展到今天已趋于成熟。生产企业需要大量的库存原材料以保障生产，销售企业需要大量的库存成品以防止断货。库存从货币表现来看是资金被占用，库存融资是解决因库存造成资金缺口的一种方式。

库存融资，也叫作存货融资，属于动产质押融资。在开展供应链金融业务中，一般要求质押物与供应链的货物或服务流动存在密切的联系，比如原材料、零部件、成品甚至仓单等预期将会流动，并产生收益的物品。

典型的库存融资模式，包括静态质押融资、动态质押融资、普通仓单质押融资和标准仓单质押融资。

2.2.1　静态质押融资

静态质押融资是指企业以自有或第三方合法拥有的动产为质押的融资业务。一般要求融资企业交纳一部分的保证金，银行等金融机构借助第三方物流或仓储单位保管质押物，质押物不允许以货易货，客户必须打款才能赎货。这种融资产品适用于除存货以外无其他质押物的企业，并且融资企业符合批量进货、分次销售的特点（见图2-7）。

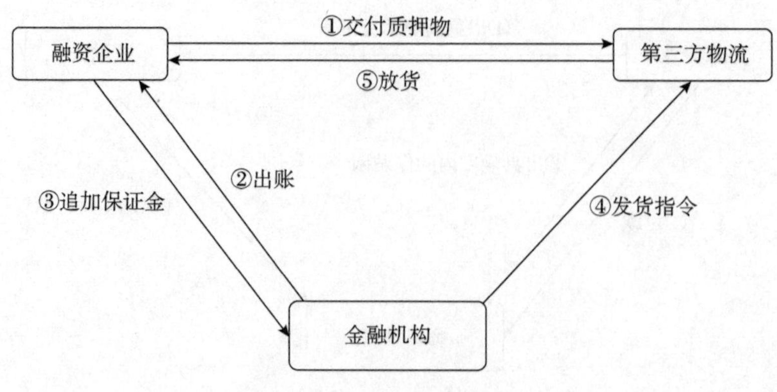

图2－7　静态质押融资业务流程

2.2.2　动态质押融资

银行对于客户抵质押的商品价值设定最低限额，允许在限额以上的商品出库，客户可以以货易货。与静态质押融资不同的是，动态质押融资允许客户使用被质押的货物，即质押物可以流动。动态质押中，一般给客户的质押物设定一个最低限额，超过这个最低限额，货物才可以出库。资金提供方允许融资企业在一定额度上以新的质押物替换旧的质押物。

这个模式适用于库存稳定、货物品类较为一致、抵质押物的价值核定较为容易的客户。

动态质押融资对于企业来说，以货易货的设定最大化消除质押对生产经营活动的影响。如果企业库存稳定，合理设置质押物的最低限额，在融资期间几乎不需要企业追加保证金赎回货物，既减少了企业成本，又盘活了库存成品（见图2－8）。

2.2.3　普通仓单质押融资

普通仓单质押融资，是指融资企业凭借由仓库或第三方物流提供的非期货交割用仓单（即普通仓单）为质押物，并对仓单做出质背书，由银行提供的融资业务。

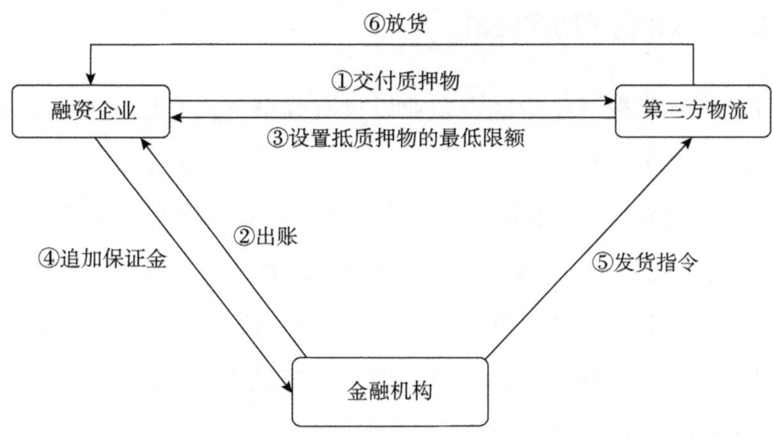

图 2－8　动态质押融资业务流程

普通仓单是仓库的提货凭证，在很大程度上，拥有了仓单就掌握了货物的所有权。因此，质押仓单可以被视为动产质押，普通仓单的质押流程与动产质押非常相似。

对于这类货物，为了降低行情变化对质押物价值的影响，资金方一般会和融资企业约定保价条款——当行情变化导致质押物价格过低时，融资企业需要追加保证金，否则资金方有权平仓（见图 2－9）。

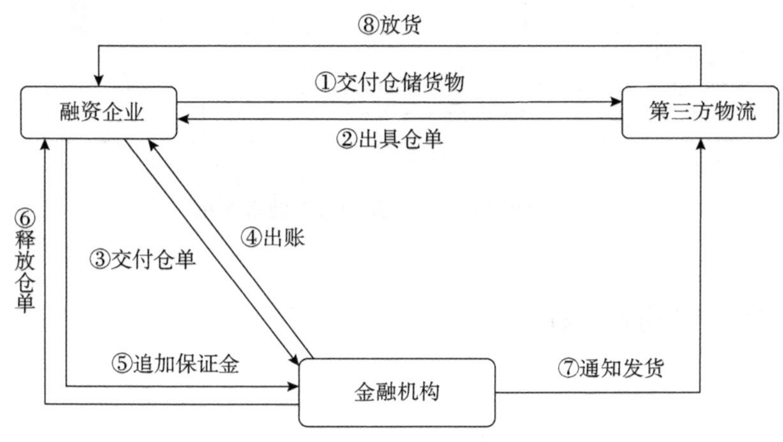

图 2－9　普通仓单融资业务流程

2.2.4 标准仓单质押融资

标准仓单质押融资是指融资企业以自有或第三人合法拥有的标准仓单为质押的融资业务。

所谓标准仓单，是一种标准化提货凭证，它必须符合交易所统一要求，在完成入库商品验收、确认合格后，由指定交割仓库签发给货主，使其能够提取商品，而且该仓单必须经过交易所注册生效。

采用标准仓单质押融资的客户一般通过期货交易市场进行采购、销售和保值，达到规避经营风险的目的。

这一融资模式，对融资企业的好处是手续简便，成本较低；对银行的好处是操作成本和风险相对较低，由于货品的强流动性，如果客户发生违约的情况，银行也很容易处置质押物（见图2－10）。

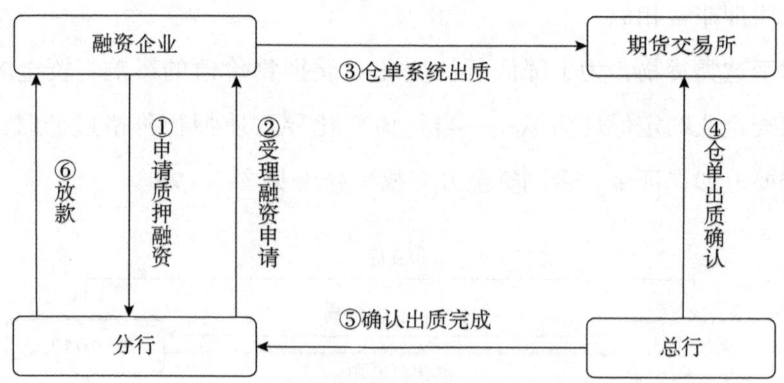

图2－10 标准仓单质押融资业务流程

2.3 应收账款融资

2.3.1 应收账款融资介绍

应收账款融资是指企业为取得运营资金，以卖方对下游买方（核心企业）签订真实贸易合同产生的应收账款为基础，由银行等金融机构为卖方提供的、并以合同项下的应收账款作为还款来源的融资业务。

供应链中，中小企业向下游买方（核心企业）供货之后，就产生了其对下游买方（核心企业）的应收账款，中小企业将此应收账款债权用于质押（或转让）融资，就是应收账款融资。由于中小企业以下游买方（核心企业）的债权资产及其产生的收益作为还款来源，因此，在这一融资模式里，银行更多关注的是下游买方（核心企业）的还款能力、交易风险以及整个供应链的运作状况。

在这个过程中，融资企业（卖方/供应商）与供应链下游买方（核心企业/采购商）达成交易，并由下游企业出应收账款单据。融资企业将应收账款单据转让给金融机构，同时供应链下游买方（核心企业）也对金融机构作出付款承诺。金融机构给融资企业（卖方）提供融资，缓解融资企业（卖方）的资金流压力。融资到期后，由下游买方（核心企业）向金融机构支付应付账款来还款（见图 2－11）。

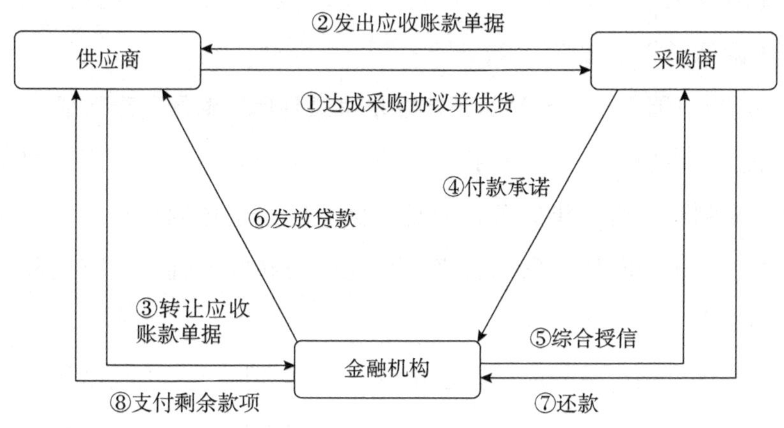

图 2－11　应收账款业务流程

2.3.2　应收账款融资特点

比照预付货款和现付方式，赊销目前已经成为企业间交易的主流方式，其占比越来越高。一方面，处于供应链中的上游客户多为中小企业，账期主动权掌握在下游的核心企业，且有越拉越长的趋势；另一方面，中小企业越来越难以通过传统的信贷方式获得银行等金融机构的资金支持。赊销行为给处于供应链上游的中小企业带来很大的流动性压力，客观上也催生了应收账款融资需求的出现。而居于下游的核心企业基于产业协同保障和响应客户需求的考虑，也不得不为上游的供应商提供力所能及的支持，这些核心企业信用的延伸和外溢，也使处于供应链上游的中小企业的应收账款融资成为可能。

当上游企业对下游提供赊销，导致销售款回收放缓或大量应收账款回收困难的情况下，上游企业资金周转不畅，出现阶段性的资金缺口时，可以通过应收账款进行融资。

概括起来，应收账款形态的供应链金融业务具有以下三个特点：应收账款形态供应链金融实现从主体信用审查到债项信用审查的转变；应收账款形态供应链金融服务的主体（即中小企业）和依托的债项资产（即应收账款）载体明确；应收账款形态供应链金融具有自偿性和封闭性的特点，从而大大降低了相应融资风险。

（一）应收账款融资实现从主体信用审查到债项信用审查转变

宋华在《供应链金融》中提到，供应链金融不是单纯依靠客户企业的资信状况来判断是否提供服务，而是依据供应链整体运作情况、企业之间的真实贸易，来判断债项资产未来的变现能力和收益性。没有实际的供应链，就不能产生供应链金融。

实际的供应链产生相应的供应链金融需求和服务，正是基于供应链金融来源于实际供应链这个基础，使得金融机构由传统授信模式转变为供应链金融模式。

传统授信模式下，金融机构对中小企业单一主体信用的考察，即根据融资企业的历史财务信息以及抵押物来提供授信。而供应链模式下，资金提供方（不局限于银行等传统金融机构）可以淡化审查融资企业的财务信息，转为对产业链上企业的交易状态进行综合评价，针对单笔或者多笔交易提供融资服务。即资金提供方重点对其债项信用考察，包括行业情况、供应链状况、业务往来、交易场景、交易对手和交易真实性等，借助供应链上核心企业的信用延伸和传递，以债项资产——应收账款为载体，从而为中小企业融资创造了现实的条件。

（二）应收账款融资服务的主体和依托的债项资产载体明确

供应链金融服务中，涉及渠道或供应链内的多个交易主体，可根据不同需求，定制个性化的金融服务方案。供应链核心企业上下游的中小企业供应商往往是供应链金融服务的主体，通过相应的供应链金融服务，从而使其融资难、融资贵的问题得以解决。

供应链运作中，中小企业通过实实在在的交易形成应收账款等债项资产，这些资产权属清楚、价值明确，而且具有良好的自偿性，即还款来源就是交易自身产生的未来确定的现金流。所以，这些债项资产自然就成为供应链金融服务的优质标的资产。

（三）自偿性和封闭性特点大大降低了应收账款融资风险

宋华在《供应链金融》中提到，供应链金融服务是对资金流、贸易流和物流的有效控制，把提供的融通资金运用限制在可控范围内，按照具体发生的贸易业务审核后逐笔审核放款，并对未来的现金流进行回收与监管。

闭合式资金运作是供应链金融服务的刚性要求，正是供应链金融具有自偿性和封闭性的特点，才满足了上述要求。供应链金融自偿性，指的是企业还款主要来源于交易所形成的应收账款，并通过下游买方（核心企业）在约定时间支付款项来实现，金融机构会同融资企业建立指定账户完成闭环回款并还款。

2.4　保理业务

应收账款类融资产品主要应用于核心企业（买方）的上游供应商（卖

方）融资，如果销售已经完成，但尚未收妥货款，则为保理融资或应收账款质押融资；如融资是为了完成订单生产，则为订单融资，担保方式为未来应收账款质押，其实质是信用融资。此外，应收账款证券化，是资产证券化的一部分，指将企业那些缺乏流动性但能够产生可以预见的稳定的现金流量的应收账款，转化为金融市场上可以出售和流通的证券的一种融资方式。

应收账款融资是目前国内开展的主要供应链金融业务种类之一，应收账款融资的主要实现方式为供应链金融保理业务。供应链金融保理业务就是将供应链条优势嵌入保理业务中，是供应链金融业务形态的一种分类。其中供应链金融保理业务主要是为以赊销方式销售、依托应收账款转让，而为企业设计的一种综合性金融服务。

2.4.1 保理的概念及类型

保理是一项综合性金融服务。在保理服务中，卖方企业将其现在或未来的基于与下游买方（核心企业）的商品销售或服务合同所产生的应收账款转让给保理商，由保理商为卖方提供贸易融资、销售分户账管理、应收账款的催收、信用风险控制与坏账担保等服务。

保理业务的基本类型：

（一）按照应收账款的转让是否通知买方分为明保理和暗保理

明保理：也称公开型保理，即保理商将应收账款转让的事实通知下游买方（核心企业），并指示其在应收账款到期日付款至指定账户。

暗保理：也称隐蔽型保理，即不将应收账款转让的事实通知下游买方。

（二）按照是否承担坏账风险分为有追索权保理和无追索权保理

有追索权保理：也称回购型保理，是指保理商受让应收账款后，买方到期不付款时，卖方承担回购应收账款并归还保理商融资的责任。

无追索权保理：也称买断型保理，是指买方如因信用问题而到期不付款时，保理商免除向卖方追索的权利，但买卖双方交易纠纷引起的账务风险保理商不予承担。

（三）按买卖双方是否处于一个国家或地区来划分，可分为国内保理和国际保理

国内保理：买卖双方均在国内的保理业务。

国际保理：买卖双方有一个在国外的保理业务。

（四）按参与保理的保理商数量来划分，可将保理分为单保理和双保理

单保理：即只有一个保理商参与的保理业务，一般出现在国内保理业务中。该保理商通常独立为卖方提供应收账款融资、应收账款管理及催收等服务。

双保理：有两个保理商参与的保理业务。双保理在国际保理中较为常见，分为出口保理商和进口保理商。通常出口保理商向出口商提供融资、应收账款管理服务，而进口保理商则提供催收、坏账担保、进口方资信调查等服务。

2.4.2　直接保理

直接保理业务，又称正向保理业务，或卖方保理。直接保理业务是供应链的卖方将其对于买卖交易中的买方（核心企业）的应收账款转让给银行或保理公司，银行或保理公司据此对卖方提供相应的保理融资业务或其他服务。

保理业务主要涉及保理商（银行或保理公司等）、卖方（融资企业）和买方（核心企业）。

一般操作流程是由保理商与卖方签订保理协议，卖方将通过赊销产生的合格的应收账款转让给保理商。卖方将相应文件和凭证，包括但不限于合同、发票以及出库单、入库单和运输单等其他单据，提供给保理商，作为受让的依据。签订协议后，保理商对卖方资信、买方资信及债项资信等进行尽调，确定信用额度、期限和服务费率。完整的保理流程，还需要保理商和融资方共同发起通知买方，并得到其付款承诺（确权）。在完成上述流程后，保理商向融资方提供流动性支持。在应收账款到期日，通过买方支付相应款项来偿还保理融资款（见图2-12）。

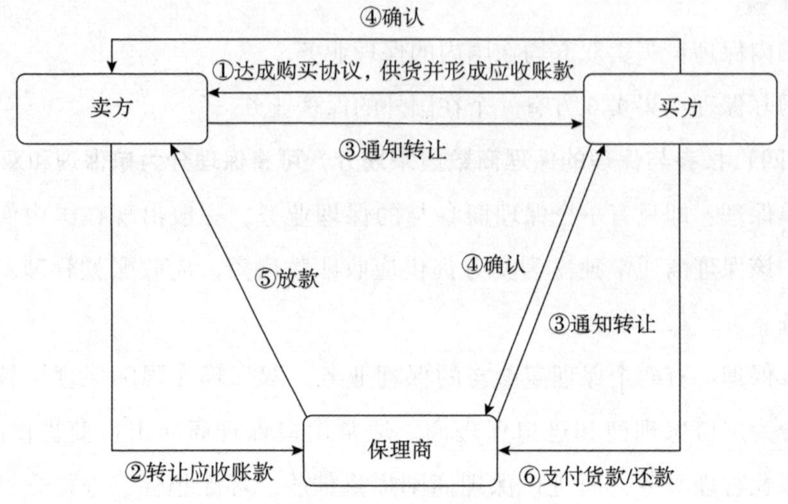

图2-12　保理业务基本流程

2.4.3　反向保理

反向保理也叫逆保理，或买方保理。反向保理是银行或保理公司与资信能力较强的下游买方（核心企业）达成的，为其上游供应商（卖方）提供一揽子融资和结算方案。

反向保理一般业务流程是，核心企业（买方）与供应商（卖方）签订赊销合同，供应商向核心企业发货或提供服务形成应收账款；保理商、核心企业和供应商签订三方协议；根据应付账款、企业的规模、实力、信誉、财务情况等核定买方（核心企业）保理授信额度；保理商对买家（核心企业）推荐的供应商进行资质审查，并与供应商达成保理业务意向；供应商申请债权转让及提出融资申请，保理商审查审批后进行放款；根据合同约定，核心企业还本付息至保理商指定还款账户（见图2-13）。

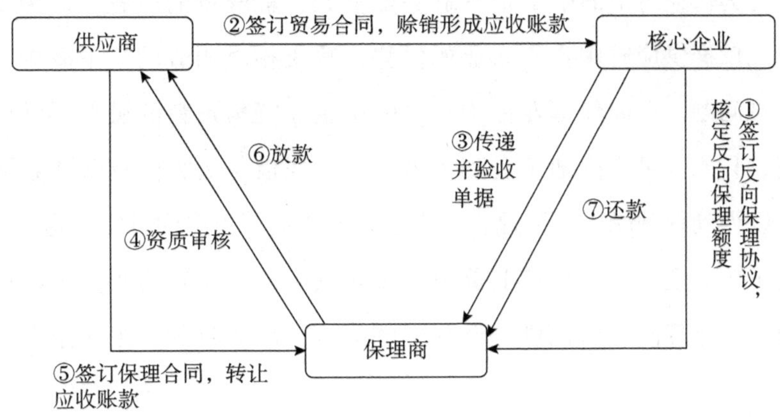

图2－13　反向保理业务基本流程

为了控制反向保理的风险，应该重点关注以下三个方面。

第一，加强对核心企业（买方），也就是最终还款人的考察。反向保理的融资主体和还款主体不同，即由上游供应商（卖方）提出融资，下游买方（核心企业）负责还款。相应地，风险控制关注的重点应该从供应商转移到负责付款的核心企业。此外，反向保理融资的信用基础是核心企业的整体实力与资信状况，一旦核心企业出现问题，风险会迅速扩散，与该核心企业相关的所有保理业务都会面临着违约风险。因此，要强化对核心企业的考察。

第二，建立供应商的准入和分类管理制度。每个核心企业都有众多的供应商，并不是所有的供应商都有资格作为保理融资的主体，而是应该选择那些管理规范、资信良好和风险相对较低的供应商来开展相应的保理业务。为此，核心企业应该建立严格的供应商准入标准以及引进供应商分类管理机制。

第三，要加强对核心企业和供应商之间实际发生业务的监控。要强化对贸易真实性进行实质考察，比如考察供应商货物的运送是否真实可靠，是否可能因为质量问题而退货，两者的合作关系是否稳定等。

反向保理具有以下四个方面的优势。

一是为供应链上的中小企业解决融资难、融资贵的问题。运用反向保理，可以依据供应链中核心企业的优势，解决相对弱势的上下游中小企业的融资难问题。反向保理业务中，对中小企业资信资料的可获得性的要求并不高，只要其供应商地位受到买方认可，凭借与买方的有效货物买卖合同就可以得到保理融资。因此，为中小企业创造了更多的融资机遇。

基于核心企业提供与其上游中小企业供应商真实贸易买卖合同的信用风险较低，保理商可以提供更低利率的融资，从而减少了中小企业的融资成本。

二是为核心企业提供了流动性支持，降低了核心企业财务费用。通过反向保理业务，解决核心企业的供应商存在的资金周转问题，从而能延长核心企业的付款期限，使其资金使用效率最大化。同时可以对核心企业的应付账款进行更加有效的管理，减少核心企业的财务管理成本。

三是促进供应链上下游建立长期稳定的战略合作关系。通过反向保理业务，供应链上下游的企业能够建立持久稳定的战略合作关系，有利于保持整个供应链的稳定。

四是提高了保理商开展保理业务的工作效率和经济效益。在反向保理业务中，业务发起端是核心企业，由于核心企业的配合和支持，大大提高了保理业务的工作效率。另外，由核心企业批量推荐供应商，保理商批量叙做业务，还存在一定的规模效应。

2.4.4 保理池融资

保理池融资是指供应商将一个或多个具有不同买方、不同期限以及不同金额的应收账款打包一次性转让给保理商或银行，保理商或银行根据累计的应收账款“池”余额给予卖方一定比例的融资额度的保理业务（见图 2 – 14）。

保理池融资的优势有以下几个方面。

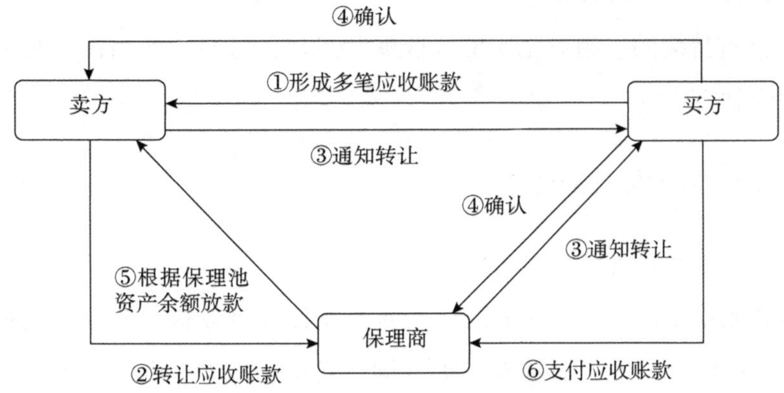

图 2－14　保理池融资业务流程

（1）循环融资：在池保理融资模式下，只要供应商在授信有效期内的任何时点保有足额的应收账款余额，就可以持续使用保理商或银行给予的融资额度，且融资期限、金额不受单笔应收账款金额、期限限制，融资方式灵活，应收账款的融资能力得以充分实现。

（2）简化手续：免去了多次办理业务手续的麻烦，金融机构业务流程得以简化，放款效率大幅提升，从而提高了融资效率，同时大幅降低了融资成本和操作成本。

（3）分散风险：应收账款资产池的资产来自多个不同的交易对手，降低了应收账款的集中度，避免了单一买方的还款风险。

（4）方式多样：可以提供流动资金贷款，也可以根据企业需要开立银行承兑汇票、商票保贴、信用证和保函等多种方式，满足企业的实际融资需求。

适用保理池融资业务的交易有以下几个特点。

（1）买方和卖方存在长期、稳定、持续的供应关系，双方合作时间应该在两年以上。

（2）卖方和买方签订年度供货合同，有明确、详细的供货安排。

（3）双方采用赊销的结算方式，付款条件简单明了，不涉及附加的复杂条件，且付款日期明确。

（4）有持续的、相对稳定的应收账款形成，且金额数目高于最低余额的应收账款。

2.4.5 商业保理业务流程

（1）商业保理业务申请

应收账款债权人应当以书面形式向商业保理企业提出商业保理业务申请，主要提供的基础贸易资料（如合同、发票、订单、出库单等）以及公司主体和担保主体材料等。

（2）商业保理业务审核及调查

保理公司对企业的主体情况、基础交易情况、应收账款的合法性与可转让性进行审核以及现场进行详细的尽职调查。一般需要债权人和债务人双方的企业都要进行详细的调查。

需要特别强调的是，保理业务与其他融资业务不同，保理业务以受让应收账款为核心，所以保理业务的第一还款来源是债务人的到期付款，而非保理融资申请人的还款。即保理业务基于基础交易产生的闭环现金流是安全回收保理款的核心保障。因此，在保理业务的尽职调查中，交易基础资产的尽调显得尤为重要；而在交易主体尽调中，应更加侧重对于债务人的尽调。

（3）签订商业保理合同

业务尽调完成后，由债权人和保理商签订商业保理合同。这里需要强调的一点是，无论保理业务的发起方是谁，最终签订商业保理合同的双方一定是债权人与保理商。

（4）商业保理业务后期检查

商业保理企业在合同签订后保理商应当对应收账款债务人的应收账款回款情况以及应收账款债务人与应收账款债权人的经营情况进行追踪调查和检查。如发现债权人/债务人企业出现经营异常，则要及时采取措施，确保资金安全。

（5）商业保理业务终止

商业保理企业与应收账款债权人结清保理合同项下全部债权债务后，商业保理业务终止。包括两类情况，第一类正常履约后，商业保理合同自然终止；第二类，债务人/债权人出现经营异常等风险时，保理商主动终止。

案例2-1　大宗商品贸易（焦炭）直接保理业务介绍

（1）买卖双方基本情况

卖方：S焦化有限公司是一家地区中型民营企业，主营业务范围包括洗煤、炼煤、煤焦油、粗苯、煤气发电等，现有员工500余人，总资金4000万元，上年度销售收入6000万余元。

买方：B钢铁有限公司是一家融烧结、炼铁、炼钢、轧才为一体的中外合资综合型钢铁企业，总资产77亿元，上年度销售收入115亿元，净利润16亿元，现有员工8000余人，荣获国家制造业500强、省百强企业、商业银行AAA信用评级等荣誉。

（2）尽职调查分析

本项目卖方S公司虽然是一家中小企业，缺少优质的固定资产作为融资担保品，但其下游买方B公司具有良好的商业信誉，虽然B公司负债率较高，但付款能力尚可。基于买卖双方的常年贸易合作对S公司提供保理融资，可有效捆绑B公司的经营实力和商业信用，大幅降低融资风险。

（3）保理授信方案

业务类型：国内有追索权保理

交易商品：焦炭

授信期限：1年

授信额度：人民币1000万元

保理预付款比例：不超过发票金额的80%

保理预付款期限：不超过120日

应收账款转让通知方式：买方确认应收账款转让通知书及商业发票。

融资前需征提的贸易文件：卖方出货单、铁路大票、买方验收单、入库单、商业发票等。

买方付款方式：电汇至保理商指定的监管账户。

（4）产品设计与风险管理要点

卖方须将授信期限内对该买方的全部应收账款转让给保理公司；卖方首次办理应收账款转让时，应提交买方确认的应收账款债权转让通知书回执，每次转让应收账款时均应提交买方确认的商业发票回执；买卖双方依据基础交易合同确定付款期限，并将到期日明确于商业发票上；保理公司应严格审核贸易单据，确保交易的真实性与应收账款合格；出现买方回款逾期，应立即暂停对卖方的融资；逾期超过30日而买卖双方尚未解决纠纷时，卖方需接受保理商反转让应收账款并偿还融资（有追索权保理）。

（5）案例评析

S焦化有限公司的保理融资案例具有较好的典型性，作为上游卖方的采煤、洗煤等综合型生产企业普遍为中小型民营企业，自身的资质条件较难满足银行等传统金融机构的授信条件，而通过承做保理业务，借用下游大型钢铁企业的良好信用，可以获得稳定的资金来源，满足日常经营需要。

焦化企业虽受国家限制较多，而作为钢铁企业不可或缺的一环，经营情况有一定保证，保理业务通过应收账款全部转让、供应链企业间的信用转移、贸易文件交叉验证交易的真实性、有追索权融资等方式进行风险防控，解除了焦化企业缺乏优质抵质押物无法获得传统金融机构融资的难题，解决了焦化企业的融资需求，焦化行业企业均可以借鉴此案例。

2.5 供应链金融主要业务模式对比

供应链金融存在三种主要业务模式，即应收账款融资、库存融资和预付账款融资。这三种模式既存在很多区别，也存在很多共同点。其主要共同点有以下几点。

（1）银行等金融机构对其融资项下的资产或者由此产生的收入有一定的控制权甚至是全部的控制权。

（2）供应链金融具有自偿性和封闭性的特点，融资企业可以不提供或没有可抵押的其他实质性物质资产。其第一还款来源是融资项下的资产。

（3）银行等金融机构在给予授信时，无须以融资企业的规模和实力，即主体信用为依据。而是依据真实的贸易背景和交易行为，即以交易结构信用为依据。银行等金融机构结合融资企业的信用等级，重点考察这笔融资业务的自偿性和融资企业运用资金的能力，以此为基础给予相应的信用额度。

从融资模式不同点来看，应收账款融资主要针对的是供应链下游企业，因为赊销的账期较长，造成的资金紧张，侧重盘活企业未来的现金流；库存融资主要是用于盘活在途物质及产品库存占用的沉淀资金，最大限度发挥资金的使用效率；而预付账款融资可以避免企业一次性采购带来的付款压力，特别是对于大额订单，企业难以承担一次性大额付款，这种融资提升了融资企业的拿单能力，同时大大促进了上游企业的销售（见表 2－1）。

表 2－1　供应链金融三种主要业务模式对比

分类	应收账款融资	库存融资	预付款融资
标的资产	债权	存货	预付货物
融资用途	盘活现金流	盘活现金流	分批次付款/获得提货权
融资企业位置	上游供应商	任何节点的企业	下游经销商
所属阶段	销售	运营	采购
参与方	融资方、债务人和金融机构	融资方、第三方物流和金融机构	融资方、债权人、仓储方和金融机构
风险控制	关注债务人	跟踪监测存货和关注存货价格变化	控制提货权和监视货物价格变化

第二篇
从供应链金融到数字供应链金融

第3章　数字供应链金融

3.1　数字金融

3.1.1　数字经济

《二十国集团数字经济发展与合作倡议》（2016年）认为，数字经济是指以使用数字化的知识和信息作为关键生产要素、以现代信息网络作为重要载体、以信息通信技术的有效使用作为效率提升和经济结构优化的重要推动力的一系列经济活动。

该定义精准阐明了数字经济的三大支柱。（1）新的通用目的技术——信息通信技术，也可称为数字技术。以互联网、大数据和人工智能为代表的数字技术成为新的通用目的技术，正在驱动一场新的革命。（2）新的生产要素——数字化的知识和信息。新的经济形态必须有新的生产要素，“数据”（数字化的知识和信息）将作为继土地、劳动（劳动力）、资本和企业家才能之后产生的新生产要素。（3）新的基础设施——现代信息网络。交通运输、管道运输、水利设施和电网是工业社会四种最主要的基础设施，数字经济时代，5G、数据中心等信息网络成为新的基础设施。

沈建光（2021年）认为，数字经济发展是将数据作为核心生产要素，以数字基础设施为基石、数字政府治理为保障，创新运用数字技术，促进数据安全有序高效流转，推动数字产业化和产业数字化共同发展，实现全要素生产率提升和经济高质量发展。

国家统计局于2021年发布的《数字经济分类》从“数字产业化”和“产业数字化”两个方面，确定了数字经济的基本范围，将其分为数字产品制造业、数字产品服务业、数字技术应用业、数字要素驱动业、数字化效率提升业5大类。

其中，前4大类为数字产业化部分，即数字经济核心产业，指为产业数字化发展提供数字技术、产品、服务、基础设施和解决方案，以及完全依赖于数字技术、数据要素的各类经济活动，对应于《国民经济行业分类》中的26个大类、68个中类、126个小类，是数字经济发展的基础。

第5大类产业数字化部分，指应用数字技术和数据资源为传统产业带来的产出增加和效率提升，是数字技术与实体经济的融合。该部分涵盖智慧农业、智能制造、智能交通、智慧物流、数字金融、数字商贸、数字社会、数字政府等数字化应用场景，对应于《国民经济行业分类》中的91个大类、431个中类、1256个小类，体现了数字技术已经并将进一步与国民经济各行业产生深度渗透和广泛融合。

《中共中央关于制定国民经济和社会发展第十四个五年规划和二〇三五年远景目标的建议》提出，加快数字化发展。发展数字经济，推进数字产业化和产业数字化，推动数字经济和实体经济深度融合，打造具有国际竞争力的数字产业集群。其中，数字经济与实体经济深度融合被列为政府重点工作之一，战略高度不言而喻。

3.1.2 数字金融概念

对于什么是数字金融，国内外有多种表述。在这里，本书介绍几个有代表性的定义和解释。

艾瑞咨询（2018年）认为，数字金融是指利用互联网包括信息技术和传统金融服务结合而成的新一代金融服务，具有技术特性强，覆盖区域广的特征。数字金融辐射在“存、贷、汇”三类业务范畴中，其中“存”包括证券、基金、保险、银行理财业务；“贷”包括供应链金融、消费金融；

"汇"包括支付。显然，这是一个相对狭义的概念。

黄益平（2018 年）认为，数字金融是指利用大科技平台、大数据以及云计算等科技方法，来创新金融产品、商业模式、技术应用和业务流程。数字金融具体业务分为五大类，包括：第一，基础设施：智能合约、大数据、云计算、数字身份识别；第二，支付清算：移动支付、数字货币；第三，融资筹资：众筹、网络贷款；第四，投资管理：类余额宝理财、智能投顾；第五，保险：数字化的保险产品。很明显，这个定义和分类扩展了数字金融的内涵和外延。

黄卓（2018 年）认为，数字金融泛指金融机构与互联网公司利用数字技术实现融资、支付、投资和其他的新型金融业务模式。数字金融在中国主要有两种表现形态。一种强调数字金融的科技属性，与金融科技的概念比较接近，指利用移动互联网、大数据分析、人工智能、云计算等最新的数字技术来帮助金融机构解决传统金融业务模式中的痛点。这也是发达国家数字金融的主要表现形态。另一种强调其金融属性，与互联网金融的概念更为接近，即互联网科技公司利用数字技术提供以移动互联为主要特征的替代性金融服务，弥补传统金融服务的短板。这一观点，展示了数字金融包含的科技和金融两种属性。

中国人民银行在《全球视野下的中国普惠金融：实践、经验与挑战》（2018 年）中指出，"数字金融"被泛指传统金融机构和新提供商在金融服务的交付中运用数字技术的业务模式。"金融科技公司"特指那些核心商业模式建立在创新性数字金融上的新提供商。因此，数字金融既包括传统金融服务提供者对数字技术的运用（如代理模式、支付基础设施、在线平台等），也包括金融科技公司自身。这一表述，提出并解释了金融科技公司的概念。

苏宁金融研究院（2020 年）认为，数字金融是金融与科技紧密结合的新兴领域，其内涵随着金融与科技结合的深度而不断变化。与互联网金融、金融科技等概念相比，数字金融的内涵更加广泛而深刻。虽然"数字金融"

尚未有明确的概念，但无论是学术界还是产业界，都已经对其有广泛的研究和实践。整体来看，目前实践中的数字金融集中于六大领域：一是基础设施领域，偏向于科技类，如“大智云移”等技术，监管科技等；二是支付结算领域，如移动支付、数字货币、比特币、其他加密货币等；三是网络融资领域，包含互联网金融、网络贷款等；四是网络投资领域，也是国内发展较早的领域，以余额宝为代表，并逐渐向智能投顾过渡；五是保险领域，主要是保险的数字化，保险科技等方面；其他还有数字金融在证券、信托等金融业务中的实践。这一表述，重点突出了数字金融内涵是动态的，随着金融与科技不断发展和深度融合而变化。

3.1.3 数字金融发展历程

概括起来，中国数字金融发展经历了以下三个阶段。

第一阶段是商业银行等传统金融机构利用信息技术和互联网技术，从20世纪90年代开始实现互联网化的一个过程。

第二阶段是以阿里、腾讯、百度和京东为代表的互联网平台利用自身海量的用户以及结合数字技术优势提供金融服务的阶段，即互联网金融崛起的过程。

第三阶段是传统金融机构加大金融科技投入，不断加速与互联网企业融合的阶段，全面打造更加移动化、智能化、数据化和场景化的综合金融服务平台的过程。

据上市银行2019年年报公开信息，6家国有大型商业银行的科技投入占本行的营业收入均超过2%，其中工商银行、农业银行、中国银行、建设银行四大行的金融科技投入均超过百亿元，以银行为代表的金融机构数字化转型步伐越迈越快。

而互联网科技公司也越发突出科技属性，京东金融已于2018年正式更名为“京东数科”，公司定位于数字科技，致力于以AI驱动产业数字化。蚂蚁金服启用新名称“蚂蚁科技集团股份有限公司”，加速数字化升级，并推动在资本市场上市进程。从头部互联网科技公司的动作中也反映出其对数字技术的重视程度，推动数字化升级已是大势所趋。

3.1.4　数字金融的优势

（一）数字经济为数字金融发展创造了条件，数字经济时代呼唤金融服务数字化

当前数字经济已成为我国经济社会发展的关键动能。未来几年，数字经济将保持高速增长态势，融合创新是数字经济迈向更高发展阶段的最佳路径。数字产业化创新潜力很大，传统产业数字化转型大有可为。现有的金融体系基于工业经济，数字经济时代必然呼唤金融体系的改革创新，其中金融服务数字化是应有之义，金融科技应运而生。数字经济为数字金融发展创造了条件，反过来，数字金融的加速发展也会为数字经济提供推动力。数字技术和金融的融合必然促进数字经济的革命性发展，对经济产生极大的“涌现”效应。数字经济以数据为依托，数字金融也以数据为根本，数字金融是在数字经济时代的金融市场优化配置功能的革命性体现。

数字金融创新，将重构传统金融运行方式、服务模式乃至整个金融生态。金融服务业将借助金融科技打造新的竞争力，构建开放共享的金融服务体系，创新业务模式，加速数字金融发展。数字金融让金融更好地回归“服务”本质，通过数字化的科技手段，实现移动化、场景化和智能化，为企业、个人和政府提供更专业、更匹配、更快捷、更方便的金融服务，从而让金融更好服务实体经济和社会发展。

（二）数字金融借助技术优势和平台优势实现普惠金融，能够服务更多的中小微企业和个人

过去的十年中，数字金融的发展成为中国金融业最重要的金融创新。在如何有效帮助中小微企业和个体商户上，金融科技和数字金融发挥了不可替代的作用。据不完全统计，蚂蚁集团、腾讯、京东数科等金融科技企业依托自身的技术优势和平台规模为数亿个人和几千万中小微企业提供了移动支付、消费金融和网络贷款等金融服务，在促进中国的网络经济发展的同时，将金融普惠化程度提高到了一个新的水平。

不但在消费金融领域普惠化已经成为事实，而且随着产业互联网趋势的到来，通过数字技术赋能产业链和供应链，越来越多原来依靠传统手段得不到融资的中小微企业获得了新金融服务。过去，因为缺乏抵押物、征信体系难覆盖等因素，导致数千万中小微企业难以达到金融机构授信门槛。在金融科技快速发展支持下，中小微企业金融门槛和服务成本正不断降低。商业银行等各类传统金融机构也加速推进数字化转型，推动金融科技进步和运用，利用手机银行和开放银行模式来突破物理网点限制，借助数字技术，通过移动化、智能化和场景化服务更多、更广泛的企业和个人。中小微企业金融服务薄弱环节，借助金融科技得到很大突破，未来普惠化金融服务程度将大大加强。

案例3－1　新技术使美团小贷服务更加高效和普惠

“美团小贷专门服务美团点评合作商户，致力于持续稳定高效地为小微商户提供低成本的运营资金。互联网时代是数据大规模线上化的时代，这个转变带来了小微企业金融服务的历史性机会。餐饮大数据是具有生命力的，每天都在产生、发展及变化。”美团小贷内部人士坦言，这些数据不仅能帮商家们了解客户行为，客户满意度及店面服务质量，而且可以帮助全面评估每家店的经营健康状况，衡量经营风险，量身定制金融产品。

美团小贷经过近两年的摸索，在服务餐饮这个领域，逐渐探索出一条路来，已经累计服务数十万客户，业务范围覆盖全国，除餐饮外还服务了酒店、便利店、美甲店、美容美发店等众多小微商户。

通过OCR识别、人脸识别等新技术，美团小贷帮助用户完成贷款申请。“在使用新技术后，美团小贷整体的服务效率会提升15%以上。”美团小贷业务人士称，“尤其是身份证OCR识别技术的应用，将上传身份证和填写身份信息一步完成，免除了客户填写身份证号码的麻烦，最大化减免客户填写步骤"。相比传统录视频的人工审核方式，美团小贷采用的人脸识别审核不但具备实时性，而且安全系数也更高。

（三）数字技术大大降低了边际成本，提高金融服务的可获得性，大大提升服务效率和服务效益

数字技术对效率与成本的变革为数字金融发展创造了条件。数字技术核心价值是降低成本、提升效率，用规模化、商业可持续化的供给满足海量化、碎片化、多元化的金融服务需求。以数字技术为基础的金融科技平台有长尾效应，可以同时为巨量的客户服务，而且边际成本很低，这是传统金融机构做不到的。比如，传统金融机构为小微客户提供融资服务，包括要做线下尽职调查，要到客户的工厂去实地查看，产生交通差旅费用等，致使金融机构服务的固定成本很高，导致金融机构为小客户提供服务意愿高。大的科技平台能够通过大数据和长尾效应控制边际成本，使得为小微客户提供线上金融服务不但成为可能，而且通过批量智能获客变得有利可图。

利用现代信息技术，数字金融可以充分发挥长尾效应的优势，链接数以亿计的中小微企业与个人，以社交网络、行为特征、交易以及物流等数据替代抵押资产，进行信用风险评估，从而显著降低金融交易成本、信息处理成本和风险控制成本等。另外，借助于金融科技的发展，可以有效突破时空束缚，不需要投入大量人力和财力开设营业网点，顾客不用在网点排队等候，避免浪费大量的时间与精力，业务处理也更加快捷和方便，在提高效率的同时让用户体验更加人性化。

案例3-2　网商银行用"技数"改变金融服务模式

网商银行携数字基因而生，是一家"技数"推动的银行（技—科技，数—数据），创新"310"贷款模式、用大数据和人工智能技术改变传统金融服务模式，将每笔贷款的平均运营成本降到2.3元。成立3年以来，网商

银行及前身阿里小贷累计为超过1170万小微客户提供经营性贷款。

不论是从企业内部管理，还是业务拓展，“技数”驱动深入网商银行的方方面面，网商银行发展过程中一直都在借助技术推动业务的创新发展。业务上，充分利用大数据，实现全程数据驱动，从一开始的营销、到客户筛选、到业务执行（贷款审批、放款跟踪等），实现高效的智能化操作。

从客户群体看，网商银行关注于小微、“三农”方面，所提供金融服务的特点是小、急、短、频；从业务形态看，所有业务都是在线业务，同时因为金融业务不是一个高频业务，所以并不追求客户端的活跃度，而更关注于通过场景触达客户（外卖、网购等）；从业务规划看，更关注于协作共赢，希望通过技术输出与更多金融机构合作，充分发挥网商银行的技术优势和金融机构的业务以及市场优势，共同更好地服务客户。

在营销创新领域，充分利用大数据、AI等技术，创新服务、精准定位目标客群，以“大促贷”的投放为例，是基于大数据、用户画像的精准营销，从产品的设计到投放都体现出技术驱动，产品是针对于特定的时间（双11大促等），针对特定的客群和需求（卖家在大促期间备货和营销的资金需求）而制定的，其背后是对于这一特定时间、场景下特定客群的个性化需求的准确把握。

在风险管理领域，拥有EB级的数据，可以真正实现基于大数据的自动化风险控制；区别于传统的指标式风险控制，真正构建了相对全面的风控模型，除了对于客群本身行为的关注，还会关注到行业的走势等时间维度的完全性（对于季节性商品会综合考虑到旺淡季的差异等）。

在网商银行，风控不只是后台技术，还与为小微经营者提供服务的产品更多联动起来。如将风控技术与产品设计相结合，在“多收多贷”的页面，商家能够看到，用支付宝二维码向有效顾客收款，顾客越多，能获得贷款的额度越高。有的商家收一笔款就能在提额日提升50元额度，直至达到提额上限，让商家做到心中有数。

在一系列风控技术的助力下，服务线下小微商家不仅成为了可能，成本也大幅降低，网商银行每笔贷款的平均运营成本仅为2.3元。截至目前，已经有超过300万线下小微经营者获得了网商银行的贷款，笔均贷款金额仅7615元，平均资金使用时长50天，6个月内贷款超过3次的经营者达到35%。

(四) 数字金融利用大数据和人工智能等新技术为中小微企业提供主动授信服务，破解中小微企业融资难、融资贵

传统模式下，中小微企业融资难突出表现在风控难。中小微企业一般经营和财务数据不完全、缺乏有效抵押和有实力担保，致使中小微企业很难达到传统金融机构的授信标准，从而被拒之于授信门外。

而数字金融能够用大数据替代抵押资产，根据数字留痕积累的数据，能够建立大数据风控模型。大数据风控模型与银行传统风控比较，具有一定的优势：一是信息获取优势，利用大数据做风控，可以获得实时信息。传统模式是参考上季度、去年的报表，基于过去的、历史的数据，在外部环境发生剧烈变化和自身经营波动比较大的情况下，数据可靠性存疑。而利用大数据，可以看到昨天甚至今天的数据，及时获得数据可以抓取相对稳定的行为数据。二是模型优势，使用AI智能和机器学习，可以构建复杂的非线性关系，甚至可以抓取不同变量之间的交互作用，用来精准预测未来一段时间的趋势，因此可以通过建立及时预警机制等来控制信用风险。

案例3－3　数字技术助力建行推出主动授信模式

“通过组合工商、税务、电力等多维度信息交叉验证，对小微企业进行立体式全息画像，同时利用大数据分析和机器学习等技术，建立主动授信模型。我们的画像和授信，不仅针对建设银行已有客户，更是面向数据所触达的全量客户，这就使得众多没有抵押物、缺少银行信贷记录的人群获得了信贷机会。”田国立举例2018年7月建设银行所推出的“惠懂你”App，可以让小微、“双创”、涉农、扶贫等群体获得7×24小时的全流程在

线信贷服务，做到“一分钟”融资、“一站式”服务和“一价式”收费。截至2020年6月，“惠懂你”已累计接入了77类普惠金融场景，个人注册用户超过1100万户，认证企业超过360万户，授信金额超过2500亿元。

田国立认为：“这就是一个新金融新逻辑下的新模式，曾经困扰小微企业已久的融资难、融资贵问题，也会在这个模式中逐渐得到解决。”而从数据中也可看到“药效”已经发挥作用：“建设银行原先每年的小微企业贷款新增只有100亿～200亿元，贷款客户新增不到1万户，不良率也高至7%～8%。2018年和2019年，当年新增小微企业贷款分别超过2000亿元和3000亿元，并于2020年3月成为全国首家普惠型小微企业贷款余额突破万亿元的商业银行，新模式的不良率也控制在1%以内。”

（五）数字经济为农村金融发展带来新机遇，数字金融更好地助力“三农”发展

数字产生信用，解决了传统农村金融抵质押物缺失的问题。随着互联网和手机移动终端在农村地区的普及，电商、社交等移动应用的发展为开展农村金融业务积累了大量原始的数据。依托这些数据，可以为用户进行画像、依据交易记录和违约记录等作为农村征信的依据。数字科技打破了传统金融服务的时空限制，将服务触角在农村地区无限延展；同时数字科技也丰富了农村金融服务品类，供应链金融、消费金融、支付服务、理财服务和保险服务等依托数字科技不断涌现。

借助于互联网和数字技术，新金融不断赋能“三农”发展，城乡间的数字化鸿沟也不断被打破。现代金融服务使原先需要耗费大量成本需要人去做的工作由机器替代，降低了服务成本，提升了服务效率和服务体验，同时也提升了覆盖度，从而更好地服务于“三农”发展。

案例3－4　京东推出“数字农贷”造福农民

以京东推出的“数字农贷”为例，对于农民有三大好处：第一，可基

于农业生产的量化模型及农民的历史生产数据为农民授信，免抵押，免担保；第二，通过生产量化模型精准地把资金定时、定量地投入生产过程中，可使给农民的每一分贷款都不产生闲置费用；第三，数字科技系统为农民做风险管理，辅助实现生产管理的信息化、自动化。

通过京东数字农贷，帮助很多没钱搞规模化养殖的农民实现了大规模养殖。随着人工智能等新技术应用到农村数字网络基础设施和金融服务基础设施，农村金融将被推向更加智能化发展阶段。

（六）数字供应链金融迎来大发展机遇，为中小企业发展提供金融活水

数字供应链金融可提供账户管理、结算、支付、资金归集、现金管理、融资和理财等综合金融服务，集普惠金融、小微金融、产业金融、综合金融等多种金融服务理念于一身，并通过场景化、数字化、线上化和移动化赋能中小企业，助力中小企业破解融资难、融资贵。

要解决中小企业生存和发展问题，根本出路在于提升供应链管理数字化水平，大力发展数字供应链金融。当前出现了很多由龙头企业、第三方服务商、互联网企业以及金融科技公司主导的产业互联网金融平台，对产业链和供应链有非常深刻的了解，对上下游的企业拥有包括交易、仓储、物流和配送等完备的数据。数字供应链金融迎来大发展的机遇期，金融机构的数字化转型应嵌入产业互联网的发展中，成为孵化产业平台的力量，更好地借助数字技术为中小企业的发展提供金融活水。

（七）产业互联网发展促进金融机构数字化转型，以数字为基础的新金融加速产融结合，推动产业升级和产业生态优化

当前数字经济已经进入产业互联网的发展新阶段，金融机构数字化转型与产业互联网的发展融合，将为数字金融的发展创造巨大的契机。金融机构数字化转型和产业互联网发展有效融合，为创造新业态、促进产业升级以及产业生态优化提供了广阔的空间。

在数字经济时代，金融科技存在的意义绝不仅限于将核心企业产业链、

政府公共服务平台、第三方专业服务平台和中小微企业等各方的数据搬到线上，而是基于已经足够成熟的技术手段，通过建立信息和数据的互联互通，将数据转化为可变现、高附加值的资产，即通过数字资产化，实现资产流动化，从而让金融更好地服务实体经济发展，驱动产业升级和产业生态进一步优化。

3.2 数字供应链金融产生背景

3.2.1 供应链金融发展阶段

（一）供应链金融发展的第一阶段，以商业银行为主导的1+N模式

早在1999年，深圳发展银行率先推出动产和货权质押授信业务，开始了供应链金融的尝试。在2006年，该行又推出了供应链金融品牌。随后，招商银行也开始涉足这一领域。浦发银行、中信银行、民生银行和兴业银行等纷纷推出带有自己特色的供应链金融产品。

这一时期称为供应链金融发展的1.0阶段。1+N模式是指基于供应链中的核心企业为其上下游企业提供融资服务。其中，1是核心企业，N为众多的供应链上下游企业。这一概念最早是由深圳发展银行在2003年提出。

在这一阶段中，供应链金融的主要推动者是以商业银行为代表的传统金融机构。供应链金融围绕一个核心企业及其供应链展开，金融机构通过与产业供应链中的核心企业结合，基于应收账款或应付账款、库存或者动产、预付账款等开展相关的金融服务，并控制相应的金融风险。这一阶段控制风险的手段主要是围绕核心企业的授信展开。

1+N供应链融资模式突破了传统金融的局限性，改变了过去以大型企业授信为主、以不动产抵押为主的模式。利用供应链上的结构化交易信用以及核心企业信用支持和传递，使供应链上众多的中小企业供应商和众多的中小企业经销商得到了融资，而这些中小企业在传统模式下，由于经营不稳定、缺乏有效担保和有效抵押，很难达到信贷准入条件。

当然，这种模式也有不足之处：一是作为供应链金融服务商的商业银行并没有介入实际的供应链交易和供应链物流中，因此，无法直接获取、监控和掌握供应链信息，导致出现信息获取慢、获取难、获取信息失真的情况，使得开展供应链金融业务存在一定的风险。二是整个业务操作流程主要依靠线下运行，导致效率不高，从而也限制了供应链金融业务的发展。

（二）供应链金融发展的第二阶段，以核心企业为主导的1+N线上模式

核心企业主导的1+N的线上化模式称为供应链金融发展的2.0阶段。在这一阶段，推动供应链金融服务的主要力量是产业中的核心企业，核心企业基于自身的供应链运营体系，向供应商、经销商或者客户提供自金融服务，或者与商业银行合作来提供融资服务，其中商业银行主要承担的是资金提供方的角色，核心企业才是关键的组织者和推动者。

核心企业借助技术手段对接供应链上的各参与方，包括上下游中小企业、第三方物流和资金提供方等，通过在线方式获取商流、信息流、物流和资金流，达到在控制风险前提下，开展供应链金融业务的目标。这一阶段的金融业务形态较为丰富，从核心企业向金融机构提供担保或者推荐供应商和经销商，发展到向客户提供动态贴现，以及提供买方或者卖方信贷。

供应链金融进入2.0阶段后，风险控制主要基于产业核心企业所掌控的商流、物流、信息流和资金流，正是因为产业供应链中，核心企业比传统金融机构更了解供应链的业务和运营，因此，基于供应链业务管理的金融活动更容易解决信息不对称以及相应的道德风险和机会主义行为等问题，从而有效地控制风险。同时，线上审批、线上操作大大提升了业务效率。

但这种模式也存在局限性，主要表现在：信息只是初步的整合，主要的数据还是集中在核心企业和物流企业等，这些信息无法打通和整合，难以形成立体综合的风控大数据库，再加上主体征信的信息分散，很难对中小企业信用风险作出全面、完整和准确的评估。

（三）供应链金融发展的第三阶段，呈现平台化趋势

随着互联网技术的发展和互联网企业的崛起，供应链金融发展进入3.0阶段，平台化成为发展趋势，出现了许多大的产业服务平台，从而颠覆了传统的“N+1+N”模式，将过去的“1”由核心企业，替代为综合化或专业化服务平台。这一阶段我们又称为互联网供应链金融阶段。

这一阶段的主要特点有以下几方面：一是出现了去中心化的特点，即“N+1+N”的1不再是核心企业，而是产业服务平台，它可以是综合电商服务平台，也可以是专业的服务平台，比如第三方交易平台、第三方物流平台、第三方信息服务平台以及专业化供应链管理平台等；二是运营模式发生了变革，出现了线上信贷工厂模式，使得批量获客、批量授信成为现实，业务效率大大提高，产生了长尾效应和规模效益；三是由过去的单链式变为蛛网式（也叫作链群式），突破了单个供应链限制。平台的开放特质，既为供应链金融发展赋能，同时又催生了新的商业模式和新的商业业态。

这一阶段，供应链金融服务平台的建构者既不是产业运营的买方或者卖方，也不是金融机构，而是相对独立的第三方，包括互联网企业和专业化服务商等。因此，其业务流程的管理主要是维护产业供应链运行的秩序，确立合理的交易和物流规则，进行全方位的价值链流程管理。在信用体系的建设上，它注重的不是单个企业的信用，而是整个网络生态的信用。从某种意义上讲，专业平台推动的供应链金融更能够体现金融为中小微企业服务的公平性和公正性。总之，供应链金融3.0阶段，是“互联网+平台+金融”的结果。

互联网的深度介入，使原本依赖于银行的单一风险偏好和单一资金来源均呈现出多元化趋势。借助“N+1+N”结构中平台“1”的大数据，无法匹配的现有需求达成充分对接，并通过需求创造开辟新市场，同时降低交易成本。互联网的技术变革使供应链的融资手段发生质变，供应链金融的发展得以突破产业发展的上限。

（四）金融科技推动供应链金融向更高层次和更高水平发展

随着专业平台推动供应链金融的深化，金融科技在其中发挥的关键作用越来越被重视。供应链金融借助金融科技能够帮助组织和企业更有效、更透明、更可靠地开展金融服务，表现为越来越多的专业平台通过人工智能、区块链、云计算、大数据以及物联网等技术，推动供应链金融服务。借助金融科技应用和发挥的关键作用，使金融业务开展更高效，使金融服务的开放性、均衡性和公平性也逐渐增强。业务模式趋向去中心化，实时、定制、移动和智能为其主要特征，通过数字资产化，实现资产流动化，金融科技推动供应链金融向更高层次和更高水平智慧化阶段发展。

3.2.2　产业互联网时代来临

曲飞宇（2016年）认为，产业互联网泛指以生产者为用户，以生产活动为应用场景的互联网应用，涵盖企业生产经营活动的整个生命周期，通过设计、研发、生产、融资和流通等各个环节的互联网应用和渗透，通过互联网提供的技术、云资源和大数据分析，重构企业内部组织架构；改造生产经营和融资模式以及企业与外部的协同交互方式，改善企业运营管理方式与服务模式，从而实现提升效率、降低成本、节约资源和协同发展的目的。

艾瑞咨询（2019年）认为，产业互联网是在大数据、云计算、人工智能等新一代信息技术渗透传统产业链各环节并进行改造重塑的基础上，利用互联网思维将生产流程有效打通，建立供给侧与需求侧的相互联结，实现生产的快速响应与协同。

陈生强（2019年）认为，数字科技的本质是，以产业既有知识储备和数据为基础，以不断发展的前沿科技为动力，着力于产业与科技的融合，推动产业互联网化、数字化和智能化，最终实现降低产业成本、提高用户率，增加产业收入和升级产业模式。

朱岩（2019年）认为，产业互联网的本质是要将销、供、产等环节，价值链中的各个环节实现数字化、在线化、智能化，将全价值链透明化，互联网化，从而提高效率，降低成本。

黄奇帆（2020 年）认为，所谓产业互联网也就是利用数字技术，把产业各要素、各环节全部数字化、网络化，推动业务流程生产方式的变革重组，进而形成新的产业协作、资源配置和价值创造体系。与消费互联网相比，产业互联网有明显的区别。如产业互联网是产业链集群中多方协作共赢，消费互联网是赢者通吃，产业互联网的价值链更复杂、链条更长，消费互联网集中度较高；产业互联网的盈利模式是为产业创造价值、提高效率、节省开支，消费互联网盈利通常是先烧钱补贴，打败同行对手，再通过规模经济或增值业务赚钱。

东吴证券（2020 年）认为，互联网经过多年的发展，在商业层面重点对交易端进行了改造，互联网对商业企业的渗透主要停留在销售渠道、支付手段等交易层面上，但对商业企业后端供应端的影响还很小。而产业互联网就是互联网在这个层面的引申，借力大数据、云计算、智能终端以及网络优势，使产业链内部各企业、各环节数字化，每家企业都将变成信息驱动型企业，并以数字化的方式实现互联，重塑企业自身和整条产业链，从而提升产业链内部效率和对外服务能力。

朱恒源（2020 年）认为，产业互联网的未来发展将从 2C 端出发，从连接消费者到连接为消费者提供服务的厂商，从连接消费场景下的人到连接工作场景下的人，就可以把数字连接扩展到为消费者提供产品和服务的各个环节：不仅包括企业间的价值链环节，还包括企业内部的研发设计、物流供应、用户服务、甚至内部组织管理，这样就可能把企业的活动数字化，并与其他企业形成有效的链接和网络协同。在这个过程中，形成了一系列从底层技术、到业务赋能平台、到行业应用的三层架构，并形成多平台、生态化演进的整体趋势。

随着互联网、物联网、云计算、大数据、人工智能等为代表的信息技术与传统产业进行深度融合发展，产业互联网的技术条件和产业环境已经成熟，新一轮的技术浪潮已经开始从消费领域进入产业领域，互联网和新技术正在渗透到传统行业中。

从产业内部来看，提升产业运行效率、优化资源配置，这是传统产业进行互联网化变革的内在驱动力；从外部条件来看，技术工具的普及应用和低成本化，这是传统产业进行互联网化变革的外在驱动力。内驱力和外驱力两者共同发挥作用，促进了产业互联网的蓬勃发展。

无论是产业界，还是互联网界，目前普遍的看法是互联网趋势已经从消费互联网向产业互联网演化和递进，发展产业互联网已是大势所趋。产业互联网的发展对相应的产业金融服务提出了更高的要求，金融如何借助现代信息技术和金融科技应用，响应产业互联网发展趋势，更好地服务于产业发展和产业生态升级，是一个值得深思的问题。

3.2.3　数字供应链金融迎来发展机遇期

（一）产业互联网和数字供应链的快速发展，为数字供应链金融发展创造了条件

受益于互联网基础设施的逐步完善、新兴现代信息技术的快速迭代和应用成本逐步降低以及数据分析处理能力的大幅提升，传统产业可以充分利用上述新技术和新工具对产业链进行整合。产业链上的供应商、制造商、分销商和终端用户及其他生态利益方可以通过数据交互和共享，搭建协同合作平台，数字化供应链的发展大大促进产业链的优化升级。

产业互联网实现产业链上的生产、流通、交易等信息的全面数字化，并且这些数字化信息能够在链属企业之间高度共享，或者通过专业化的第三方平台高度共享，其结果是产业链整体的数字化与透明化水平大大提升。此外，电商平台的崛起以及加速对产业的渗透和融合，使得产业互联网程度大大提高。电商平台促进了产业生态的重构，累积了海量的数据资源和大量的客户资源。总之，产业互联网和数字供应链的快速发展，为发展数字金融、特别是数字供应链金融发展奠定了良好的和坚实的基础。

（二）金融科技的应用与发展，为开展数字供应链金融提供智能化营销和智慧化风控支持

伴随金融科技的发展，供应链金融自身的生态也发生了剧烈的变化，主要根源在于金融服务供给者所能采用的底层技术和工具也得到了极大丰富和优化。借助互联网，通过物联网、大数据、云计算、区块链和人工智能等技术，有助于在整个产业链生态中摆脱核心企业的限制，打破传统金融机构对核心企业信用依赖，将中小微企业真正纳入供应链金融的服务体系中。

借助新技术和新工具的应用，信息不对称、虚假交易、信用欺诈等制约供应链金融发展的障碍将逐步得到解决，从而打破金融机构在营销和风控效率上的瓶颈：金融机构基于海量、多维度、实时动态的生产和交易数据的智能营销画像成为现实；数字化金融通过对产业链上更全面、深入的数据分析，可以对服务对象进行基于大数据的智慧化风控管理，摒弃过往以掌控资产为核心的风控模式，从而破解中小微企业融资难。

（三）提升供应链金融线上化、数字化和智能化水平，获得国家政策大力支持

中国人民银行等八部门于2020年9月联合发文，支持提升产业链整体金融服务水平探索，支持提升供应链融资结算线上化和数字化水平。推动金融机构、核心企业、政府部门、第三方专业机构等各方加强信息共享，依托核心企业构建上下游一体化、数字化、智能化的信息系统、信用评估和风险管理体系，动态把握中小微企业的经营状况，建立金融机构与实体企业之间更加稳定紧密的关系。鼓励银行等金融机构为产业链提供结算、融资和财务管理等系统化的综合解决方案，提高金融服务的整体性和协同性。

在供应链交易信息清晰可视、现金流和风险可控的条件下，银行可通过供应链上游企业融资试点的方式，开展线上贷前、贷中、贷后“三查”；探索使用电子签章在线签署合同，进行身份认证核查、远程视频签约验证；推动银行间电子认证互通互认。

3.3 数字供应链金融发展三阶段

数字化供应链金融和线上供应链金融、互联网供应链金融既有内在的联系，又有一定的区别。本书认为数字供应链金融的范畴更广，涵盖线上供应链金融和互联网金融。本书把线上供应链金融和互联网供应链金融看作数字供应链金融的不同发展阶段（即在线化阶段和互联网化阶段），其中线上供应链金融是数字供应链金融发展的早期阶段，随着互联网技术和移动互联网技术的发展，数字供应链金融迎来其发展的第二阶段——互联网供应链金融。未来，数字供应链金融将迎来其高级发展阶段——智慧化供应链金融（即智能化和智慧化阶段）。

3.3.1 线上供应链金融阶段

传统供应链金融虽然在很大程度上促进了供应链资源流转，提高了供应链运营效率，但是随着市场和技术的飞速变化，传统供应链金融已经越来越难以满足供应链生态系统动态调整需要，特别是在速度和效率上的要求，催生线下供应链金融模式向线上供应链金融模式发展。在线化是数字化发展的第一步，线上供应链金融是数字供应链金融发展的早期阶段。

线上供应链金融是公司金融的新领域，是金融业与基于供应链管理的实体产业之间，通过信息化协同合作而协同发展的供应链金融的新趋势，包含在线融资交易、在线支付交易、在线电子商务交易和在线物流与供应链管理等多个环节，是集成交易性金融创新产品，可满足通过提高风险控制能力基础上的低成本、高效率、高效益和集约化经营目标。通过线上供应链金融的对接嵌入，供应链协同电子商务得以完整实现“商流、资金流、物流和信息流”的所有功能在线提供和在线使用。

深圳发展银行是全国最早开展线上供应链金融业务的商业银行，通过银行服务平台与供应链协同电子商务平台、物流仓储管理平台衔接，提供在线融资、结算、理财等综合金融服务，实现供应链服务和管理的整体电子化。

线上供应链金融模式中，最典型的是以核心企业为主导的模式。核心企业是网络平台的建设者、管理者和规则制定者，核心企业借助技术手段对接供应链上的各参与方，包括上下游中小企业、第三方物流和资金提供方等，通过在线方式获取商流、信息流、物流和资金流，实现在控制风险的前提下，开展供应链金融业务的目标。

3.3.2 互联网供应链金融阶段

随着互联网技术和移动互联网技术的发展，特别是互联网企业的崛起，供应链金融进入了互联网供应链金融发展阶段。如果说在线化是数字化发展的起步阶段是第一步，那么互联网化和移动互联网化则是数字化发展的第二步，互联网供应链金融是数字供应链金融发展的中级阶段。

宋华（2014 年）认为，供应链金融与互联网的结合将供应链金融内涵进行了拓展，供应链金融进入互联网供应链金融发展阶段。由于互联网技术极大地缓解了网络中参与各方的信息不对称，并大幅降低了信息获取与处理成本，因此基于互联网的供应链金融能够批量化处理供应链中企业的融资或其他金融服务需求，相比信贷工厂模式，基于互联网、大数据的供应链金融能够从多维度动态衡量企业真实经营状况和其他行为，评估融资风险，从而带来更多可能性。

供应链金融通过互联网、物联网等技术手段，在平台建设上搭建了跨条线、跨部门、跨区域的，与政府、企业、行业协会等广结联盟、物联网和互联网相融合的金融生态平台。同时，供应链金融考虑到商流、物流、信息流、知识流、沟通流及资金流，计划、执行和控制金融资源在组织间的流动，为产业供应链中的中小企业解决融资难、融资贵、融资乱的问题，共同创造价值，最终实现通过金融资源优化产业供应链，同时又通过产业供应链运营实现金融增值的过程。

供应链金融发展到互联网供应链金融阶段，发展出以下模式：基于 B2B 电商平台的供应链金融，如找钢网为代表的模式；基于 B2C 电商平台的供应链金融，如淘宝、天猫为代表的模式；基于 ERP 系统的供应链金融，如用友和金蝶等为代表的模式；基于一站式供应链管理平台的供应链金融，如深圳怡亚通为代表的模式；基于大型物流企业的供应链金融，如以顺丰为代表的模式，以及基于支付的供应链金融模式，如中国银联搭建的供应链金融平台等。

3.3.3　智慧化供应链金融阶段

在线化是数字化发展的第一步，互联网化和移动互联网化是数字化发展的第二步，智能化和智慧化才是数字化发展的未来。未来，数字供应链金融发展将进入其高级阶段——智慧化供应链金融阶段。

宋华（2020 年）认为，智慧化供应链金融涵盖了一个最重要的内涵，即一定是产业场景和金融场景两个场景的全面数字化，也就是实现数字化供应链与数字化金融的全面结合。所以不仅是金融活动的数字化管理，也包括了所依赖的基础产业链、供应链的全程数字化，并且实现双向零延迟的交互，只有在实时交互这样的一个状态下，数字供应链金融才能真正地实现。也正是从这个层面上讲，智慧化供应链金融是数字供应链金融发展的高级阶段。

建立在数字化技术与金融业务的高频交互和深度融合之上的智慧化供应链金融，能够通过供应链全景数据和业务模型，及时发现客户需求，并将金融服务融入产业链和供应链商业场景的各个方面，其营销和风控方面的智能化和智慧化程度将进一步提高，同时创造及时便捷高效的良好服务体验，甚至成为一种基础生产要素赋能于产业链和供应链，推动产业生态和金融生态的进一步优化升级。

3.4 数字供应链金融概念

对于什么是数字供应链金融，目前还没有一个统一的定义。

姚博（2017 年）认为，数字供应链金融是一种金融技术手段，就像担保、抵押、贷前评估一样，它是通过对预付款、存货、应收款的评估和控制进行风险补偿的金融技术。数字供应链金融的目标是提升制造业供应链内部资金效率，提升整个供应链的竞争力。在数字供应链金融中，不仅有金融机构、融资企业，还包括供应链上参与企业、服务性企业和第三方物流，即数字供应链金融是一种网络生态式的组织场域。未来，数字供应链金融将发生去中心化的质变，不仅是产业供应链与金融的结合，更是互联网、产业链和金融三个要素的结合。

宋华（2020 年）认为，数字供应链金融就是通过数字化使金融活动更透明、更安全、更高效的开展，促进资金在产业供应链利益相关方之间的顺畅流动。数字供应链金融有三个方面特征：首先，是一种智能化的最佳技术系统，基于对海量数据的处理能力，以及对数字的硬件、软件和网络出色的协作和通信能力，能够确保产业场景的真实性，没有一个强大的实体产业场景作支撑，供应链金融的发展仍然会受到一定的局限性。其次，是要支持和同步组织之间的交互行为，尤其是金融活动中信息和服务的交互。如果信息、数据不能在相关利益方里面做交互，供应链金融的发展仍然会有其局限性。最后，通过数字化使供应链金融服务以及其他金融服务变得更有价值，更容易获取，更加实惠。

虽然目前还不能给出数字供应链金融的精确定义，但笔者认为数字供应链金融至少应该包括以下三个方面的内容。

（一）现代信息科技应用是开展数字供应链金融的重要技术条件

数字供应链金融是在产业链和供应链高度数字化的基础上产生的，而产业链和供应链数字化程度要依赖现代信息技术的进步来实现。通过技术手段保障原生数据的可信是资产数字化的根本要求，数字资产的流通环节也需要各种技术的支撑以保证其安全、高效、协同、可控等。依托场景化和交易化在供应链上产生数字化资产，其数据信息是原生的，可以被穿透和追溯，可以被自证与他证。互联网、物联网、区块链、大数据、云计算和人工智能等现代信息技术的发展和应用，为实现信息和数据实时、透明、互联和可追溯的基本要求，确保数据原生和流通环节可信、可靠和可控，提供重要的技术保障。

（二）数据和信息实时、透明、互联和可追溯是开展数字供应链金融的基本要求

数字化能够使得金融活动更透明、更安全和更高效的展开，促进资金在供应链相关利益主体之间的顺畅流动，数字供应链金融只有满足实时、透明、互联、可追溯才能推动供应链金融走向信息信用化、信用数字化、数字资产化和资产流动化。因此，实时、透明、互联和可追溯，是保证业务场景和交易真实性的基本前提。实时就是能够将供应链运营以及各类金融互动中发生的活动在零延迟的情景下获取数据和信息；透明就是供应链运营及其金融活动中发生的数据和信息能够为相关利益方获取，并且可视可见；互联就是供应链运营各环节、各维度的数据和信息能够相互印证、相互映射。可追溯就是供应链运营和金融活动的全生命周期的数据和信息都能够被监测、管理和追踪。

（三）通过数字资产化，实现资产流动化，是数字供应链金融的核心目标

数字资产是数字金融的核心命题。只有数字资产活了，数字金融才能满盘皆活，因此数字资产化是数字金融的基础。数字化后的商业合同、物流单据、发票、应收账款、保理合同、金融票据和其他可流转性凭证，既为供应链上的信用数字化创造了条件，同时也产生了真正数字化供应链资产。这些数字供应链资产，既可以用来融资，又可以流通交易。既可以在金融机构获得融资，又可以在银行间市场备案成为可交易产品，也可以在证券市场登记成为可交易的证券产品，甚至可以在厘清法律关系的基础上作为支付工具使用。因此，将信息信用化，信用数字化，通过数字资产化，最终实现资产流动化，这是数字供应链金融的核心目标。

3.5 数字供应链金融与传统供应链金融区别

在新一轮科技革命和产业变革的背景下，以5G、人工智能、区块链、云存储和云计算、大数据、物联网和工业互联网等为代表的现代信息科技与金融业务深度融合，使金融业发展与创新注入了新的活力，使金融机构的产品与服务、业务流程和经营模式等发生了深刻的变化，从而不断提升金融机构的服务能力和质效。

与传统的供应链金融开展相比，借助金融科技创新与应用，新型供应链金融在网络化、移动化、场景化、数字化、智能化等方面都有了大的突破和质的变化。

以下从服务方式、质押担保、营销和授信、参与主体、服务内容、资金渠道、资金成本、互联网和金融科技应用、去中心化程度、开放程度以及普惠化程度具体十一个维度对照分析了两者的区别。

表3－1 数字供应链金融与传统供应链金融的区别

分类	数字供应链金融	传统供应链金融
服务方式	以线上化、移动化、数字化和智能化方式实时提供供应链金融服务，服务呈高效而又定制化特点	主要以线下方式为主，结合部分线上服务，手续烦琐，环节多，效率低，成本高
质押和担保	通过互联网、物联网、大数据、人工智能和区块链等技术，无须质押担保，通过数字资产化，实现资产流动化	通过核心企业进行信用增信，包括核心企业担保、确权、控货以及差额补足等方式来实现
营销和授信	借助新技术和新工具，批量精准获客，主动智能授信	通过核心企业推荐，借助核心企业信用，被动授信
参与主体	由商业银行、核心企业、电商、第三方物流、第三方信息服务商、第三方供应链管理公司以及金融科技公司等多方参与，发挥各自优势，构成整合服务的有机网络	以商业银行和核心企业为主导，一般由商业银行提供资金，核心企业提供信用支持

续表

分类	数字供应链金融	传统供应链金融
服务内容	提供账户管理、支付、结算、现金管理、融资和理财等综合化、全方位和全周期服务	主要通过提供流动性来解决融资问题
资金渠道	资金提供渠道多元化，包括银行、券商、信托、保险公司和财富管理公司等	主要由商业银行等传统金融机构提供资金，辅之以核心企业利用自有资金开展自金融业务
资金成本	由于资金渠道广泛，融资来源呈多样性和针对性特点，因而融资成本相对较低	由于融资渠道单一，融资成本相对较高
互联网和金融科技应用	互联网化程度高、现代信息技术被广泛使用、金融科技作用越来越凸显，信息易于及时获取、监测和跟踪	互联网和现代信息科技应用程度不高，信息披露不充分、不及时
去中心化程度	发展模式为“专业的产业服务平台 + 金融机构”，其中原来核心企业被专业的产业服务平台所替代，出现了去中心化趋势	发展模式为“核心企业 + 商业银行”，是以核心企业为中心的“1 + N”模式
开放程度	是现代信息科技、产业互联网以及数字金融加速融合过程，呈平台化、开放化、数字化和生态化发展趋势	是传统产业和传统金融结合的产物，传统供应链金融呈现单链式和封闭性特点
普惠化程度	可以实现跨地域、跨行业以及跨供应链层级服务，更多中小微客户将受益，体现更加普惠化金融服务的特点	受到行业、产业、地域和供应链层级的一定限制，服务半径有限

3.6　数字供应链金融发展趋势

供应链金融发展到数字化供应链金融阶段，出现了以下发展趋势。

（一）商业模式平台化

传统的供应链金融主要以商业银行主导，目的是解决链上企业的融资问题，业务以典型的授信类业务为主。通常借助核心企业的信用来为链上的中小企业提供融资服务。即“N + 1 + N”模式，1 为核心企业，N 为供应链上的供应商和经销商。传统供应链金融业务呈现三个单一的特点，即金融产品相对单一、金融服务相对单一和提供金融服务的主体相对单一。

产业互联网时代的数字供应链金融则发生颠覆性的改变，不再单单借助核心企业，而是通过搭建产业服务平台，代替原来的核心企业。围绕产业服务平台，借助现代信息技术将平台提供方、交易方、风险管理方、流动性提供方等实现互通互联，做到商流、物流、信息流和资金流实时交互。产业供应链由单链式向链群式和网式发展，由中心化向去中心化发展，由封闭式向开放式发展。

产业生态上的各方则要求金融服务供给者不再是简单的融资服务，而是要对商业模式进行升级，成为深度参与产业服务平台搭建，或与产业龙头等共建，从产业端的场景与数据入口，在此基础上向以信息咨询、账户管理、结算支付、现金管理、融资与理财、资产运营、资产交易和资金撮合等一体化数据驱动的综合金融服务模式转变，共同推动供应链金融向平台化、移动化、数字化和智能化方向发展。

（二）平台主体多元化

传统供应链金融居于核心地位的是核心企业，而银行则是供应链金融绝对的资金提供方，在数字供应链金融条件下居于核心地位的是产业服务平台，平台的主导方则呈现多元化的趋势。既包括传统的商业银行和核心企业主导的服务平台，也包括由交易市场、物流公司、信息服务商和供应链一体化管理公司搭建的第三方专业化服务平台；既有互联网公司搭建的综合性服务平台，也有金融科技公司搭建的金融科技平台。

数字化时代，平台的一个重要主导力量就是互联网电商平台，如阿里、腾讯、京东和百度等无一不正在积极布局产业互联网和数字供应链金融。市场型主体，如交易市场、第三方物流公司、第三方信息服务商和供应链一体化管理公司等凭借对交易、物流、信息管理和供应链管理的专业化能力把控，主导专业服务平台的搭建。与此同时，金融科技的广泛应用也为传统金融机构参与或主导供应链金融合作助力。迅速崛起的金融科技公司通过跨界整合供应链信息资源，创新商业数据共享机制，主导供应链金融创新，为供应链信息资源的供应方、交易商和使用者提供一体化综合化解决方案。

在产业互联网时代，大数据获取、累积以及大数据加工处理的能力是核心竞争力。无论是产业龙头、B2B交易平台、物流企业、第三方信息服务商和供应链管理公司，还是互联网巨头以及金融科技公司，谁能凭借自身的资源禀赋和专业化优势，在产业领域占领场景，积累高质量的产业链大数据，谁就将抢占数字供应链金融市场先机。

（三）金融服务普惠化

传统供应链金融触达客户对象和服务半径有一定的局限性。如利用核心企业的信用传递，仅仅服务与核心企业直接发生交易往来的一级供应商和一级经销商，而产业链上其他众多的中小微企业则无法获得相应供应链金融服务。

数字供应链金融可以利用全面、持续的数据还原真实的供应链图谱，并对客户精准画像，从而突破原有业务限制，沿供应链向上下两端延伸，将更多客户群体纳入服务范围。同时，数字供应链金融还可通过对供应链及其成员生命周期的掌握，将金融服务贯穿于供应链成员的全生命周期。

以区块链技术在供应链金融领域的应用为例，中企云链、平安银行SAS、TCL的简单汇和联易融的微企链等，基于区块链账本的应收账款多级拆分流转，可以将核心企业的信用随着更加标准化的债权流转传导至上游多级供应商，如TCL最多可以穿透至八级供应商，为链上众多的中小微企业提供流动性支持，这在传统供应链金融业务中，几乎是不可想象的。

（四）营销风控智能化

与传统供应链金融围绕供应链核心企业开展客户营销、产品创新及服务升级不同，数字供应链金融更多的是依靠大数据来发掘客户需求，进行市场的精准营销、风险的智能化管理和服务体验的全面提升。

在数字供应链金融时代，由于供应链生产运营信息的数字化和可视化，基于产业链大数据，可以更加精准地挖掘客户的需求并营销，借助于合作各方共享的供应链信息资源及数字化手段，开发智能模型和程序去挖掘客户需求、寻找业务机会、推送综合服务，形成批量式、定制化的智能精准营销机制。

依托大数据建模自动化审核，将被动式授信模式转变为主动式授信；将授信流程线上化、数字化和移动化，提供 7 ×24 小时的全流程在线融资服务；并能建立大数据自动化实时预警机制，全面提升风控的智能化和科学化水平。

基于对产业链和客户个体需求的精确分析和掌握，金融机构将管理流程、风控工具及业务操作进行标准化和系统化，从而在业务流程、产品研发、风险管理的设计和安排上，更加关注客户体验的提升，给予客户选择权，从而能够更有效地以客户需求为中心进行产品创新和服务创新，弥补传统供应链金融单纯以授信产品为中心的不足。

（五）资产趋向标准化

传统的供应链金融在一定程度上解决了信息不对称的问题，促进了存货、应收账款等资产的流转，但由于缺乏标准化、数据化的手段，所以资产流转的空间和规模比较有限。在数字供应链金融时代，数字供应链金融利用互联网、物联网、大数据和区块链等技术手段，在供应链资产的形成过程中提升标准化程度和可穿透性，将会出现非常多的标准化、可流转的资产交易平台，这些平台同征信、评级等数据及时相互结合，融合成为一个供应链资产证券化的生成工厂，不断生产出可以快速流转的资产证券化产品，推动供应链资产标准化程度的提高，并赋予这些资产更多的交易属性。

供应链资产标准化提升不但使得供应链资产的流动性和变现能力大大提升，也更加易于打通多元化的资金渠道，使得不同的风险资源与不同风险偏好的资金进行更加精准的匹配，大幅提升金融资源的配置效率。此外，由于资产形成过程的可视化和风险的更加可控，可以更加高效地将优质资产对接低成本资金，从而降低产业链整体融资成本。

（六）平台垂直专业化

由于每个产业的供应链模式，盈利模式，资金需求的强弱和周期都是不同的，因此供应链金融应用于不同的行业必然催生出不同的行业特征，这将促使供应链金融平台向更垂直细分、更精准、更专业的方向发展。因此，随着社会和产业分工的精细化、纵深化，将会有更多的专业化、垂直化的数字供应链金融平台产生。

各供应链金融参与主体需要根据不同行业、不同企业的具体需求，来为其量身定做金融服务。可以预见，各供应链金融参与主体只有不断深耕各自所经营的产业链和供应链，在充分了解行业属性和特征的基础上，打造自身的专业服务能力，通过场景化、数字化和移动化，才能为垂直细分行供应链上的企业，提供更加灵活和个性化的供应链金融产品与服务。

（七）产融结合生态化

产融结合的程度是一个经济体活跃程度评价的重要指标，资金低成本、精准的流向实体产业，才能促进经济的健康发展。中国供应链金融向平台化趋势发展和整合将是必然趋势，由平台模式搭建成一个产融结合的生态系统，从而促进资本健康地流向实体产业。

具体的运营方式是通过供应链金融平台链接的商业生态，基于互联网信息传递和数据支撑，创建数字金融生态体系，使得金融能真正服务于整个产业链的各类主体，产融结合从而推动产业生态和金融生态的进一步优化升级。

案例3－5　海尔的探索——打造产融结合的生态化布局

早在2001年，海尔便将构筑超级产融结合的跨国集团作为其三大发展战略之一，从此海尔从未停止涉足金融行业的脚步。海尔金融化，包括了两大核心要素：一是金融服务与实体经济的融合，金融提供量身定制服务以保障企业发展，激发企业持续的创造力；二是以客户需求为中心的跨界服务融合，通过高效的业务整合提升金融服务效率，从而实现对实体经济发展的促进。

目前，海尔金融系已形成十大主要布局。

(1) 海尔财务公司：成立于2002年6月，下设会计核算部、信贷业务部、计划财务部、稽核审计部、综合管理部、国际业务部、风险管理部、投资银行部八个部门。

(2) 控股青岛银行：海尔通过旗下子公司持有香港上市的青岛银行26.1%的股权，为控股股东。

(3) 控股长江证券：第一大股东，持有14.72%的股权。

(4) 参股保险公司：海尔投资持有北大方正人寿19.76%的股权。

(5) 参与上市公司增发：成为增发后兆驰股份的第三大股东。

(6) 海尔创业投资公司：海尔创业投资有限责任公司获科技部资金扶持。

(7) 两大上市公司资本运作平台：分别是青岛海尔和海尔电器。

(8) 海尔消费金融：国内15家获得金融牌照的消费金融公司之一，形成了生态金融、社区金融、数据金融三大体系，并以此为依托打造了“户式金融”和“创客金融”两大服务平台。

(9) 发起成立青岛清算中心：与鲁信集团、国信集团共同发起成立青岛清算中心，为全国首家服务于场外市场的独立第三方清算平台。

海尔金融的十大产业链布局，在相对独立的基础上又保持着协作共赢，以高效的金融服务助力海尔集团的全产业链发展。

第 4 章　数字供应链金融平台建设

4.1　数字供应链金融平台主体方

数字供应链金融平台主体方，也称作行为主体方，按照专业的功能层面，可以划分为：供应链上交易方、供应链金融平台提供方、风险管理方以及资金流动性提供方四个层面。

（一）供应链上交易方

供应链上交易方是指供应链上的具体业务买卖双方或多方。由于买卖双方通常不是一手交钱一手交货，在供应链网络中强势的一方具有较高的议价能力，为了保持自身现金流的充足，会通过多种方式占用供应链网络中的资金，于是就形成了其上游的应收账款，下游的预付账款等多种类型资产，与此同时，其交易对手方需要将此类资产变现从而形成了供应链网络中的融资需求。所以，供应链网络中的融资需求方往往为交易方中的弱势方，以广大的中小微企业为主。

（二）供应链金融平台提供方

供应链金融平台提供方主要是链接参与供应链金融的各个主体，在交易方和金融机构之间充当中介作用。为了让各方能够高效达成交易，一方面，供应链金融平台提供方需要有效聚合各类资料、信息和数据，为供应链金融提供决策依据，形成平台建立的价值基础；另一方面，供应链金融平台提供方需要建立合理的互动合作和利益分配机制，帮助各参与主体达到合作共赢，形成平台可持续发展的合作基础。

（三）风险管理方

风险管理方主要是利用平台方所提供的各类相关资料、信息和数据，通过自身的技术、方法和工具（特别是量化的模型）对其进行深度分析，进而识别、评估相应的风险，同时对涉及的交易过程和资产状况进行监控，管理和控制融资过程中可能发生的风险。如果说供应链金融平台提供方是信息和数据的提供者，那么风险管理方则是信用管理和信用价值的创造者，通过信息信用化、信用数字化、数字资产化，最终实现资产流动化。

（四）资金流动性提供方

资金流动性提供方在狭义的供应链金融范畴内，主要提供贷款融资。在广义的供应链金融范畴内，金融服务提供方的概念会更加扩展，除了可以提供贷款融资，还可以提供与之适配的包括账户管理、结算支付、现金管理、理财与投资等综合性金融服务。原则上，资金流动性提供方也应具备风控技术与风控能力，要根据自身风险偏好、风控目标和风控要求，并且结合交易情境和交易方的具体情况设计自身业务模式、提供相应的金融产品和金融服务的能力。

在现实中，对于一个具体的主体而言，因其资源禀赋和能力的不同，可能同时承担多个不同的角色。如供应链上核心企业主导的供应链金融平台中，核心企业可能既是交易方，也是供应链金融平台提供方，同时，可能凭借自身对行业内深刻认知和信息优势，进一步输出风控能力，进而成为风险管理方。有的核心企业甚至成立金融子公司，担任资金流动性提供方的角色。通常这种模式称作核心企业的自金融模式。

同样地，平台提供方也可以在自身平台优势的基础上，借助互联网和现代信息科技，对所获得原始资料、信息和数据进一步深度挖掘，发展自身的风控技术和风控能力，达到从传递信息到输送信用和创造价值的转变，从而实现平台提供方向风险管理方的转变。这方面已经涌现出很多平台公司成长为提供风险管理支持和服务的金融科技公司的实例。

以银行为代表的金融机构除了发挥资金流动性提供方的资金优势和融

资主渠道作用，在金融科技建设方面并不甘落后，它们纷纷成立自有的金融科技公司，借助互联网和现代信息科技，打造自身的金融科技平台，有的与外部平台（如知名电商和物流公司）建立合作关系，打通“最后一公里”，在供应链金融方面完成单一资金流动性提供方，向供应链金融平台提供方、风险管理方和资金流动性提供方的多方面集成服务商的转变。

4.2　数字供应链金融平台影响方

数字供应链金融平台影响方，也称作环境影响方，主要包括制度环境和技术环境两个主要方面。其中，政府机关、监管机构和行业协会等主要影响制度环境，通过政策、法律和法规激励、规范和约束相应业务的开展。

供应链金融发展进入平台化阶段，互联网、5G、物联网、大数据、云计算、人工智能、区块链等信息技术的发展将进一步推动产业供应链和供应链金融业务的发展、创新与变革。包括基础设施服务商、现代信息科技发展、金融科技应用水平以及产业环境的发展变化（如数字化产业发展水平和传统产业的数字化水平）等成为影响数字供应链金融发展的重要技术环境因素。

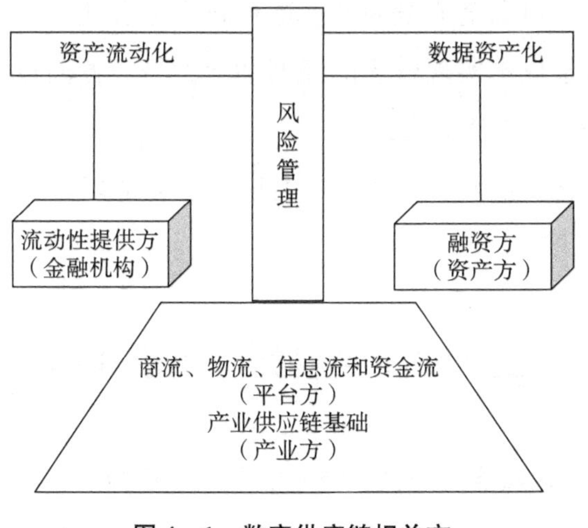

图 4－1　数字供应链相关方

4.3 数字供应链金融价值

随着专业平台推动供应链金融的深化，数字技术在其中起的作用越来越关键。在数字经济时代，基于数字供应链的价值创造体系和数据征信体系，推动供应链金融成为真正的数字普惠金融。对于一个健康的企业或经济社会而言，资金是依附于供应链的价值创造活动来产生利润的。金融一旦脱离实体经济，就会产生种种问题，无法满足风险管控和获利两大基本诉求。

数字供应链能让金融服务紧紧围绕供应链资金流的周转需求提供针对性服务，从而有效促进供应链的价值创造活动，并反过来提高金融服务的有效性和效率。

数字化在供应链金融中的角色和作用，一是产业信用的传递者，通过数字技术让信息更为透明，从信息输出变为信用传递；二是金融生态的促进者，依托金融科技真正地预示风险，让投资者了解和管理风险，从而促进资金的流动。通过人工智能、区块链、云计算以及大数据等数字技术，组织和企业能够更有效、更透明、更可靠地开展金融服务，从而优化整个产业的现金流、缩短现金流量周期。这种新型生态的产生一方面帮助利益各方用较低的资金成本实现较高的经营绩效，另一方面也让金融服务的开放性、均衡性和公平性逐渐增强。

总之，数字化技术大大推动了产业链、供应链以及金融服务业数字化水平。

4.4 数字供应链金融平台目标、手段和路径

（一）通过金融赋能提升供应链价值是核心目标

数字供应链金融平台的建设是一项复杂的工程，技术是手段，产业链

是基础，平台是载体，不是目标。其核心目标在于金融赋能，通过数字技术、产业以及金融的完美结合创造最大的价值。

供应链金融平台的建设应以业务场景为主要驱动力，资产的来源、资金的对接和分配、风控的把握、成熟先进的系统技术支持同样缺一不可，通过业务平台化实现供应链金融业务的最佳开展，最终促进供应链成本的降低和供应链效率的提升。

（二）借助现代信息技术在产业和金融的应用是重要手段

供应链金融发展到平台化是金融科技助推的产物，走向智能化阶段，更是离不开行之有效的金融科技的运用和创新的推动。云计算、大数据、人工智能、区块链等大多数科技运用的前提是数字化。产业场景和业务活动的数字化，是大数据、人工智能等的数据基础。如何推动产业供应链参与方提升信息化和数字化水平，真正实现信息信用化、信用数字化、数字资产化和资产流动化，这是数字供应链金融平台建设的关键所在。

（三）坚持从自身需要和发挥比较优势是现实路径

数字供应链金融平台是选择自建模式，还是共建模式，在建设的过程中是作为主要主导方，还是作为相关参与方嵌入，这取决于自身需要，取决于核心能力和比较优势所在。本书第 5 章和第 6 章，将详细介绍目前一些主要的供应链金融平台模式，并对这些模式的优势和劣势进行分析，以供有志于建设数字供应链金融平台的各相关方作为有益的参考。

4.5　数字供应链金融平台三种能力

一般说来，数字供应链金融平台构建需要具备以下三种能力：一是业务场景解构及数字化的能力，二是智能化风控管理的能力，三是提供针对性金融解决方案的能力。

（一）业务场景解构及数字化能力构成基础能力

作为平台的构建者，首先，最基础的要求是对产业的了解和熟悉，包括产业形态、产业链条、各相关参与方以及产业的未来发展方向等。如果对相应的产业缺乏深刻理解，对产业链和供应链不够熟悉，很难想象，搭建的供应链金融平台能够满足相关方的需求，能够很好解决行业和产业的痛点。作为平台的构建者，不但要有显性的产业知识，同时还要具备隐性的产业知识，通常后者更重要。丰富的产业实践，包括产业经验，以及产业教训，对于平台构建者更为重要，这些都要靠长期积累，而非一日之功可以实现。

其次，是要求对产业链模块、流程和节点非常熟悉。由于供应链金融平台需要为所有产业链成员提供信息和集成服务，因此需要了解产业链成员的业务结构、业务特征、业务流程和业务风险，包括但不限于整个供应链的技术研发、物资采购、产品生产、分销物流、各类服务的分布状况、相互之间的关联和联动特点，从而进一步掌握具体业务环节的资金流动特性，各利益主体的诉求和痛点。这是帮助各类产业链成员实现相关业务有效数字化的前提。

最后，是对业务场景及交易细节把握，以及在此基础上实现业务的数字化。这主要包括两个方面：一是把关键业务节点信息真实有效地反映到了平台数据层面；二是从业务层面对数据进行解析，为智能化决策提供支撑，即实现一切业务数字化，一切数字业务化。

（二）智能化风控管理能力构成核心能力

如果说业务场景、交易解构以及数字化能力是基础能力，那么风控能力则构成数字供应链金融平台建设的核心能力。表面上，数字供应链金融平台是通过提升信息化和数字化水平，为相关各参与方赋能。实质上，数字供应链金融平台是将信息化和数字化能力集成并转化为智能化和智慧化信用管理的能力，从而支持供应链金融业务顺利展开。

风控管理能力是根据平台上整合的结构化和非结构化信息，智能动态监控并管理金融服务中的风险。

数字供应链金融平台的风控管理能力与以下几个方面息息相关。

一是平台所能获取和整合的数据信息的相关性、真实性、丰富性和及时性，这里的数据信息不仅包括供应链运营的动态信息，还包括客户企业主体和关联方的其他相关信息等。

二是与具体客户企业所在产业供应链深度相关的行业隐性认知，这些行业隐性认知能够帮助平台突破传统的企业财务信息的表象局限，提前发现一些与行业特性高度相关的隐藏风险点。

三是在上述基础上，对相应的结构化数据和非结构化数据的分析、建模、运用、控制以及预测的能力。

只有提高智能化风控能力，才能建立产业和金融两个方面的有效连接，推动金融为产业发展创造价值，这也是建设数字化供应链金融平台建设的关键和核心所在。

（三）提供金融解决方案能力决定最终输出成果

输出智能化风控能力不是数字供应链金融平台的目的所在，在此基础上，为各参与方提供个性化和定制化的金融解决方案，为各参与方创造价值，这才是数字供应链金融平台存在的目的。

提供金融解决方案能力是为产业供应链各方提供与其具体业务场景和交易相适配的金融服务解决方案。提供金融解决方案能力首先与平台的解构能力息息相关，需要深入理解产业供应链业务、流程和资金流动特点；其次，需要平台本身或者能够整合的资源合作方，具备丰富的金融产品和金融服务创新体系，才能为其客户设计针对性产品、提供多样化选择和定制化服务。实体企业需要的往往不是一个金融产品和一项金融服务，而是整体的金融解决方案以及综合的金融服务能力。如果不能产生上述效果，数字供应链金融平台的价值就无从谈起。

因此，业务场景解构及数字化能力构成数字供应链金融平台的基础能力，智能化风控管理能力构成数字供应链金融平台的核心能力，提供定制化金融解决方案能力决定数字供应链金融平台的最终输出成果。

4.6 数字供应链金融平台六个功能

数字供应链金融平台建设在上述三种能力基础上，要实现六个具体功能，即互联、协同、可视、穿透、快捷和交互。

一是互联。互联是指整个平台要具有全面互联网化的整体应用平台，并具有全面开放的生态圈。既能保证内部客户使用，也能保证外部客户能够使用。既能建立自身的供应链金融体系，还要有对应的整体应用能力，并且呈开放式的系统架构的设计，以保证实现与内部和外部系统之间的灵活对接。

二是协同。协同是指平台上各参与方的协同，要建立各方协作运行的规则，包括配套的正向激励和负向处罚措施，以及建立平台上各参与主体之间合理的利益分配机制。

三是可视。可视是指平台要实现基于商流、物流和资金流的实时的信息和数据可视化方案，增加透明化程度和可视化水平，提升各参与方之间的信任，降低协作成本。

四是穿透。穿透更多是指金融产品设计要穿透到整个产业链和企业运营中。挖掘整个产业链的各个级次的企业，形成产业闭合，确保整个供应链金融产品最后落到链上企业基于业务驱动的专项使用，达到降低供应链成本、提升供应链效率，实现整个供应链管理优化的目的。

五是快捷。快捷是指采用智能风控与主动授信策略实现线上金融服务。为客户实现融资额度的实时更新和管理。与银行的接口实现及时放款到账模式。整个融资过程全部实现线上操作，从而满足供应商快速便捷的融资需求。

六是交互。交互就是各参与方能够保证信息的实时共享。互联是手段，交互才是目的。只有真正的交互机制建立起来，相应的商流、物流、资金流和信息流才能够被实时分享，并实现实时互动，实现信息和数据的活化，才能确保供应链金融业务顺利开展。

第5章　典型供应链金融平台介绍

典型供应链金融平台分为横向跨行业整合供应链金融平台和纵向垂直产业供应链金融平台两大类，其中横向跨行业整合供应链金融平台又可以具体细分为电商企业主导、物流企业主导和信息服务商主导三类；纵向垂直产业供应链金融平台又可以具体细分为核心企业主导、商业银行主导和垂直B2B电商主导三类（见表5－1）。

表5－1　典型供应链金融平台分类

大的分类	具体分类	典型代表
横向跨行业整合供应链金融平台	电商企业主导	京东和阿里等
	物流企业主导	怡亚通和顺丰等
	信息服务商主导	用友和金蝶等
纵向垂直产业供应链金融平台	核心企业主导	海尔和TCL等
	商业银行主导	平安银行
	垂直B2B电商主导	找钢网

5.1　横向跨行业整合供应链金融平台

横向跨行业平台是指横向跨多个行业形成的平台，此类平台一般是在特定条件下形成的，是基于交易或服务信息优势形成的横向跨业平台。这类平台的主导方，通常是实体产业链中的交易参与方，或者与之有着紧密关系的生产性服务提供方。

常见的有以下几类参与主体主导的供应链金融平台：第一，电商企业主导的平台；第二，物流企业（或供应链管理服务商）主导的平台；第三，信息服务商主导的平台等。

5.1.1 电商企业主导供应链金融平台

典型代表有阿里、京东和苏宁等。阿里小微信贷利用其平台优势，即阿里巴巴、淘宝和支付宝等客户累积的信用数据及行为数据，引入网络数据模型，通过在线资信调查模式，将客户在电商平台的行为数据映射为企业和个人的信用评级。京东数科则依托京东商城积累的交易大数据，以及自建的物流体系，在供应链金融领域先后推出了京小贷、动产融资、京东快银、企业金采和京保贝等产品。

以京东为代表的大型线上供应链金融平台，通过整合平台线上交易数据、仓储物流、第三方支付，能够实现监督其交易背景的真实性，资金流向的确定性、实现操作的封闭性以及资金的自偿性，完成了商流、信息流、物流与资金流“四流合一”的闭环体系，在开展供应链金融领域具有先天优势。

这种模式下，没有核心企业，资金方依据中小微企业在电商网络的采购体系和资金流体系综合分析，提供资金服务，这是对传统供应链单链体系有所突破的一种较为新型的模式，也被称为以电商为中心的蛛网模式。

电商主导模式的供应链金融平台具有以下几个方面的优势。

一是批量获取高质量客户的优势。电商平台本身参与产业供应链的交易环节，具备一定产业知识和产业客户积累。真实的交易数据是电商开展供应链金融服务的核心优势所在，借助电商的交易数据和筛选机制，在批量获取优质客户的同时，可以降低融资风险。电商平台供应链金融依靠庞大的上下游客户资源及由此形成的海量交易信息，利用自身交易形成的庞大的交易大数据，通过大数据深度挖掘技术，有助于筛选出经营状况良好的企业，在获得批量客户的同时，可以从源头上降低融资风险。

二是风险控制和风险管理方面的数据优势和技术优势。已经积累的大量产业供应链相关的数据信息，锁定了平台上的支付和交易，并且是作为主要力量推动了关键环节的信息化。借助电商平台的大数据和交叉验证，全面提升信用风险管理水平。大型电商平台通过不断积累和挖掘交易行为数据，分析、归纳平台商家的经营与信用特征，可以更有效地判断企业偿债能力，进一步确保贸易自偿性，通过交易行为数据的交叉验证有助于全面审视企业的经营情况和发展潜力。

三是存货监控、管理和处置科学化程度高。不少大型电商平台进一步拓展了自有的仓储物流体系，进一步提升了平台与产业供应链的交互深度，拓展了平台可整合的信息维度和风控监管的手段。对于质押的存货，大型电商平台通过整合平台交易的仓储物流服务，从存货入仓到交付至消费者，可以实现对质押物的全程动态掌控。一旦出现商户违约情况，可以快速锁定冻结质押物，尽可能地避免损失。在存货管理方面，电商平台对存货历史交易数据的分析有助于对存货进行公允定价，保证贸易自偿性。电商平台海量的交易数据可以有助于评估存货的市场需求，限定准入存货规模上限，避免集中度风险，从而进一步保证准入存货的处置价值。在存货处置方面，电商平台通过其掌握的众多供应商和商家的经营数据，可以快速锁定存货需求方，拓宽处置渠道。

此外，大型电商平台通过第三方支付平台可以实现对交易保证金的优先受偿，可以实现对融资企业存货融资资金的监管闭环，从而进一步降低风险。

电商主导的供应链金融平台，也存在一定的局限性，主要表现在以下几个方面。

一是资金实力不够。受制于有限的自有资金，因此对外必须与各类金融机构开展合作，通过多渠道多形式筹集开展供应链金融业务所需要的资金。

二是与金融机构的合作中，需要金融机构对其风控模式的认可。从对小微商户的风险评估转变为对电商平台的现金流、商业主体信用以及从风险控制模型到风险控制能力的全面认可。一般说来，市场化程度比较高的新兴金融机构认可度较高，但资金成本相对较高，资金规模相对有限。传统银行等金融机构认可度尚需进一步提高。

三是电商平台还面临专业人才缺乏的问题，比如面临专业风险管理人才以及专业供应链金融人才缺乏的局面。

案例5－1 京东的“京保贝”供应链金融服务

“京保贝”是由京东金融推出的一项应收账款池融资业务。旨在帮助供应商解决融资难、放款慢、应收账款周转周期长的问题，使全流程更加流畅、方便、快捷，更易于客户操作。“京保贝”无须抵押和担保，通过线上即可完成自动化放贷，更适用于多种供应链模式。

京保贝是根据供应商与京东商城的应收账款，从采购订单、入库至结算单付款前的全部单据形成应收池，并根据大数据计算得出的风控模型计算出供应商可融资额度，客户在可融资额度内任意融资，系统自动放款。融资成功后，开始按日计息，直至该笔融资还款成功。

“京保贝”是京东首个互联网供应链金融产品，也是业内首个通过线上完成风控的产品。京东拥有供应商在其平台上采购、销售等大量的财务数据，以及之前与银行合作开展应收账款融资的数据，通过大数据、云计算等技术，对数据池内数据进行整合分析，这样就建成了平台最初的授信和风控系统（见图5－1）。

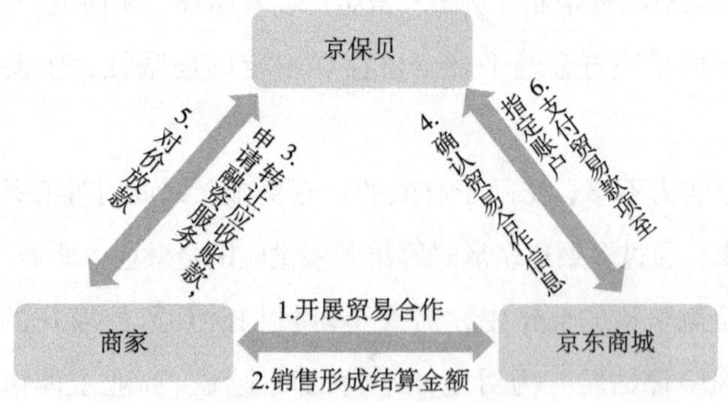

图5－1 京保贝模式

5.1.2　物流企业主导供应链金融平台

物流企业（或供应链管理服务商）主导供应链金融平台，主要指依托其服务的产业客户优势，从而为客户所在行业或产业开展供应链金融提供服务的平台。

近年来，供应链金融是一些大型物流公司业务拓展的重要领域，如怡亚通、顺丰、申通、德邦、华宇等公司，都开始通过物流、资金流和信息流的结合，从而进入供应链金融领域。

怡亚通在 2023 年对外发布了最新的“供应链 3 + 5 生态战略”，利用其后台的 IT 系统、物流网以及其全球商品采购能力，构建一个新的流通生态圈。顺丰也在 2023 年推出了顺丰仓储融资、保理融资等服务，增强其行业竞争力。

供应链管理第三方主导模式，主要是借助其物流主业来延伸其供应链管理能力，打造供应链金融平台，提供增值化服务和综合性服务。

对于物流企业或供应链管理服务商而言，其主要优势在于参与客户交易过程积累起来的产业客户资源及其物流仓储相关风控监管方面的优势。

具体而言，这种模式有以下几种优势。

一是物流企业有着完整的控货能力，物流企业是供应链线下闭环中最为重要的一环，其掌握着最基础、最真实的物流信息，因而具备搭建供应链金融平台的客观条件。

二是物流企业除了开展主业的能力，还衍生了商品的价值评估、质押操作和处置交易等能力，这些为供应链金融开展提供了相应支持，即物流企业一体化服务能力的提升，为其构建供应链金融平台提供了更好的综合支撑。

三是物流企业通过搭建供应链金融平台，也催生了其增值服务的开展以及专业能力的发育，最终成长为专业化、一体化供应链管理第三方，通过供应链金融平台为相关利益方创造价值，同时获取新的发展空间以及新的利润增长点。

四是物联网和区块链等新技术的应用，为物流企业搭建供应链金融平台提供了强有力的现代技术支撑。

物流企业主导模式的局限性，主要表现在以下几个方面。

一是物流企业比较分散，集中度低，只有少数有实力、管理规范的大物流企业才具备搭建供应链金融平台的能力。

二是物流企业对物流掌控能力较强，但对资金流和交易信息流的掌控能力较弱，如何打通和链接相关资源，最终形成四流合一的闭环能力，考验的是物流企业的整合能力。

三是物流企业的基础设施能力和网络建设能力亟须加强，只有较好的硬件和软件设施以及便捷的线下网络体系，才能满足核心企业和金融机构的要求。

四是物流行业标准建设亟须加强，如运输、仓储和处置需要有更加规范的行业标准出台。

案例5－2　怡亚通打造“流通保”金融科技平台

怡亚通以供应链载体和供应链金融服务为双引擎。供应链载体是鱼，供应链金融服务是水，二者鱼水交融，焕发出供应链服务的生机与活力。

怡亚通一直通过不断创新与完善供应链服务模式，紧密聚合品牌企业、经销商/渠道商、物流商、金融机构等各大群体，打造跨界融合、共享共赢的供应链商业生态圈。怡亚通历时一年多，以宇商金控为主体打造了“流通保”金融科技平台。相比以运营性功能性为主的普通ERP系统，“流通保”定位于服务性开放式SAAS平台，它将以信息系统为载体，以“供应链＋科技＋金融服务”为基础，打通B2B供应链各环节业务场景，成为连接资金和市场需求的重要通道（见图5－2）。

“流通保”金融科技平台依托怡亚通供应链大数据，是在整合核心企业、内外部金融机构、征信服务商等社会资源的基础上打造的。怡亚通是

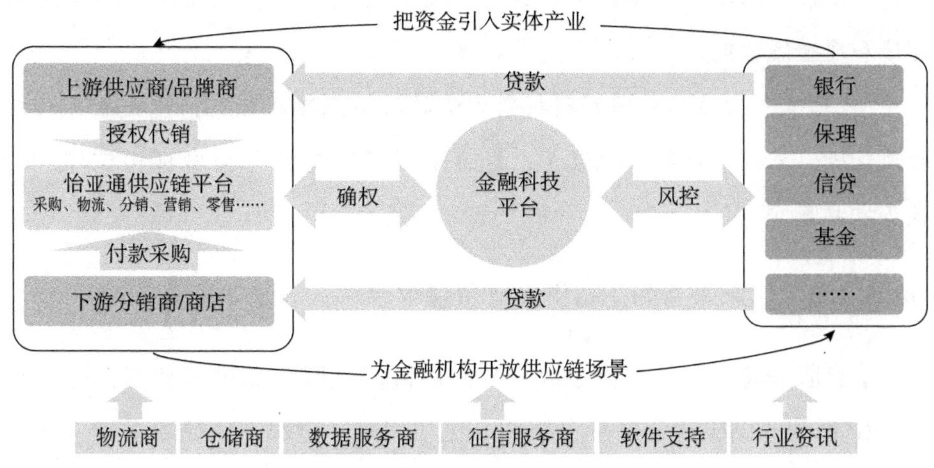

图5-2 怡亚通模式

中国商品流通领域规模最大、服务范围最广、覆盖终端门店最多的物流与分销平台，掌握着大量的社会资源，而宇商金控拥有供应链服务行业领先的金融信息化技术，以及完善的金融牌照体系。

“流通保”一方面可以为资金需求端提供更丰富的金融产品和服务模式，满足中小企业市场融资需求；另一方面“流通保”也可以为金融机构提供供应链资产穿透服务，让金融机构获取更清晰的客户画像，让银行、金融机构对借款的去向、收益、利润、企业信誉等状况一览无余，从而定制更具个性化特色的产品与服务。“流通保”是宇商金控“1+N”模式在互联网与大数据技术层面的创新和延伸，即通过一站式的SAAS平台，连接核心企业交易上下游的合作伙伴。

通过流通保平台，怡亚通将聚焦于供应链服务，用互联网及科技的方式，降低每笔业务的全流程处理成本，提高人均产出，实现供应链服务“重服务轻资产”“由资金驱动转向能力驱动”的转型，纯金融业务则交予专业的金融机构去完成。怡亚通将扮演居间服务的角色，协助金融机构控制风险，深入流通行业，为实体企业创造价值。在流通保业务流程中，怡亚通不再是唯一的资金方，而蜕变成为资金与市场需求之间的居间服务商，这样可以最大限度降低怡亚通的经营风险和资金压力，也能改善怡亚通的负债和现金流状况。

“流通保”上线后，将用科技的方法扩展怡亚通的外延，突破原有模式的天花板，直接做服务，做流量，把金融返还给银行等金融机构操作，达成多方共赢。

5.1.3 信息服务商主导供应链金融平台

信息服务商主导供应链金融平台，是指信息服务商进行转型，构建基于ERP系统的供应链金融平台模式。比如用友、金蝶、畅捷通平台、鼎捷软件、南北软件等企业，采用先进的信息化管理手段，使得基于供应链管理的相关业务更加便捷，从而减少供应链金融业务开展的风险。

信息服务商是核心企业经营管理信息系统的提供者，长期的合作构建了其与核心企业的战略支撑关系，可以说核心企业的经营管理离不开信息服务商强有力的支持，而在提供信息服务支持的基础上大量丰富的、有价值的数据沉淀在信息系统中，这为信息服务商切入供应链金融领域创造了条件。

作为供应链协作服务的信息服务商，通过ERP系统云平台，能够方便地获取供应链上各企业的进、销、存等信息，通过信息流的整合切入供应链领域，同时信息服务商还可以通过与金融机构建立链接，打通供应链的资产端与资金端，从而完成供应链金融平台的搭建。

对于信息服务商而言，最重要的优势还是在于对产业供应链各环节数字化和数据打通集成方面，以及服务企业客户资源的积累和触达。

具体而言，这种模式有以下几个方面的优势。

一是从供应链管理的角度来看，ERP系统可以整合供应链中的多个企业的数据共同管理，加强了供应链中各企业的联系。

二是从金融机构的角度来讲，目前市场上传统的融资产品竞争激烈，产品趋同，同时与企业之间的信息不对称难以打破，而通过ERP系统接入供应链金融服务，有企业真实的运营管理信息为基础，为金融机构设计定制化的融资产品提供了新的突破口。

三是从企业本身运营的角度来看，基于 ERP 系统的供应链服务体系的搭建，也可以为企业经营提供更多的方向，并有助于企业节约管理成本。

此外，很多信息服务商提供的 ERP 软件理论上能够获得公司的运营和财务情况，有助于全方位了解公司信息。若供应链上更多的公司使用该软件，则可以通过公司间的数据进行交叉验证，有助于供应链金融的扩展。因此，信息服务商参与供应链金融中，本质上是通过掌握公司的运营数据，建立公司征信数据，对公司的主体信用情况进行评级，并结合交易信用，从而达到更有利于控制风险的目的。

信息服务商搭建供应链金融平台，也存在一定的局限性。

一是其获取核心企业的交易信息会受到一定的限制，信息的完整性和实时性难以保证，涉及核心企业保密性要求高的信息难以获得。

二是信息服务商与金融机构接入时，也会受到金融机构一定的限制，会影响到资金流和信息流的完整程度。

三是信息服务商还面临与第三方物流信息有效链接的问题。

总之，信息服务商搭建供应链金融平台最大的好处是作为独立服务支撑体系，超然于核心企业、第三方物流和金融机构之外；最大的挑战是，如何得到核心企业、第三方物流和金融机构的信任，如何真正融入供应链管理、如何促进供应链优化以及如何提供定制化供应链金融解决方案，否则就会出现平台与业务“两层皮”的情形，很难完全发挥出供应链金融平台的最大效应。

案例 5－3　用友供应链金融云平台

用友供应链金融是连通企业产业链，为核心企业以及其上下游企业提供综合性金融服务的云平台。操作过程中，用友供应链金融云平台前端对接核心企业的 ERP 系统、财务系统、采购平台、销售平台等，通过和它进行系统对接，获取到真实交易数据；后端对接资金方，包括商业银行、信托、基金、保理公司等，根据企业存货、财务、贸易等数据，经过多维度分析，为企业授信、融资、贷后监控提供数据支撑，实现资产端和资金端深度穿透融合，为供应链上下游中小企业提供融资服务（见图5－3）。

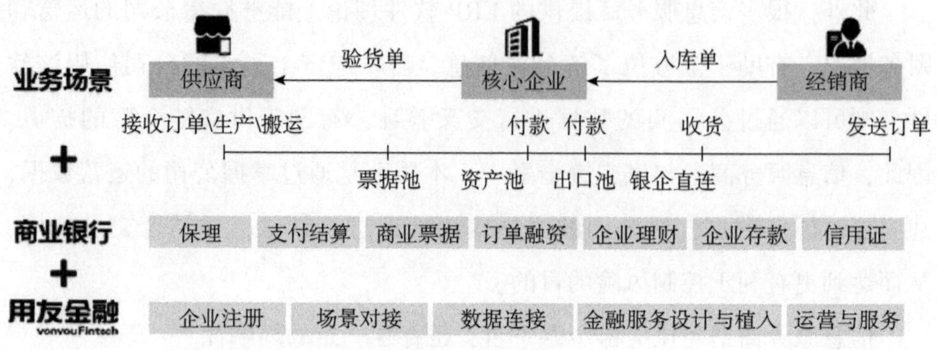

图5－3 用友模式

5.2 纵向垂直产业供应链金融平台

纵向垂直产业平台，是基于某一具体产业链深耕发展的供应链金融平台。这类平台的主导方可以是多样的，但最常见的主导方是核心企业。当然主导方也可以是银行等金融机构，以其资金优势或服务优势为切入点选择特定产业搭建供应链金融平台提供服务，但在建设过程中会不可避免与所选定产业的核心企业发生合作或联系。同时，主导方也可以是专注具体产业的垂直B2B电商，其优势在于对具体产业的理解和相关交易数据的积累。

5.2.1 核心企业主导供应链金融平台

核心企业，一直以来被视为开展供应链金融业务的重要依托。核心企业通常是整个供应链网络的组织者、管理者和协调者，由于它所处的地位，往往扮演着供应链中的信息交换中心、物流中心和结算中心的角色，因而天然具备主导建立供应链金融平台的优势（见图5－4）。

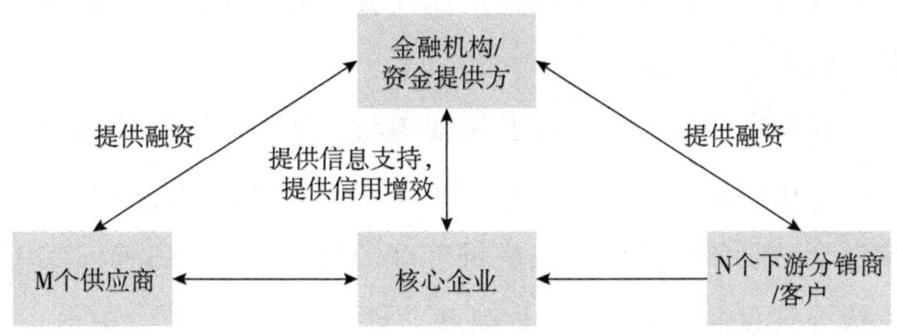

图 5-4　核心企业主导模式

以核心企业为主导的供应链金融平台具有以下几个方面的好处。

一是利用核心企业拥有的客户资源优势，获得大批量的中小企业融资客户；而且利用核心企业的客户管理评价体系优势，筛选出其中高质量的客户。前者主要强调数量，即产业批量获客的能力，依托核心企业平台可以快速触达大量具有融资需求的中小企业，包括中小企业供应商、中小企业经销商和中小企业其他服务商等；后者主要强调质量，依靠核心企业对供应商、经销商和服务商筛选机制和评价体系，客户质量会更有保证。核心企业因为对本行业的运行特点有更深的认知，基于长期的交互合作情况，核心企业对于中小企业客户竞争能力和竞争优势具有更为准确的判断，因此核心企业推荐的优秀中小企业更容易赢得银行等金融机构的支持。

二是利用核心企业信用优势，为整个供应链传递和输送信用。以核心企业信用为支撑，为整个产业链整体信用做背书。即利用核心企业的信用为中小企业供应商、经销商和服务商达到信用增信的目的。核心企业的业务管理流程与供应链金融业务流程交织关联，因此核心企业的配合行为，如在应收账款融资模式中，"核心企业确权"可以利用核心企业的背书；在库存融资模式中，核心企业与第三方的配合控货；预付款融资模式中，核心企业的回购承诺，都为中小企业融资方提供较强的增信支持。

三是获得核心企业带来的风控支持，核心企业掌握了大量中小企业相关的业务和交易数据，这些数据构成风控管理的基础，其动态变化是风控预警的重要依据。

此外，作为主导方，核心企业深度参与，其供应链管理和供应链金融业务的协同作用凸显，产业和金融的协调效应和效益会进一步显现。一方面，供应链金融业务可以促进供应链管理的优化；另一方面，供应链金融自身可以成为核心企业的另一个盈利点。

对于一些传统产业的巨头来说，因为这些企业有着深厚的行业背景和产业资源，利用其行业和产业的优势来发展供应链金融，如伊利、五粮液、蒙牛、梦洁家纺、海尔、格力、TCL、美的、联想等企业，纷纷开始布局供应链金融，不但能帮助供应链上中小企业良性运营，带动产业的持续发展，而且可以开拓新的盈利模式和利润来源。

核心企业主导的供应链金融模式，会面临以下几个方面的问题。

一是平台可能会受困行业发展的天花板问题。虽然大多数核心企业都有很好的行业和产业基础，但同时也会受到行业发展空间的限制，加之由于同业竞争的存在，行业里的龙头企业各自为战，很难吸引更多的资源和流量到自身的平台。因此，选择封闭性的平台模式，还是开放性的平台模式，是核心企业值得思考的一个问题。

二是银行等金融机构从金融风险及安全角度出发，无论从风控还是评审层面，均会尽可能要求提供充分的担保及增信措施；所以金融机构一般在担保和增信措施上存在较高的要求，甚至造成责任同权利不匹配的情形。而在供应链金融业务中，对于核心企业而言，其本身一般不是直接的融资主体，其开展供应链金融的主要目的，是通过金融资源对其上下游中小企业提供资金支持来带动产业发展。如果金融机构对于核心企业所要求承担的义务过高，势必造成核心企业其对所需要承担的责任和利益的权衡，降低核心企业开展供应链金融业务的意愿。

此外，核心企业还会面临专业供应链金融人才缺乏的问题，由于缺少金融风险管理方面的经验，开展供应链金融业务面临一定的风险；核心企业主导的供应链金融模式，有时还会受到资金问题的困扰，包括资金规模相对不足和资金成本相对较高的制约。

案例5－4 海尔搭建的供应链金融平台

2014年9月1日，海尔B2B线上产业链金融平台正式发布，日日顺平台的经销商无须抵押与担保，借助商业信用和交易信息，通过“在线融资”窗口可以直接办理融资业务，高效快捷地实现融资，同时还能享受优惠利率。

得益于移动互联和大数据技术的发展，海尔集团实现了分销渠道网络、交易数据和物流业务等要素的雄厚积淀，日日顺平台将其沉淀的庞大的客户群数据、经销商数据以及交易数据等，通过互联网与中信银行或平安银行的金融平台连接，成为银行授信风控的重要依据，从而设计出针对经销商的货押模式和信用模式两种互联网供应链金融解决方案（见图5－5）。

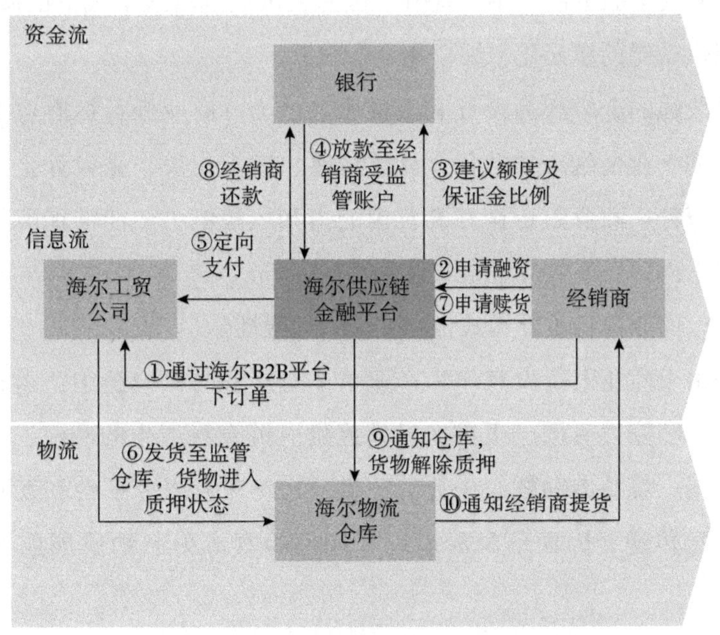

图5－5 海尔供应链金融平台工作原理

5.2.2 商业银行主导供应链金融平台

从商业银行主导模式来看，主要有以下几个方面的明显优势。

一是客户优势。商业银行客户资源丰富，服务的核心企业客户众多，具有先天的链接优势。大型国有银行凭借核心企业资源优势，供应链金融业务规模稳步提升：截至2018年末，工商银行已为3200余条供应链提供全方位金融服务，为中航工业、中国中车、中石油等12000余名客户累计办理供应链金融业务笔数超10万笔，实现放款金额超10000亿元；建设银行累计向5.3万家企业发放5385亿元网络供应链融资，网络供应链合作平台达1184家。

二是资金优势。商业银行资金实力强，其业务发展不会受制于资金供给不足的影响。不仅资金实力强，同时资金成本相对较低，这是商业银行具有的独特资金规模优势和资金价格优势。

三是服务网络优势。商业银行线下经营网点众多，加之强大的金融科技能力使其线上服务能力不断提升，因此，可以统驭线上线下的服务能力，为客户提供需要的多元化、综合化金融服务。

四是较强的金融产品设计和金融服务能力。商业银行拥有包括供应链金融在内的专业金融人才队伍，能够从客户需求出发，去设计金融产品和提供金融服务。商业银行良好的营销能力和风控能力，能够保障其在控制风险前提下大力发展供应链金融业务。

当然，商业银行主导模式也存在一些局限性。

一是由于商业银行没有作为产业主体直接参与供应链中，因此其对供应链的实际掌控力有限，很难实时掌握供应链交易产生的商流、物流、信息流等数据。需要借助核心企业、物流公司、专业服务平台和互联网企业等提供信息传递，因而信息滞后以及如何验真成为制约发展业务的一大问题。

二是商业银行需要得到核心企业相当程度上的支持，如果核心企业支持不够，就会存在“惜贷”现象。商业银行为了控制业务风险，对供应链上的中小企业，一般需要借用核心企业的授信规模以及需要核心企业确权和回购等配合措施。如果核心企业动力不足，配合不够，就很难将相应供应链金融业务开展起来。

表面上看，商业银行存在授信准入门槛要求过高的情况。究其背后的原因，是其缺乏对产业链和供应链深刻理解与把握，是金融产品和金融服务的设计能力和创新能力不足的表现。

案例5－5 平安银行搭建线上供应链应收账款服务平台

平安银行依托AI人工智能、区块链、云计算技术，搭建供应链应收账款服务平台（SAS），赋能升级供应链金融服务模式，为核心企业产业链上游供应商提供线上应收资产交易、流转服务。

SAS平台是为特定供应链内核心企业上游的中小企业提供线上应收账款转让及管理的平台，平台搭载了基于区块链技术的超级账本全流程信息记录和交互功能，并与中登网直连，自动实现应收账款质押、转让登记（见图5－6）。

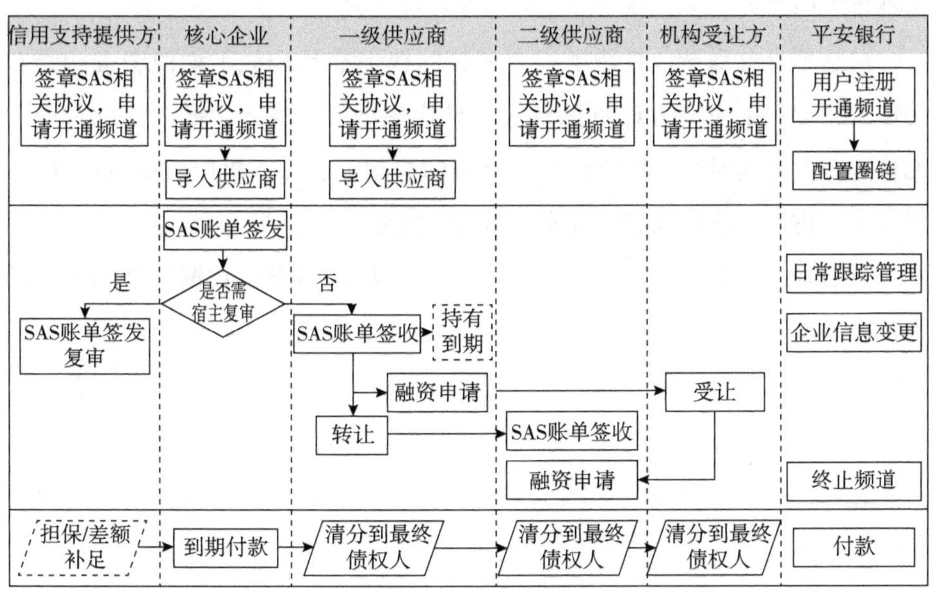

图5－6 平安银行模式

在电子行业供应链领域，平安银行已经和多家核心企业开展合作，已实现数千家的电子行业供货商上链，平安银行为交易双方提供账户管理、支付结算、风险监测、业务鉴证、交易数据分析等一系列的供应链金融服务，还可以结合核心企业和供应商的需求进行“1 对 1”定制服务。

5.2.3 垂直 B2B 电商主导供应链金融平台

以垂直 B2B 电商交易平台为代表的供应链金融模式，就是通过 B2B 电子商务平台，进入某一个垂直细分领域开展供应链金融业务。由于 B2B 平台天然具有企业的交易数据、物流信息和资金数据等，更容易对供应链上下游企业进行信用评估和风险控制。这个模式的典型代表如上海钢联、找钢网、慧聪网、敦煌网等。

垂直 B2B 电商平台主要有以下几个方面的优势。

一是具有较强的专业优势。垂直电商平台深耕于某一个行业，对所服务的行业状况和特点有着深刻的理解，在细分领域，向垂直化、专业化和精细化方向发展。

二是垂直电商平台打造了一个完整的线上交易和线下增值服务相结合的体系，即一个完整的 O2O 闭环。主导构建垂直电商平台的一般是行业内的核心企业，其对整个供应链具有绝对的控制力，深入供应链所有的环节，将商流、物流、信息流和资金流进行有效整合。

三是垂直电商平台，累积了大量交易、物流和资金数据。借助先进的大数据处理技术，可以实现对上下游企业交易信用的分析和整个供应链的监测，从而降低信息不对称带来的信用风险，及时的信用预警机制的建立，也大大提升了资金的安全性，最终推动实现数字资产化和资产流动化。

总之，垂直电商平台缩减了渠道环节，关注了长尾市场，实现产业链条优化目标。

但是这种模式也存在一定的局限性，一是前期投入过大，特别是自营模式，导致重资产运营带来的高投入，如钢铁类电商平台前期需要大量资本投入，盈利能力尚需未来市场进一步检验。

二是资金渠道需要进一步打开，连接更多元化的资金提供方，以提升规模化资金支撑能力。

三是进一步推动供应链资产标准化，更好地链接与匹配资产端和资金端，加速资产流转，以促进融资成本进一步降低。

案例 5 –6　找钢网搭建的胖猫（供应链）金融服务平台

胖猫金融是找钢网旗下的金融公司，操盘整个供应链金融的业务（见图 5 –7）。

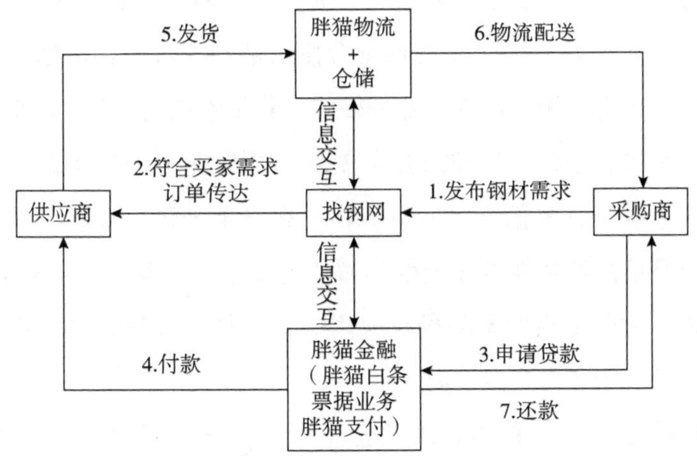

图 5 –7　找钢网模式

胖猫白条：服务采购商，可以申请白条来支付采购订单的金额。

票据业务：服务采购商/供应商，使用商业银行开具的承兑汇票来支付或者融资。

胖猫支付：服务采购商的，可以申请用胖猫的在线支付。

第6章　供应链金融科技平台介绍

6.1　金融科技与供应链金融科技平台

国际金融组织金融稳定理事会（FSB）将金融科技定义为：由大数据、区块链、云计算、人工智能等新兴前沿技术带动，对金融市场以及金融服务业务供给产生重大影响的新兴业务模式、新技术应用、新产品服务等。

广义上来讲，金融科技是指技术创新在金融业务领域中的应用，进而提升金融服务效率，降低金融服务成本；狭义上来讲，金融科技主要聚焦了一系列新型信息通信技术在金融领域的创新应用，其中云计算、大数据、区块链和人工智能是当前金融科技应用的关键技术领域，并将重新塑造传统的金融产品、服务和金融活动。

金融科技通常是指技术带来的金融创新，它能创造新的模式、业务、流程与产品，目前其主体主要包括三大阵营：一是利用科技手段推动创新、提高效率的传统金融机构；二是利用科技手段推出全新金融服务的新进入者；三是为传统机构提供技术服务的金融 IT 企业。

中国传统金融机构已开始探索科技赋能金融之路，不少传统金融机构选择孵化自己的金融科技子公司。2019 年 8 月，交通银行发布公告称，其附属科技子公司交银金科注册成立。人民银行此前已成立成方金科金融科技子公司、深圳金融科技有限公司，农行旗下金融科技子公司也已宣告成立。目前，五大银行的金融科技子公司都已配齐，分别为建信金科、工银科技、中银金融科技、交银金融科技、农银金科，而邮政储蓄银行也在加快相关布局。在 12 家全国股份制商业银行中，已有 6 家银行落地了金融科技子公司，分别为光大科技、招银云创、民生科技、龙盈智达（华夏银行）、兴业数金、平安科技。

供应链金融科技平台大致可分为两类：一类为商业银行等金融机构自身及其所属金融科技子公司主导的供应链金融平台，这其中比较典型的有平安壹账通平台、中国银联搭建的供应链综合服务平台以及浙商银行搭建的应收账款链平台；另一类为数字科技公司主导，包括小米科技模式、中企云链模式、联易融模式、明心数智模式和盛业控股模式等。

6.2　平安壹账通智能供应链金融平台

6.2.1　平安壹账通搭建平台介绍

金融壹账通是面向金融机构的商业科技云服务“TaaS”平台，于 2019 年在美国纽交所上市，为国家高新技术企业。公司融合丰富的金融服务经验与科技，为金融机构提供“技术 + 业务”的解决方案，帮助客户实现“三升两降”，即提升收入，提升效率，提升服务质量，降低风险，降低成本，实现数字化转型。

金融壹账通近两年在供应链金融领域重点发力，运用区块链、大数据、云计算及人工智能等先进科技，打造了壹企链智能供应链金融平台，链接核心企业与多级上下游、物流仓储、银行等金融机构，实现了区块链多级信用穿透、重新定义核心企业、下游融资全流程智能风控、对接境内外贸易平台和构建跨地区服务联盟。通过金融科技有效支持“两小一大”，即帮助供应链上中小企业解决融资难题，赋能中小银行提升供应链金融服务能力，推动大型优质企业成为供应链核心企业，并助力其产业集群发展。

概括而言，平安壹账通搭建的供应链金融平台，以构建智能供应链金融生态圈为目标，兼具有连接、互信、穿透、生态四大特点。

第一是连接。通过连接多方机构，打破“信息孤岛”。

传统的供应链金融上的核心企业、中小企业与银行往往都是相互分割的“信息孤岛”，存在信息不对称的问题；外部第三方数据也相对碎片化，导致除一级供应商外，大量二级、三级至多级中小供应商由于无法与核心企业建立跨级交易关系，难以得到融资。

壹企链智能供应链金融平台借助云计算技术优势，将原本难以验证的大量线下交易线上化，有效连接核心企业、中小企业、物流仓储等供应链的参与各方，以及银行、金融、监管等大数据平台，将原有的“信息孤岛”打通，在共同的贸易云平台上实现数据连通和共享，将七成多原先无法覆盖的客户纳入供应链信用体系。

第二是互信。多维大数据风控结合区块链技术，实现智能交叉验证，确保信息真实可信。

在传统供应链金融模式下，由于中小企业普遍规模小，缺乏抵押担保，再加上自身财务报表混乱、信用体系不完善等原因，导致中小企业难以“自证”与核心企业的关系。传统的纸质单据、手工操作也给银行校验信息真假带来挑战，存在重复融资的隐患。

通过区块链技术可以解决上述痛点。首先，通过区块链技术可追溯、可留存的特点，实现供应链上的信息都可记录、交易可追溯、信用可传导，保证链上企业信息的真实性；其次，通过多维大数据智能风控技术，对物流、仓储、工商、税务等众多数据源实行交叉认证，极大地解决银行与企业之间的信息不对称、贸易真实性难核验等瓶颈；最后，将区块链零知识认证技术运用于贸融平台，银行可借此实现信息交叉验证，有效防范重复融资，构建全体系贸易互信网络。

第三是穿透。运用区块链实现信用多级穿透，电子凭证支付自由切分流转，以及全链条智能风控，重新定义核心企业，惠及大量中小企业。

区块链技术具有数据可追溯、可留痕特征，电子凭证支付可实现自由拆分流转，两者结合，可实现核心企业信用多级穿透。再加上全链条智能风控加持，构筑真实交易背景链条，将核心企业强信用层层传导至供应链的末端，七成多原先无法覆盖的客户纳入供应链信用体系，助力更多中型优质企业成为核心企业，而这正是中小银行能够企及的市场，降低了中小企业的融资门槛。

第四是生态。打通境内外贸融平台，构建多银行服务多核心、多上下游的智能供应链金融生态圈。

在传统模式下，供应链金融普遍存在链条与链条独立无交集，覆盖场景少，且产品、资金和服务都比较单一。智能供应链金融平台，可以通过区块链底层技术连接境外和国内贸易平台，链接境外大型核心企业及国际银行、国内海量出口中小企业及相关中小银行，构建内外贸一体化平台，确保跨境多方交易关系及数据真实可信。

据统计，2019年客户通过金融壹账通平台处理的零售贷款业务量为912亿元人民币，处理的中小企业贷款业务量为391亿元人民币，有力推动了中小企业融资难、融资贵问题的解决，有力推动了金融普惠化程度的提高。

6.2.2　平安壹账通搭建平台点评

平安壹账通搭建平台很好地发挥了金融科技作用，为中小微企业、大企业和中小银行提供科技赋能。

一是为供应链大量长尾中小微企业进行金融赋能，有效破解了中小企业融资难、融资贵问题。

二是为核心企业、大企业提升供应链协同能力提供金融赋能，特别是利用科技手段和其他有效措施降低了大企业的标准，从而让更多大企业以及更广大的供应链上下游中小企业收益，支持大企业提升供应链协同价值以及供应链整体竞争力。

三是为中小银行提供科技赋能，助力中小银行发展供应链金融业务。中小银行人才、特别是科技人才和科研能力的缺乏，使得其金融科技水平很难在短时间有突破性发展。中小银行可以借助外力，引进先进的科技系统，缩短与先进银行的差距，平安壹账通为中小银行提供了这种现实可能。

严格意义上讲，平安壹账通搭建平台是平安集团内部孵化的产物，是内部引流的结果，其市场化的价值仍然需要市场来认可。

一是在中小银行认可方面，中小银行开放性理念如何是一个考验，但更重要的考验在于，平安壹账通平台能否为中小银行带来实实在在的价值，比如在客户引流层面以及提升风险控制的数字化和智能化水平层面等，为中小银行真正创造价值，这才是根本。

二是大企业供应链金融业务拓展层面，如何在经营发展和风险控制之间维持一个较好的平衡，也面临比较现实的挑战。

三是平安壹账通如何摆脱“内战内行”的形象，推动自身市场化的进程，以保证其持续性发展动力，尚需时间和效果验证。

四是在自身运营层面，如何通过科技推动业务模式领先，确保平台相对竞争优势，平安壹账通还面临互联网巨头公司和第一梯队商业银行金融科技创新的挑战。过多的产品线，使壹账通面临长期研发和营销大投入以及中短期有效产出价值不够的矛盾。

此外，壹账通还面临金融科技合规监管要求方面的挑战。

6.3 中国银联供应链综合服务平台

6.3.1 中国银联供应链综合服务平台介绍

中国银联和荣邦科技共同打造的“银联供应链综合服务平台”。作为中国银联的金融科技子公司为服务 B2B 的平台工具，通过平台的交易、服务、物流、风控等数据保障，为银行等资金方提供风险监控、确保贷款的资金安全。同时帮助供应链上下游企业等资产方客户获得相对低成本的融资贷款。平台有效解决了企业生产及商贸流通领域长期存在的信息化程度低、对账周期长、资金结算成本高等行业难题，提升了产业链各方的资金流转效率。

银联供应链综合服务平台概括为“一个平台、三个系统、多项服务”：一个平台是指银联供应链综合服务平台；三个系统包括核心企业管理系统、物流管理系统和商户管理系统；多项服务包括一体化物流配送管理、支付结算、账务管理、资金清算、供应链业务协同、供应链金融、业务订单管理。

平台主价值和功能有以下几个方面。

（1）为借款企业提供账户和收款通道，实现资金闭环，实时监控借款企业经营状况。

（2）线上接收申请和放款，资金流和业务管理流程集成（而不是网银转账，财务另外记账）。

（3）对接 ERP、TMS 运输管理系统，匹配销售订单和物流发货数据，依据真实业务给中小企业授信。

（4）跨地域服务，服务全国范围内的供应链上下游企业商户。

（5）完成对订单信息流、业务信息流、资金信息流的统一采集和处理。

（6）为企业实现真实的、有效的、有价值的、经营交易数据（交易行为价值化）。

（7）为资方实现贷前线上申请审核、贷中线上放款、贷后经营状况及交易资金监控等。

华西希望——特驱集团“农牧贷”，是“银联供应链综合服务平台”基于工商银行贷款业务，专门为华西希望——特驱集团养殖业主量身打造的一款融资产品。“银联供应链综合服务平台”为工商银行提供小微企业资质审核服务，基于真实订单信息与资金流水进行风险评估，同时对发放贷款的资金流向进行管控，帮助工商银行更有效地克服向单个小微企业放贷的困难，从整个供应链的视角降低系统性风险，降低贷前尽调的工作量，并且通过“银联供应链综合服务平台”的委托支付、优先还款等功能实现专款专用、保障资金安全。

银联供应链综合服务平台，协同工商银行和地方龙头企业，已经为四川、湖南和江西等多地的农民引入了农牧贷等金融产品，让广大养殖户获取了低成本贷款，得到普惠金融的实惠。

中国银联面向物流行业推出“生意在线”。“生意在线”为“银联供应链综合服务平台”实现围绕服务物流为枢纽的供应链企业，打造资源要素撮合的开放式综合平台，构建“供应链生态圈”，迈出了坚实的一步。“生意在线”作为“银联供应链综合服务平台”的标准化产品，是一款覆盖多种智能设备的开放式生态系统，旨在构建企业线上化的经营体系。它将通过3个平台（企业服务平台、物流服务平台和运营服务平台）、2个核心（生意圈人脉关系连接、生态圈业务可配置清算）和3个统一（统一收付、统一对账、统一清算），为B端企业提供生意连接服务的整体解决方案，不断完善互联网+企业体验，实现“生意在线，生意无限”的生态愿景。

6.3.2 银联供应链综合服务平台点评

银联供应链综合服务平台价值：

中国银联打造“银联供应链综合服务平台”，是基于自身支付优势和科技优势的一种延伸，作出的十分有益的尝试，是支付公司主导供应链金融模式的典型代表。

概括起来，作为中国最大的非银行支付机构，其优势在于以下三个方面。

一是产业链综合支付优势。可以依托智能账户体系，充分发挥互联网优势，整合在线开户、身份认证、统一收款、账户资金管理、电子回单、交易查询与对账、在线理财等服务和功能，提高企业资金管理效率、降低财务成本、提高资金收益。

二是拥有海量支付数据。非银行支付机构最大的优势是丰富的数据，尤其是支付数据。通过为商户提供日常支付清结算或者其他增值服务，非银行支付机构可以低成本地收集中小企业的交易数据、业务习惯数据、资金状况数据、上下游合作往来数据等。

三是创建金融场景特别是资金流动闭环。非银行支付机构服务职能及产品属性，完全可以做到指定账户的动态监管、资金的定向划付以及资金盘活；再结合服务的海量 B 端客户和覆盖的不同行业，非银行支付机构可以相对容易地构建起封闭的金融场景。

银联供应链综合服务平台有以下几点不足。

一是对于具体某一产业不够熟悉和了解，产业知识（含产业显性和隐性知识）积累以及产业实践不够，对核心企业影响力不足，需要嵌入核心企业的供应链系统，有的甚至会与核心企业的利益产生冲突会，从而增加市场开拓和客户积累的难度。

二是虽然有一定的支付基础实施能力和支付优势，但是和传统的商业银行相比，缺乏专业的风控能力和综合化的服务能力，也缺乏相应资金实力的支持。

总之，如果专注于某一个或某几个细分行业或领域，打好产业基础，构建自己的竞争优势，相信支付公司主导的供应链金融平台也会在产业互联网金融中占有一席之地。支付公司从支付优势出发，能否借助金融科技发展出数字化、智能化风险控制的核心能力，则是其转型成功与否的关键所在。

6.4　浙商银行应收账款链平台

6.4.1　浙商银行应收账款链平台介绍

2017 年 8 月，浙商银行推出业内首款基于区块链技术的企业“应收款链平台”。“应收款链平台”是浙商银行为解决企业应收账款痛点和难点问题，运用互联网、区块链等技术，创新开发的专门用于办理应收款的签发、承兑、保兑、支付、转让、质押、兑付等业务，记录应收款状态的交易处理系统和技术平台（见图 6－1）。

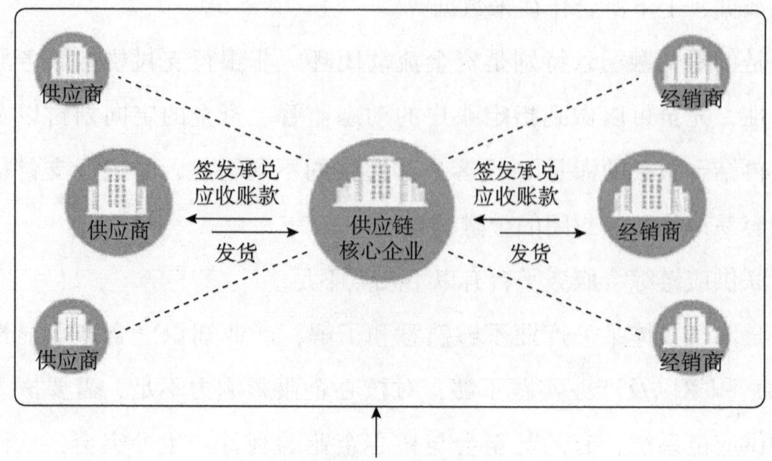

提供增信与流动性支持

图 6－1 浙商银行模式

（一）功能特色

通过该平台企业可将账面的应收账款改造成为支付结算和融资工具，随时对外支付或融资。核心企业与上下游企业共同构建供应链商圈，实现圈内“无资金”交易，降低产业链整体成本。

付款企业在平台上向供应商签发区块链应收款，银行可以作为增信机构，在授信额度内进行保兑，供应商收到区块链应收款后，可以对外支付和转让变现，或申请入池质押融资，有利于缓解企业尤其是中小企业融资难、融资贵问题。

（二）应用流程

1. 签发和承兑。供应链核心企业可以在银行核定的应收款签发额度内，签发特定付款期限的应收款。应收款链平台支持付款人签发并承兑，收款人签发并承兑，收款人签发、付款人承兑三种模式，经承兑后的应收款可以办理其他应收款业务。

2. 保兑。银行或应收款链平台上其他具备保兑资格的用户可以根据应收款持有人的申请办理应收款保兑。已保兑的应收款，到期兑付时如承兑人账户资金不足，保兑人需承担差额垫付责任。

3. 支付和转让。应收款的持有人可以将其持有的应收款全部或部分支付或转让给应收款链平台的其他用户，应收款的受让人需要支付货币资金或商品等交易对价。

4. 质押。应收款的持有人可以将其持有的应收款全部或部分质押给银行或应收款链平台其他用户。

5. 兑付。应收款到期时，应收款链平台自动从承兑人的账户扣划付款资金至持有人账户。应收款有保兑人的，如承兑人账户资金不足，保兑人需承担差额垫付责任（见图6－2）。

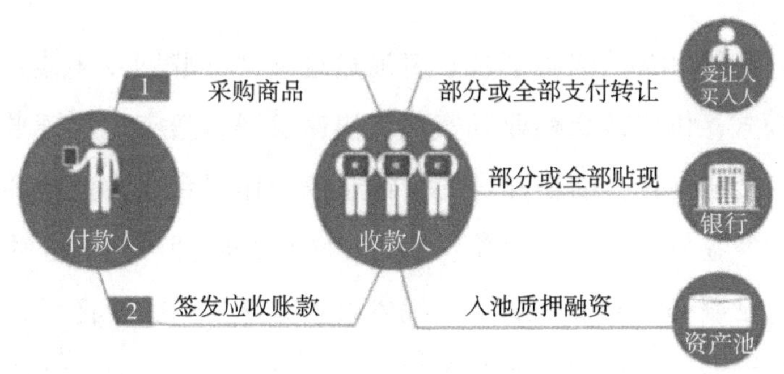

图6－2 浙商银行应收账款链平台应用流程

（三）应用价值

1. 对核心企业的价值：响应国家号召，助力解决中小企业融资难；打造具有核心竞争力的产业生态圈；供应商不再因缺资金中断供应，保持生产经营的连续与稳定；核心企业帮助供应商低成本融资，可有效降低采购成本；可以“有效”实现延期付款，缓解短期资金支付压力；应付账款增加，短期借款减少，改善财务结构；可以“变废为宝”，通过回购应收款提升财务收益。

2. 对产业链上下游的价值：可以有效盘活应收账款，实现免担保、免抵押融资；融资变现方式灵活多样，可支付、转让、贴现、质押等，有效降低融资成本；简化融资操作手续，提高业务办理效率；以较少资金实现采购，提升市场销售份额；账期延长后，销售资金回款压力缓解；借助核心企业信用获得低成本免担保、免抵押融资。

3. 对银行的价值：有利于银行机构缓解表内外资产规模限制。企业签发、流转应收款，不受规模限制；银行买入应收款时占用表内资产，但可随时转让，有利于银行机构缓解指标压力。有利于银行机构改善资产结构，增强流动性，增加收益。有利于银行机构扩大融资渠道和中间业务收入。有利于银行机构增加企业融资业务模式，提高金融服务水平。

浙商银行搭建的应收账款链平台，创造了“互联网＋实体企业＋金融服务”的模式，让中小企业、商业银行和核心企业都受益，产生了一举三得的效果。

据浙商银行2020年年报披露，其通过这种“互联网＋实体企业＋金融服务”的模式，供应链金融业务实现了快速发展。其应收款链平台依托区块链等最新金融科技，创新开发的企银业务合作平台，为企业客户提供区块链应收款的签发、承兑、保兑、偿付、转让、质押、兑付等功能，截至报告期末，已服务客户27969户，提供融资余额1939.30亿元，较年初增长101.78%。

6.4.2 浙商银行应收账款链平台点评

浙商银行应收账款链平台价值：

一是实现工具创新。根据相关法规，对应收款流转环节和规则进行定义、规定，企业通过应收款链平台办理业务，将应收账款转化为电子支付结算和融资工具，低成本、强安全、高效率在线办理结算、融资业务，盘活沉淀的应收账款，减少外部融资、降低融资成本。

二是实现模式创新。区块链应收款作为电子支付结算和融资工具，为企业客户提供应收款签发、承兑、保兑、支付、转让、质押、兑付等多元化功能，具有低资本占用、较强流通性等特征。

三是实现技术创新。浙商银行为业内首家将区块链技术应用于应收账款的商业银行。区块链技术是一种分布式账本技术，具有去中心化、不可篡改、高安全性和智能合约等技术特征，保证信息的完整与可靠，能够有效解决交易过程中的信任和安全问题。

综上所述，浙商银行打造的“应收账款链平台”具有较强的创新性。虽然其本质上，与中企云链创新的云信模式以及类似的其他创新模式相比没有什么不同。都是运用区块链与供应链金融相结合，将核心企业的应收账款做标准化分拆，可以用于对上游企业的结算、支付与转让，也可以用于在银行等金融机构融资。

浙商银行为企业客户提供区块链应收款的签发、承兑、保兑、偿付、转让、质押、兑付等一揽子功能，提升了应收账款资产的流动性，满足了供应链上多级客户流动性和融资需求，对于有效破解供应链上下游中小企业融资难、融资贵，作出了积极的贡献。商业银行依托自身积累的核心企业客户资源，开展上述供应链金融业务，也可以使商业银行充分发挥自身优势。

浙商银行应收账款链平台有以下几点不足。

一是如何界定和选择核心企业，标准如果定得太高，会限制市场的拓展以及供应链金融业务开展；标准如果定得太低，信用风险则会增加。因为这种业务模式的实质，本质上还是借助核心企业信用的传递和延展，如果核心企业面临负债率过高、出现经营不善或者出现较高的道德风险状况，就很容易将风险沿着产业供应链传递，从而加剧和放大信用险。

二是应收账款链上资产凭证的支付、转让等功能使其具备了某种票据或有价证券所具有的货币支付和交易属性，因此在政策法律层面如何进行配套支持，尚需有关部门尽快出台相关政策和法律法规，从而保证相关业务健康规范开展。

6.5 小米数字普惠金融一体化服务平台

6.5.1 小米数字普惠金融一体化平台介绍

小米集团商业模式的独特性在于全产业链布局，纵向覆盖产品设计、生产和销售，与产业链上的公司深度绑定；纵向为客户提供多种智能硬件、生活产品及互联网服务，与客户持续产生交互，消费者在小米产品和服务中积累的海量数据。基于此，小米金融科技拥有庞大的数据及技术基础，在大数据风控，用户画像，风险测算，风险监控等方面，利用生物特征、设备终端、多元数据的三维防控结合，创新了贷前、贷中、贷后的大数据风控模型。

在人工智能层面，小米虚拟客户助手（VCA）基于小米集团“手机+AIoT”的核心双引擎战略，具有强大的自我学习能力，可模拟人脑的神经网络算法，为数字金融平台的智能监控系统提供技术基础；数据魔方则可帮助分析人员普及并重构分析价值链，为数字金融产业研究院提供简单、易用、自助式的数据分析服务。

小米金融科技系统可以集实现客户关系管理、产品与服务、业务流程、财务核算与管理、风险管控、辅助管理与决策等综合功能，是实现金融资产数据化、数据资产标准化的核心功能系统。目前，小米金融的技术系统包含多层级的信贷核心模型和反欺诈模型，支持信息打通的三级大账户体系、拥有动态监控和跟踪平衡机制的资产管理系统以及以区块链技术为核心的多级可穿透式资产流转系统等。这些技术服务能力已经成熟，在国内的金融科技服务领域也是处于顶级的服务能力层级上，创新能力国内领先。在建设数字金融平台上具有极强且高度适配技术的先发优势。

（1）国内首创的大账户体系：大账户金融体系采用了多维度账户体系设计，可支持多维度嵌套账户模型、无限级账户扩展与级联。自动化金融会计处理核心，全条线业务一站式大账务平台。

（2）银行级技术要求：资金清结算内嵌银行级通用规则引擎模板，支持多资金属性、多级嵌套产品、多层级商户、全业务融合下的资金清结算服务。

（3）顶级的机器学习能力：多渠道路由建立完备的引导模板路由机制，通过大规模交易数据下的机器学习为用户智能定制路由服务，最大限度提高用户体验、支付成功率以及平台成本控制。

（4）超智能的抽象模型：产品工厂抽象全业务金融产品模型，以模型驱动开发创新产品，以工厂化设计思想预先定义全产品的构成要素（规范），根据个性化需求，自动完成灵活的品零部件组合和功能配置实现新产品的快速定制化服务并支持多种业务模板，可支持多产品递归嵌套模型。

（5）极高的智能风控水准：智能风控平台抽象全金融业务流程，首推全流程私有化风控方案，以决策引擎整合数据建模，自定义风控标准，全可视化模型逻辑配置平台。

（6）独家供应链金融流转系统：供应链金融平台集成供应链业务数字资产加工处理器，结合多类型第三方业务信息抓取技术，多维度、结构化处理各行业供应链场景数据。结合区块链技术、智能产品、动态业务流以及池融资等模块，全方位、全链式、全模态新型产融平台。基于区块链技术支持供应链上下游多级债权可拆分、可组合、可流转、可延期，多层级穿透式债权转让。

（7）国内首创完备的数据资产管理系统：资产管理平台嫁接与金融联盟链之上基于各产业结构资产的交易与存续期综合运营管理平台。线上全自动完成资产交易与项目循环购买，可视化项目报表提供全维度的资产健康度、资产包饱和度的实时监控；支持多种资产交易模型，设计有资产集市、资产池、资产分层等多种资产处理模型。

6.5.2 小米数字普惠金融一体化平台点评

小米数字普惠金融一体化平台具有以下几点优势。

一是小米不同于阿里和京东，小米有自己的产业链，因而具备某种产业上的优势，其数字化产业供应链打造有助于其供应链金融业务开展。进一步说，其不但有着产业供应链优势，甚至有某种产业生态建设上的优势。小米打造金融平台的目的，一是连接产品用户，这是消费互联网金融的概念，为的是达成和促进销售；二是延伸自身公司产品的外延，生态链模式下需要开展供应链金融来助力合作企业，这是产业互联网金融的范畴。

二是小米有渠道优势，既有线下门店，也有上下游供应链，还有3亿的终端用户。随着小米合作伙伴数据的互联互通，小米金融可以在线追踪并验证企业上下游交易的真实性，为其提供从产品立项到销售全流程的供应链条解决方案，以解企业燃眉之急。

此外，小米自身还有科技的优势，如小米金融和金山云、扬子国投、南京数字金融研究院达成战略合作，将与江北新区一道共同承建、运营数字金融一体化服务平台。未来，该平台将在资金供需求之间、金融科技手段与金融服务需求之间、监管者与被监管机构之间链接资源营造智能新生态，助力江北新区建设金融业新高地，并且最终成为辐射全国的“新金融中心”。正是产业供应链、产业生态和科技开发优势，构成其搭建数字普惠金融一体化服务平台的综合优势。

小米数字普惠金融一体化平台有以下几点不足。

小米金融平台集消费金融功能和产业互联网金融功能于一身，二者所受到的监管要求有所不同，如何实现合规化、专业化发展，是其应该首要考虑的问题。

小米集团金融控股公司的发展模式也遭遇监管严峻的挑战，如何持牌经营，金融归金融，科技归科技，实业归实业，也是小米绕不过去的坎儿。

此外，小米自身产业发展的天花板有可能限制数字供应链金融平台进一步发挥作用，而小米金融解决方案整体输出能力依靠的是小米的科技和综合服务水平，因此其科技集成和服务能力将构成其核心能力。

6.6　中企云链“云信”模式

6.6.1　中企云链“云信”模式介绍

中企云链成立于2015年，是由中国中车联合中国铁建、国机集团、航天科技、中船重工、鞍钢、中国铝业、中远海运、招商局、中国能建、中国铁物11家央企，中国邮政储蓄银行、中国工商银行2家金融机构，北京首钢、北汽集团、上海久事、云天化、厦门国贸、紫金矿业6家地方国资，金蝶软件、智德盛、北京华联、云顶资产4家民营企业，经国务院国资委批复，成立的一家国有控股混合所有制企业。

中企云链专注于“产业互联网+金融科技”创新，为大型企业提供优质的供应链管理服务，充分发挥大型企业在产业链中的核心作用，帮助银行响应国家对中小企业的扶持政策，解决中小企业融资难、融资贵问题，同时也使银行的资金风险降到最低。平台目前有云信、云证、云投、云租等差异化产品群，以“云信”业务为基础，云系列产品为支撑，目标是打造中国产业电商最佳第三方综合服务商，实现B2B电商平台的四通一达，做信息数据的“快递”。

2015年中企云链在业内首创了“N+N+N”模式，即由多家银行、多家核心企业和多级供应商组成的多边平台服务模式。就这个业务模式而言，当前尚处于业务发展的初级阶段，相关的政策和制度都在逐步完善。

与怡亚通等企业从供应链管理服务中衍生出金融服务不同，中企云链是一个纯粹的供应链金融服务平台，针对核心企业所在产业生态圈的资金流问题进行优化服务。该模式最大的创新之处在于盘活了以大型国企为首的核心企业在银行的闲置授信额度，将其转化为易于流转和拆分的数字化信用确权凭证——云信（见图6－3）。

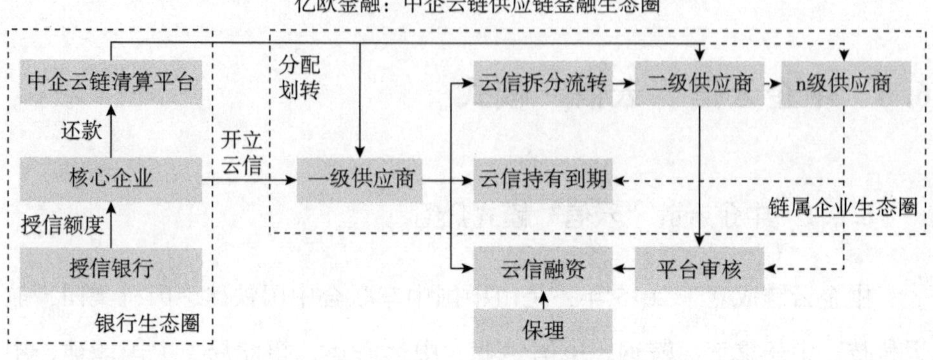

图6－3　中企云链云信模式

云信具有三点显著优势。

第一，便于流转，在中企云链平台注册的企业，利用云信这一电子确权进行交易，流转效率高；第二，便于拆分，过去的商业汇票进行流转时往往难以拆分，但云信可以随意进行拆分；第三，资质优，无论流转到何处、拆分过几次，云信的兑付资金来源都是核心企业，因此，云信是代表核心企业的优质信用确权。

6.6.2　中企云链模式点评

中企云链模式的优势有以下几个方面。

中企云链选择第三方服务模式，既不同于当前部分产业集团建立的供应链金融模式，也不同于银行等金融机构建立的交易银行供应链金融模式。

相较于部分产业集团自建平台，一是不局限于单一核心企业供应链，因此不受行业和产业限制，具有很好的市场发展空间，具有广泛的客户优势以及较高的资金议价能力；二是资产丰富、风险分散，有利于满足监管部门对资金端防范资金风险、分散投资的实际要求；三是具有规模优势，可以为企业级用户提供综合、全面的一揽子解决方案。中企云链通过整合众多大企业集团内部资源、供应链资源与金融资源等诸多要素资源，打破传统供应链金融封闭、单一壁垒，形成开放、立体的“N + N + N”产业链体系，优化资源配置，促进合作共赢。

中企云链的云信模式，几乎将所有的风险转嫁在核心企业身上，中企云链所合作的核心企业几乎都是大型国企，在银行有着大量沉淀的信用额度，将兑付风险降到了低点。腾讯、联易融的“微企链”、平安集团下属金融壹账通的“壹企链”和中企云链一样，都属于自成一体的基于区块链技术的供应链金融服务平台。

中企云链具有覆盖范围最广、穿透力最强的特点，其最大的创新之处在于在“云信”这一电子确权的基础上，形成了核心企业信用流转的闭环，其最大的优势则在于获得了多家大型优质国企的支持。

中企云链模式的不足有以下几个方面。

核心企业一般倾向于自建供应链金融平台，即使是中企云链的股东当中，也有选择抛开第三方模式，选择自建模式，因此，如何链接到供应链上更多的优质核心企业，让更多的核心企业选择第三方服务模式而不是自建模式，未来将成为中企云链发展的最大壁垒。

中企云链模式的实质是依托核心企业的信用提升（如确权）和信用传递，为供应链上下游中小企业提供供应链金融服务。因此，核心企业信用的高低，直接决定产业供应链金融的风险，一旦核心企业由于经营出现问题或是负债过高，抑或出现道德风险，就会产生较大的供应链金融风险传递以及风险的放大，产生类系统性风险，危害较大。因此，不应轻易降低开展供应链金融业务核心企业的准入标准。如果确定较高的准入标准，就会限制更多、更广的大企业加入，就会大大限制供应链金融平台做大，从而会制约平台服务于更多中小企业的普惠性金融的发展。

从自身运营角度看，这样一家客户和股东都相当有实力的企业却连续 4 年亏损，且亏损数目不断扩大，显示其自身造血功能不足。

表 6-1　2016—2019 年度营业收入和利润情况　　单位：万元

年度	营业收入	利润
2016	1074.71	-1989.45
2017	3817.59	-3623.39
2018	21000.00	-6256.04
2019	23600.00	-12700.00

此外，从北交所披露的资料来看，除了本次拟退出股东名单的航天科技，自2019年3月以来，首钢集团、云顶资产、中国重机、中海投资、中铝资本等股东已陆续退出，但都尚未办理完工商变更。股东频繁选择退出，使得这一模式的发展前景蒙上了一层阴影。

6.7　联易融核心企业云和金融机构云平台

6.7.1　联易融平台介绍

联易融的业务分为两大板块，一是较为成熟的、贡献大部分营收的供应链金融科技解决方案，包括核心企业云和金融机构云；二是尚未成熟的新兴解决方案，包括跨境云和中小企业信用科技解决方案。目前，公司业务主要以供应链金融解决方案为主。

（一）联易融产品

（1）供应链金融解决方案

供应链金融解决方案是基于核心企业的信用状况、实现供应链支付和金融流程数字化的整套云原生科技解决方案，主要根据公司与客户之间的协议商定服务费，供应链金融科技解决方案产生收入及收益。

A. 核心企业云

核心企业云本质为核心企业对其上游供应商的应收账款进行确权从而将其富余的授信额度分享给其上游供应商的反向保理业务。与传统银行反向保理业务区别在于，核心企业信用往往只能外溢到其一级供应商层面，作为整个供应链末梢的多级供应商的中小企业往往无法被覆盖，融资难、融资贵问题仍然突出。

而联易融通过 ABCD 技术，帮助核心企业和金融机构高效验证供应链交易真实性，可实现多级供应商均能分享核心企业的信用，其为供应商应从核心企业获取的应收账款创建不可篡改、可追溯的数字凭证 Digipo，供应商可对 Digipo 进行拆分，全额或部分支付给其上游供应商，或利用其从金融机构获得融资（见图 6 –4）。

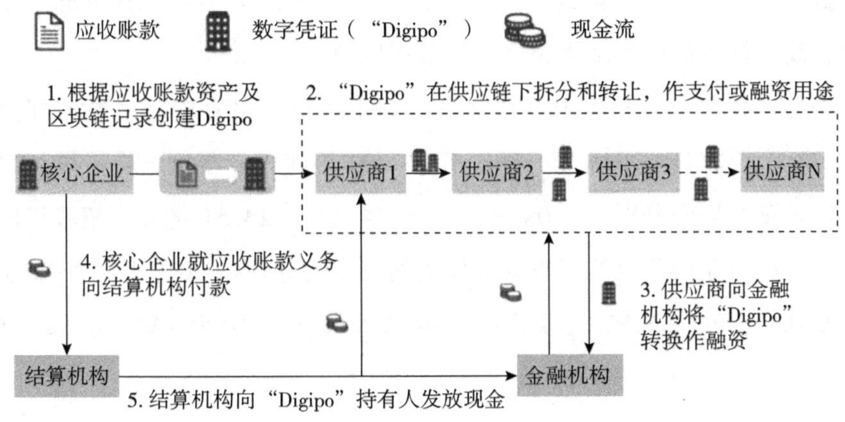

图 6 –4　联易融多级流转云业务流程

B. 金融机构云

金融机构云主要服务银行、券商等机构，主要是为券商发行 ABS 提供基础资产整理等服务。截至 2020 年第三季度，联易融当年已发行供应链 ABS/ABN 产品金额超 1000 亿元，市场占比超过 33%，供应链 ABN 市场占比更是高达 58%，均排名第一。

（2）新兴科技解决方案

新兴科技解决方案是可补充和丰富现有的供应链金融科技解决方案的一系列创新解决方案。其主要为联易融根据公司与客户之间的协议商定的服务费从新兴解决方案产生收入及收益。由于新兴解决方案处于发展初阶，联易融为了积累足够的数据来构建模型并向客户展示其可靠性和稳健性，使用了自有资金支持新兴解决方案促成融资交易，并从中赚取利息收益。

A. 中小企业信用科技解决方案

中小企业信用科技解决方案作为现有供应链金融科技解决方案的补充，依托系统能力，聚焦发票等核心信息核验，围绕核心企业带来的海量中小企业客户提供融资服务，通过数据驱动提供中小企业融资，因此信用风险更高，但这是联易融积极布局的方向。该业务资金来源主要为金融机构资金和联易融自有资金，但联易融承诺当中小企业违约或逾期付款的情况下，将从资金方受让债权。因此，一旦经济持续下滑，中小企业有可能大面积违约，高杠杆将使联易融承担极大的信用风险。

联易融在中小企业信用科技解决方案中，也以自有资金融资或保障融资为中小企业放贷。2018 年、2019 年、2020 年前 3 个季度，自有资金融资及保障融资交易额分别为 9. 08 亿元、28. 84 亿元、14. 51 亿元。招股说明书显示，中小企业信用科技解决方案促成的融资交易总值 2018 年、2019 年分别为 9. 08 亿元、56. 32 亿元，产生的营业收入分别为 1680 万元、9570 万元。

B. 跨境云

跨境云是 2019 年推出的业务，为目前联易融正在开拓的跨境供应链金融服务业务。跨境云业务除为做跨境交易的公司提供技术支持外，联易融还利用自有资金对供应商提供融资和保障融资。2019 年及 2020 年前 3 个季度，自有资金融资及保障融资分别为 3. 04 亿元、16. 67 亿元。

（二）联易融业务模式

（1）核心企业云

联易融核心企业云提供供应链资产服务平台，通过数据化、自动化、线上化的资产审核提升基础资产整理的产能与时效，其电子资料的拍照上传、电子合同线上签署以及核心企业线上化在一定程度上提高了效率。

区块链供应链债权多级流转平台。将区块链技术与供应链金融结合，把企业贸易过程中的赊销行为产生的应收账款，转换为一种可拆分、可流转、可持有到期、可融资的数字债权凭证，从而为核心企业的上游中小微企业提供线上应收账款转让、融资及管理的开放式供应链金融服务平台。

供应链资产证券化。联易融以资产证券化的形式，整合上游供应商应收账款，为供应商提供保理融资解决方案，并为资金方输出相对有规模、稳定性高、低风险的资产。

（2）金融机构云

该业务提供ABS平台、区块链服务云平台BeeTrust、供应链综合科技平台，助力金融机构数字化、自动化及精简化其供应链金融服务。

（3）跨境云

跨境e链可连接整个供应链中的出资人、买家和多层供应商，提供跨境贸易业务场景下的数字化供应链金融解决方案。

（4）蜂控云

“票一拍”是联易融为解决供应链发票管理及融资需求而全新打造的数字化综合服务平台，智能数字风控平台是联易融在数字化供应链金融业务基础上搭建的数字化开放平台，通过聚焦供应链生态圈，打造数据驱动的互联网小微金融科技新模式。

6.7.2 联易融模式点评

联易融模式的价值有以下几个方面。

联易融采用区块链底部技术框架，为融资企业起到增信的作用，联易融区块链模式要点是以应收账款为底层资产、以债权凭证为交易记账主体（落地产品）。

联易融将优质的应收账款进行证券化，将应收账款债权人所拥有的未来现金流收益权以份额的形式转让给投资者，这样可以获得多赢的结果。对于融资企业而言，它充分盘活应收账款，拓宽企业融资渠道。对于核心企业而言，它优化全链条融资成本、账期管理，提高了供应链的竞争力。对于投资者而言，有了投资的渠道，根据自己的需求匹配不同的风险和收益。

联易融通过资产证券化，做优质资产和优质资金的最佳撮合，通过为核心企业、金融机构和更广大的中小微企业赋能，做产业和金融的有效链接者。

联易融模式的不足有以下几个方面。

在公司目前的营收体系中，客户集中度偏高，客户集中度相对偏高可能会削弱公司经营中的抗风险能力。而其中房地产行业客户占比过高，则易受国家宏观调控政策影响。联易融地产类客户一度占比超过30%。如此高的地产公司ABS占比令人担忧。

联易融甚至会利用自有资金促成中小企业的融资交易，在这种情况下，联易融将在融资到期时赚取利息。同时，为了与金融机构建立互信及关系，使其在提供融资后免受损失，联易融承诺，在核心企业违约或逾期付款的情况下，由联易融来兜底——被联易融称为“保障”融资交易。这与其金融科技服务公司定位相偏离，更与金融科技监管的有关要求相冲突。金融科技监管总的要求，就是金融要持牌服务，金融交给金融；科技专注于科技，科技不能越界提供金融服务。

6.8 明心数智“FIW”模式

6.8.1 明心数智“FIW”模式介绍

明心数智科技有限公司（以下简称“明心数科”），是一家致力于以数字科技驱动产业信用管理的金融科技公司。明心数科率先提出“FIW”服务模式，通过推动产业数字化升级，明心数科打造以数字化为基础的产业信用体系，作为产业参与者和金融机构的信用信息交互的纽带，赋能产业各环节参与者，助力产业健康发展。明心数智为金融和各产业带来的是“金融科技（Financial Technology）+产业互联网（Industrial Internet）+全生态（Whole Ecology）”的全方位服务，也就是“FIW”的模式。明心数科的使命是“科技创造产业信用未来”，经营宗旨是从数据中来，到实体中去，通过数字科技助力产业，为产业信用发展带来新的增长引擎，实现金融普惠的社会价值。

“明心数智”的快速崛起得益于产业数字化的快速发展。在产业数字化时代，由于掌握了海量真实产业数据，银行和金融科技公司合作可以快速把信贷资金放给真正有需求的中小企业。在纺织面料、电子元器件、跨境电商、运动服装、生鲜冷链等多个行业，已有多个产业数字化平台采用了新供应链金融科技方案来解决小微企业融资难、融资贵问题。

以纺织面料行业为例，纺织面料独角兽企业百布为了解决纺织行业海量中小微企业融资难、融资贵问题，结合纺织行业交易场景，上线了一款名为“百布金条”专属供应链金融产品，客户在百布 App 购买布料时选择百布金条付款，系统自动秒级审批，客户即可获取并支用银行的授信资金。“百布金条”易用性和便捷性得到了纺织面料行业客户的欢迎，帮助众多小微纺织企业获得银行低成本资金的支持。

在跨境供应链领域，行云集团推出了“行云小金豆”产品，受到了平台众多中小商家的欢迎。而这些创新金融产品背后都是由“明心数智”提供一整套信用数字化管理 SaaS 解决方案。

下面以某纺织行业产业互联网平台为例，进行具体介绍。

（一）客户遭遇的主要痛点

平台客户采购原材料投入订单生产，销售回款会在 1 ~2 个月内分批次收回，供应链资金需求强烈，而且采购频次高，希望有线上便捷的支付方式；既往金融产品利率高、申请/支用操作烦琐，资金来源不稳定，客户体验差。

（二）明心数智解决方案

（1）针对已在平台积累一定交易记录的客户，采集分析历史交易数据，结合银行征信数据，获得信用评级结果及建议额度，给予客户月结账期支持，实现在信用额度内赊购商品，按期付款。

（2）引入银行为平台创设专属供应链金融产品，纯线上使用，适用平台的中小生产型客户交易习惯。

（3）协助企业建立平台金融风控体系，成功引入债权资金：平台是行业首家为客户提供银行支持的平台

产品运行前5个月，老客户支用额度迅速增长至1.3亿元，老客户交易额每月高速增长，在明心数智协助下，企业已累计获得银行13亿元供应链资金。

“明心数智”眼下正处于快速扩张期，目前已在深圳、广州、杭州、上海等多座一、二线城市落地业务，服务行业从面料、跨境、电子元器件、二手车向玻璃、服装、化工、农业等行业扩展。

6.8.2 明心数智“FIW”模式点评

明心数智“FIW”模式价值。

与传统供应链金融围绕核心企业分拆核心企业信用服务上下游供应商的模式不同，“明心数智”主要通过输出产业信用数字化管理系统完善小微企业画像来解决小微企业融资难、融资贵问题。采取交易信用和银行征信相结合的评价体系，走的是“交易信用+主体信用”的评价模式，未来基于垂直细分行业深度数据积累，可以构建基于数字化、智能化风控模型以及风控体系，从而推动产业供应链上数字资产化、资产流动化。

明心数智模式通常立足于垂直的细分行业，深耕细作，通过深耕该产业，让金融和产业产生更紧密的场景结合，为金融机构搭建起能够稳健增长规模的新场景，同时让更多包括中小微企业在内的实体产业更好地获得金融服务。同时，“明心数智”可以根据不同数据覆盖更多的场景，具有很强的适用性和灵活性。

明心数智“FIW”模式不足。

明心数智以数字科技驱动产业信用管理的金融科技公司的定位，应该是建立在核心能力基础之上的。金融机构是否买账，实体产业上的企业是否买账，关键不在于提供一套好用的“软件系统”，而在于为利益相关方创造价值，比如为金融机构提供数字化风控建模、智能化风控管理能力；为大企业真正提升供应链竞争能力和协同能力创造价值；真正为中小微企业客户解决融资难、融资贵问题；让客户有更高效率的同时，有更好的服务体验等。

此外，进入过多的行业，其行业知识、行业实践以及行业人才的储备是否有足够的支撑，是值得考虑的问题。

6.9 盛业控股供应链科技平台

6.9.1 盛业控股供应链科技平台介绍

盛业控股集团有限公司（以下简称“盛业”或“集团”）是一家领先的供应链科技平台，主要机构股东包括淡马锡、中国太平、美国泰山及无锡交通集团。作为香港交易所主板上市公司，集团目前已被纳入 MSCI 系列指数、恒生综合指数及深港通。

盛业通过“产业互联网”和“数字金融”的双驱动发展，构建供应链科技平台。集团已服务基建、医药和能源等国家战略性行业，也在积极布局更多战略性新兴产业。集团通过智慧工地和医院 SPD 智能供应链服务等科技解决方案，推动产业实现数字化升级；同时运用大数据分析打通信息壁垒，平台化链接资产端和资金端，从而高效地解决中小微企业的供应链融资需求。

盛业已深耕多家大型核心企业的数字生态，并为超过 10000 家中小微企业提供灵活的供应链金融服务。截至 2021 年底，集团累计处理的供应链资产规模已超过 1300 亿元人民币。集团运用产业互联网赋能数字金融，致力于让供应链更高效、金融更普惠。

盛业基于产业科技和数字金融两大业务板块，构建了两大核心能力：一是通过科技植入产业场景的数字化能力，二是将产业、科技和资金整合链接的平台化能力。

在产业科技方面，盛业资本通过物联网、企业 SaaS 软件、硬件的综合解决方案，助力盛业资本所聚焦的产业实现数字化升级。如智慧工地和医院 SPD 智能供应链服务解决方案，能够大幅提升建筑工地和医院的供应链管理效率。在产业科技的支撑下植入场景，获取数据，让盛业资本可以更好地在数字金融的业务板块发挥特色。

在数字金融方面，盛业资本通过大数据分析，提供线上化、智能化、平台化的数字金融服务，为供应链上下游的中小微企业提供差异化金融服务，也为平台上合作的资金方提供精准获客和交易画像分析。

盛业目前的核心企业都是体量大、信誉好，支付能力强的大型核心企业。以某家核心企业为例，其 2023 年有近 2 万亿元的营收规模，这意味着围绕着该企业的应收端或者应付端有 2 万亿元左右的应收账款规模，并且在它的核心供应链的上下游，尤其是上游，有着成千上万的中小企业，它们是组成供应链不可或缺的一环，但是也面临着融资难、融资贵的问题，并且很难被传统的金融机构所覆盖。在这样巨大的市场规模和众多的潜在客户中，盛业从业务规模和客户数据上都保持持续增长。

针对中小微企业融资难、融资贵的痛点和问题，盛业通过产业科技的能力，从供应链全链条中的订单、生产、发货、收货、验货、结算、开票、付款，实现全流程数字化管控，从中将真实交易数据转化为信用，大幅提升中小微企业的贷款能力和效率，摆脱对核心企业或者传统金融模式的依赖。

6.9.2 盛业控股供应链科技平台点评

盛业控股供应链科技平台价值。

一是突出了"产业互联网"和"数字金融"的双驱动发展。产业互联网是一种新的连接模式。从互联网时代的连接人，到"互联网 +"时代的连接服务，再到产业互联网的连接生态。"连接"是一种核心能力，也是产业互联网的本质。盛业是一家供应链科技平台，也是产业数字生态的参与者、赋能者和链接者，核心竞争力就是平台链接能力。在数字时代，金融在产业互联网领域仍是血脉。产业互联网和数字金融的融合，将推动全新的工业革命。数据将成为新能源，驱动企业和市场的全面升级和发展。

二是符合盛业"两翼齐飞"的战略定位。盛业背靠资本市场，旗下全资子公司盛业资本信息科技服务（深圳）有限公司基于多年产业经验和金融科技创新成果倾力打造供应链数字科技服务云平台——"盛易通"，盛易通利用科技将供应链场景中的核心企业、中小供应商以及金融机构聚集到一个云平台，将产业生态体系中的数据信息转换为信用，助力中小企业融资并提升其供应链管理能力，同时通过强大的大数据风控技术向金融机构赋能；旗下盛业资本商业保理有限公司则是目前国内外资注册资本金最大的商业保理公司之一，注册资金达 2 亿美元，专注于为产业供应链上下游的企业提供数据驱动的金融服务。

三是符合盛业的战略定位和行业深耕细作。盛业深耕三大行业，基建工程、医药医疗、能源化工。消费医疗在产业升级大背景下，产业数字化供应链和数字化供应链金融发展前景广阔。2021 年 6 月盛业通过战略投资头部 SaaS 供应商领健，布局消费医疗"SaaS + 供应链 + 数字金融"生态。2022 年 7 月盛业与梦诚科技、华筑科技、西安易龙达成战略合作，成为"盛业数字建造生态联盟"首批生态合作伙伴。盛业也随之正式公布生态计划：未来三年，盛业将联合生态伙伴，服务超过 10 万家中小微企业，覆盖 1 万个智慧工地，并累计处理 5000 亿元供应链资产。

盛业控股供应链科技平台有以下几个方面的不足。

一是盛业通过战略投资和战略合作间接进入某一细分领域，的确是个不错的选择。但其战略投资对象的产业供应链整合能力如何，值得观察。

比如其投资的领健作为头部消费医疗 SaaS 供应商，虽然具有天然连接能力，打通人、流程、设备、服务，但其深化供应链能力、供应链整合能力以及增值服务能力还面临一定的挑战和考验。

二是盛业对产业行业的深入理解和深刻研究，仍然是其产业数字化供应链金融成功的关键。通过简单的嫁接和移入，确实可以获得宝贵的产业经验，但这还远远不够。我们认为盛业最终还要靠真正理解产业行业痛点，如何发育自身的核心竞争力，通过科技赋能、通过数字化赋能、通过金融赋能，为产业行业各相关主体创造实实在在的价值，才有可能取得最后的成功。

6.10 供应链票据平台与供应链票据创新

为更好地服务中小企业，支持供应链金融规范发展，经中国人民银行同意，上海票据交易所积极推动应收账款票据化，建设开发了供应链票据平台。2020 年 4 月 24 日，该供应链票据平台成功上线试运行。首批参与试运行的 4 家供应链金融平台中的企业覆盖制造业、软件和信息技术服务业、电力、热力生产和供应业、批发和零售业等行业。当日，共有 17 家企业签发票据 17 笔、金额 104.42 万元，2 家企业背书流转票据 3 笔、金额 5.1 万元。

试运行期间，符合下列条件的供应链金融平台，可与票交所沟通接入供应链票据平台：（1）运营主体为在中国境内合法注册经营的企业法人或金融机构法人，注册资本不低于 3000 万元人民币；（2）平台应具备为供应链上下游企业提供票据流转等相关服务的客户基础、技术基础，平台已正常运行至少一年，且运行期间在业务、技术等方面未发生或未引发重大违法违规、违约或风险事件；（3）已建立健全的业务管理、内部控制、风险管理制度以及系统安全保障机制，能够满足企业的身份信息、业务意愿、贸易背景等核验要求，具有相应的识别能力、核验能力和成熟的纠纷处理能力；（4）运营主体及其控股股东最近一年无重大违法违规行为；（5）满足票交所要求的其他条件。

首次接入的四家供应链金融平台，包括中企云链、TCL 简单汇、欧冶金服以及中金云创。

6.11　供应链金融科技平台发展展望

供应链金融是一种从产业链中来、到产业链中去，不断地夯实和优化产业链的生态金融。现代信息科技，特别是数字技术在产业供应链和供应链金融领域的应用，不但带来商业模式的重塑，即模式平台化，同时也促进主体多元化、金融普惠化、风控智能化、平台专业化、资产标准化和资产流动化。积极搭建供应链金融科技平台，并将其打造成有效连接产业生态和金融生态的桥梁，是供应链金融实践者的必然选择。

随着产业互联网进一步发展，以及物联网、大数据、人工智能、云计算和区块链等数字技术加深了产业及金融的重构，形成了两个生态，即数字化产业生态和数字化金融生态。作为供应链资产和金融资本的枢纽，供应链金融一方面引导金融生态的“水”精准灌溉产业生态中全链条的实体企业，另一方面也将产业生态中形成的大量优质供应链资产导流至金融生态的各联盟合作伙伴，从而实现各自价值主张。

无论供应链金融生态化的发展方向，还是专业化的发展过程，供应链金融连接产业生态和金融生态，供应链金融发展需要产业生态和金融生态的共同进化来实现。这其中，产业生态进化是基础，打造智慧化数字产业链供应链，才能催生出智能化数字供应链金融。数字供应链金融的优化反过来可以促进产业链供应链数字化和智慧化水平进一步提升。数字化供应链金融发展反过来对产业生态的优化升级可以产生积极的促进作用，但这是个长期的系统工程，不可能一蹴而就。

既然供应链金融是生态，其生态系统一定会呈现出多样性的特点：未来的生态系统里，传统金融机构将不断利用金融科技服务其供应链金融业务发展和创新战略，而大的综合互联网公司会借助平台优势和技术优势从消费互联网领域全面转向产业互联网领域，新的具有独角兽特征的科技公司也将会不断出现。同时，这个生态系统也一定会产生众多的更加专注和垂直于细分领域的专业科技服务商，在垂直领域的深耕细作是未来供应链金融发展的一个重要方向。需要指出的是，无论供应链金融平台选择何种发展模式，赖以生存的基础都是运用现代信息科技的能力，尤其是运用数字技术提升供应链管理效率和供应链价值的能力。

需要强调的是，供应链金融发展必须坚持金融服务综合化与金融产品灵活创新相结合的方向。供应链金融服务将更加综合，不再局限于单一融资服务，而是和保险、理财、现金管理、支付管理和结算管理等其他企业金融服务相结合，以定制化的综合金融解决方案的方式呈现。由此可见，未来拥有灵活的机制、快速的反应能力和创新能力的金融机构，将在竞争中胜出。敞开怀抱拥抱金融科技，加速数字化改革和进程的金融机构，将最终会获得竞争优势。

他山之石：国外领先供应链金融平台——Prime Revenue 介绍

随着信息技术在金融、产业、物流等领域越发深入的应用，信息协同型的供应链金融服务企业开始如雨后春笋般出现。在这类企业中，第三方平台通过领先的信息技术和供应链解决方案，成为联系各方的重要服务纽带。Prime Revenue 作为美国领先的供应链金融服务企业，为国内供应链金融尤其是互联网供应链金融的发展提供了许多可学习的样板。

（一）Prime Revenue 的基本概况

Prime Revenue 成立于 2003 年，是营运资金金融技术解决方案的领导者。帮助 80 多个国家的 30000 多家客户优化其营运资本，以有效地为战略举措提供资金，获得竞争优势，并加强供应链的关系。Prime Revenue 拥有最大、最多元化的全球融资网络，由100多个融资合作伙伴组成。Prime Revenue在一个基于云的、多语言的跨境网络上支持30多种货币，每年促成超过2500亿美元的支付交易。Prime Revenue是唯一一家提供实际操作、全天候全球支持和专利申请技术的供应链金融提供商。

（二）Prime Revenue主要产品和优势

Prime Revenue和企业应用软件解决方案供应商SAP Ariba创建了一个闭环系统，通过结合各方关系、转账以及财务数据，链接采购与融资，并为买方与供应商提供现金流的优化方案、促进交易双方的合作关系。核心企业与供应商可以在这个平台上兑换发票与账款，供应商拥有自助工具将获得核准后的应收账款兑换成现金流。

图6-5　SCiMap项目的主要模式

Prime Revenue的供应链融资项目（SCiMap）是其最具代表性的产品，SCiMap并不仅是关于利率和支付条款，而是一个供应链金融的数字化解决方案，从确定供应商的优先级到为采购提供定制的谈判支持，SCiMap为客户提供所需的信息，让所有合作伙伴都参与进来。SCiMap的主要内容包括：

一是营运资本分析，将客户的绩效与目标进行比较，确定需要产生潜在多少的现金流才能实现这些目标，这是帮助客户提高供应链金融管理效率的第一步；

二是使用行业基准分析供应商，以确定其推出的优先级，这实际上是帮助客户提前控制风险、筛选供应商；

三是为客户的所有供应商创建档案，以及定制化的战略谈判计划，帮助客户提高议价能力和话语权；

四是建立通畅的信息传递机制，保持客户和供应商良好的信息沟通。综合来看，SCiMap 是从客户的资金控制、风险评估、战略谈判、信息传递等多个方面建立供应链管理的数字化平台，在此基础上为客户提供定制化的金融解决方案。

这种综合性的数字化平台可为供应链金融的开展提供强大的支撑，特别是为风险管控提供良好的保障，金融服务的效率和效能产生裂变。其原因在于借助数字化实现在线社区，这种在线社区具有三种效应，即数据信息在产业端和金融端的实时共享、产业和金融生态的协同以及遏制机会主义和道德风险的行为。

表 6－2　SCiMap 项目给各参与方的效益改善

买方（核心企业）	供应商	出资人
优化了自身现金流	优化了自身现金流，能够获得 T＋1 天的提前获取贷款服务	提高了自身的信用质量
强化了供应链整体效率	将提前获取的贷款用于其他投资，投资行为或可能产生的其他利润点	业务本身兑付风险小
满足了自身运营所需的运营资金需求	凭借买方和信用评分（credit score）获取有竞争力的资金成本（rates）	吸引优质资产，构建优质资产池
获取了定制化的、运营资本分析方案	缓和账期（拉长）阶段的或有风险，同时以多资金筹措结构对冲市场波动造成的其他风险	—
引入供应链金融服务作为其与供应商议价谈判阶段的工具，同时也可以利用该服务的使用作为衡量供应商的标杆	—	—

与银行等传统金融机构的融资方案相比，Prime Revenue 的主要优势有以下几个方面：首先，由于供应链金融的资金是未承诺的，单一资金方的供应链融资计划存在一定风险；其次，由于宏观经济形势、监管压力和自身经营状况，银行提高资金定价或改变放贷策略的可能性较大，而 Prime Revenue 的融资计划大大减轻了这些风险；最后，银行的融资计划一般只能渗透到行业 30% 的头部企业，是 Prime Revenue 的渗透率是 100%。

（三）与 Prime Revenue 合作的成功案例

Big Lots 是一家有着 1400 多家分店的家居、玩具等多品类销售公司，其供应商数量多、行业跨度大。由于 Big Lots 在供应链方面存在不少薄弱环节，便与 Prime Revenue 合作寻求改善。它与 Prime Revenue 的融资平台合作的方式为：只要 Big Lots 认可了某供应商开出的发票，此发票就输入 Prime Revenue 运营系统中，供应商可以在网上看到自己所有被认可的发票，可以选择等待 Big Lots 全额支付货款，或者将发票转让给参与 Prime Revenue 网络服务的任何一家银行或金融机构，最快第二天就能收到现金货款。

此外，供应商的应收账款在贴现时将依据 Big Lots 的信用评级来确定折让幅度。由于发票已被认可，所以金融机构认为风险应由买方承担。金融机构知道供应商付款与否最终还取决于 Big Lots 公司，然后，Prime Revenue 会指示 Big Lots 将款项再付给银行，而它自己则会从供应商收取的融资费中收取一定比例的费用。除了提供更经济的融资渠道之外，Prime Revenue 系统还为供应商的现金流管理消除了不确定因素。

一般来讲，供应商在到期的应收账款无法到账时，才意识到买方要延迟付款，于是只能紧急筹集现金缓解资金困局。然而，如果供应商可以看到自己的发票何时输入系统、何时被买方认可，就能更好地安排自己的现金需求，这对买方也是有利的，因为供应商更具灵活度，更愿意延展付款期限。在没有网络确认付款的方式下，供应商只能死抱住现金，不允许买方延长付款期限，以减少不确定因素的影响。Prime Revenue 为 Big lots 提供的数字化解决方案帮助其节省了近10%的资金成本，同时帮助其拓展了供应商的规模，巩固了与供应商的合作关系。

(四) Prime Revenue 供应链金融模式启示

Prime Revenue 作为美国甚至全球领先的供应链金融服务企业，其运营的融资平台项目，可以实现跨国、跨企业间的供应链金融服务，一定程度上代表了供应链金融的主要发展方向，从其发展模式中主要可以得出以下几点启示。

一是完整的信用体系是网络供应链金融的社会环境基础。社会信用体系使供应链交易各方在网络上进行交易遵守信用这一原则，一旦谁破坏了此原则，将在市场上无立足之地。西方社会处于成熟的市场经济环境中，有这样的制度土壤，供应商的发票一旦在网络上确认后，就会得到付款。对中国而言，亟待建立完善的中小企业信用评价体系，这是发展网络供应链金融所必需的社会环境。当然，中小企业的信用体系建设并不只是监管部门的职责，具备一定场景和数据基础的互联网科技巨头，可通过与政府税务机构合作，基于大数据、区块链等技术对中小企业的经营数据进行分析评价，并据此给出相应的信用等级，探索建立中小企业信用评价的网络平台。

二是客户体验在中小企业的供应链融资中同样重要。Prime Revenue 供应链融资管理系统是一种便捷、方便的融资系统。供应商是否愿意参与供应链融资系统，是该系统能否取得成功的关键所在。该系统的服务商已经考虑到这一点，尤其是考虑到在不发达国家服务商的潜在技术限制。由于系统是基于互联网的，所以供应商所需要的只是一个网络浏览器即可进入系统，不需要作任何整合。因此，能否为B端客户尤其是中小企业，提供一个易操作、成本低、体验好的融资平台，是互联网供应链金融能否快速起量的关键。在这一点上，应借鉴针对C端的互联网打法，建立B端用户数字化的运营平台，促使其获客、风控、需求管理等全方位的数字化，从而实现B端服务的模块灵活构造和资源迅速配置。

三是对B端客户实施动态的结构化的信用管理将是大势所趋。B端客户与C端客户的信用风险管理的重大区别在于，并不能完全靠客户画像来控制风险。对供应链金融的风险而言，不仅来自主体或者借款方，也来自供应链运营环境、行业和业务活动，以及与特定任务相关的因素。结构化的动态的信用管理，既能够结合历史和现实刻画供应链业务的风险程度以及各参与者的信用，又能够借助于机器学习、区块链等数字科技，系统地控制供应链金融可能产生的风险，实现可持续发展。在这一方面，可以借助各类行业平台的优势，获取海量的行业数据和信息，将B端客户信用风险管理的触角延伸到产业中去，丰富中小企业信用管理的维度和抓手。

第7章　金融科技在供应链金融的应用

7.1　金融科技概述及应用

随着人工智能、区块链、云计算、大数据和物联网等信息技术在金融领域的广泛应用，金融科技正在以迅猛态势重塑金融行业生态，“无科技不金融”成为行业共识。

作为被赋有金融科技技术发展核心之称的云计算、大数据、人工智能、区块链及物联网五大模块，对金融市场以及金融服务业务供给产生重大影响。

云计算提供良好计算服务、有效降低成本、改善运营、防范风险和在数据集中化管理等方面推动金融行业的发展；大数据在提升金融企业的运营效率、节约成本、控制风险和保障合规等不同领域表现出不同的应用场景；人工智能通过自动分析各种市场数据，自主作出市场预测，作出最佳信贷和投资决策；区块链通过构架带来更加安全、可信、高效、低成本的交易网络及灵活的交易工具，催生更加复杂、多样化的金融业务模式；物联网推动物流和仓储的可视化以及交易过程的透明化，实时的物流信息和仓储信息保障了交易的真实性。

7.1.1　人工智能

（一）人工智能概述

人工智能综合了计算机科学、生物学、语言学、数学、哲学等学科知识，使用机器代替人类实现认知、识别、分析和决策等功能，其本质是对人的意识与思维的信息处理过程的模拟。人工智能在金融领域的应用主要包括五个关键技术：机器学习、生物识别、自然语音处理、语音技术及知识图谱。

金融行业的海量数据可以有效支撑机器学习，不断完善机器的认知能力，尤其在金融交易与风险管理等复杂数据的处理方面，人工智能的应用大大降低了成本，同时，通过对大数据进行筛选分析，帮助人们更高效地决策，提升金融风控和业务处理能力。

（二）人工智能具体的应用价值

一是进一步提升数据处理能力。金融行业累积和沉淀了海量的金融数据，数据容量巨大且类型丰富，无法依靠人工对其进行有效分析以供决策。虽然大数据处理技术的出现提供了支持，但是在数据的有效处理和分析挖掘上仍然面临较大挑战。随着深度学习技术的不断推进，将海量数据供机器进行学习，不断完善机器的认知能力，尤其在金融交易和风险管理这类复杂数据处理方面，人工智能会有效利用大数据进行筛选分析，帮助金融机构更高效地进行决策分析，提升其金融服务能力。

二是推动金融服务模式向主动化、个性化和智能化发展。随着人工智能的快速发展，实现批量对客户的个性化和智能化服务成为可能，从而推动金融服务模式向主动化发展。具体而言，在前台，人工智能可以用于客户体验，使服务更加个性化；在中台，人工智能辅助支持金融交易的分析和预测，使决策更加智能化；在后台，人工智能用于风险识别和控制，使风险管理更加科学化。

三是提升金融风险控制能力。人工智能可以从大量内部与外部数据中，获取关键信息并进行挖掘分析，对客户群体进行筛选和对欺诈风险进行鉴别，能够降低交易双方的信息不对称性，大大降低业务风险。人工智能还可以对市场趋势进行预测，为金融机构提供有效风险预警，提前采取相应预防措施。

四是推动普惠金融服务发展。人工智能通过降低金融服务成本、提升金融服务效率和扩大金融服务范围，推动普惠金融快速发展。人工智能使得营销更加智能和精准，在降低成本的前提下实现较好的效益；人工智能使得风控更加智能化和科学化，在降低风控成本的前提下实现较好的风控效果；人工智能使得金融服务更加定制化和个性化，大大提升金融服务的体验感。

（三）人工智能应用场景——反欺诈和智能风控

知识图谱、深度学习等技术应用于征信反欺诈领域，将不同来源的结构化和非结构化信息进行整合，比如对企业上下游、合作对手、竞争对手、母子公司、投资等关系数据，使用知识图谱等技术大规模监测其中存在的不一致性，发现可能存在的欺诈疑点。

而在信用风险管理方面，关联知识图谱可以利用“大数据+人工智能技术”建立信用评估模型，刻画精准的用户风控画像，对用户进行综合量化评定，提升风险管理能力和风险管理的效果。

除此之外，人工智能还可以广泛应用于智能客服、智能投顾、智能投研和智能营销等方面。人工智能正在推动金融业向智能金融时代发展，人工智能技术依托数据、算力和算法，赋予机器进行自主思考或行动的能力。人工智能技术在金融业务的前、中、后端均有用武之地，被银行、证券、基金、保险等传统金融机构以及互联网金融机构用于身份核验、信用评估、反欺诈、客户沟通、舆情监测、流程优化、安防监控等多个环节。

应用案例7－1　天壤助力AI赋能华瑞银行智慧供应链金融方案

为解决当下各供应链普遍存在的账期长、资金链易断、传统融资方式授信门槛高等问题，华瑞银行创新地将金融科技与供应链金融结合，打造了智慧供应链金融服务。通过有效使用电子银行技术、大数据反欺诈、物联网、人工智能（生物识别技术、OCR识别技术）、区块链存证技术等先进技术，实现自上游供应商到下游建筑商之间商务流、信息流、物流、票据流、资金流的全封闭管理，从而将下游优质建筑商的买方信用向上游中小微供应商传导，将滞后的交易账期转化为灵活的融资账期。

作为智慧供应链金融产品重要组成部分——智慧供应链影像文件智能识别系统是风险管理效率、业务流程管理效率、审核效率得到大幅度提升的核心组件。该系统也是华瑞银行的供应链确权审核系统，通过人工智能模块完成确权质量完整性控制，实现文本与视频内容的一致性比对，实现了自动化审核。该系统可根据业务要求对影像中的文本或图像特征进行批量与精准的检测、提取、识别，同时具有高并发、高可用，可 7×24 小时支持业务运营等特点。

在该系统的研发过程中，天壤通过协助华瑞银行搭建了 AI 能力管理平台，生成了多种单据识别、手写签名比对、生物特征比对（人脸比对）、彩色公章校验等 OCR 识别算法，协助华瑞银行构建了针对供应链金融场景下人工智能的生产、管理、应用、迭代的完整闭环。

7.1.2　区块链

（一）区块链概述

区块链本质是将非对称加密算法、共识机制、分布式存储等相关技术进行融合而形成的一种分布式数据库解决方案。区块链架构带来更加安全、可信、高效、低成本的交易网络和更加灵活的交易工具，从而催生金融服务向更加多样性方向发展。

（二）技术特点

（1）分布式：防篡改、可追溯、不可伪造。

（2）去中心化：由于使用分布式核算和存储，不存在中心化的硬件或管理机构，任意节点的权利和义务都是均等的，系统中的数据块由整个系统中具有维护功能的节点来共同维护。

（3）加密：通过加密，使内容安全、保护隐私，同时更加值得信赖。

（三）区块链的应用价值

一是重构信用、创造价值。在金融交易系统中，通过算法为人们创造信用，从而达成共识。交易双方无须了解对方基本信息，也无须借助第三方机构担保增信，直接开展可信任的价值交换。区块链的技术特性保证了系统内部价值交换过程中的行为记录、传输、存储的结果可信，区块链记录的信息一旦生成将很难被篡改。

二是提升效率、降低成本。区块链技术实现了任意两个节点可直接进行点对点交易，大幅降低信息传递过程中出现错误的可能，提升信息传输效率，降低交易成本。区块链技术实现交易即结算，从而大幅提高了金融结算的效率。

三是实现个人隐私保护。区块链技术通过节点的授权机制，将私密性和匿名性植入用户控制的隐私权设计中，只有授权节点才有相应的权限查阅和修改有关数据信息。区块链技术对于完善用户个人信息保护制度具有重要价值。

四是促进行业信息共享。区块链因具备了匿名保护、安全通信、多方维护和可溯源等特点，有助于打破行业数据孤岛。在业务开展的同时及时将交易信息同步上链，可实现交易信息的公开透明和可溯源，在此基础上由于多方维护共同的信息账本可有助于实现行业信息共享。

（四）区块链的应用场景

区块链技术通过数据加密、共识机制、时间戳、智能合约等技术手段，在分布式系统中实现点对点交易、协调和协作，具有分布式、难以篡改、可追溯、开放性、算法式信任等特点，可以解决集中式结构中存在的数据安全、协同效率和风险控制等问题。

区块链会被广泛应用在数字票据、征信管理、跨境支付结算、数字货币、证券发行与交易以及保险服务等领域。在这里，重点介绍一下区块链在供应链金融领域的应用。

多级供应商和经销商在传统供应链金融模式下面临融资难的问题，主要原因有：信息不对称；信用无法传递；支付结算不能自动化按约定完成；票据不能拆分支付。区块链将分类账上的货物转移登记为交易，以确定与供应链管理相关的各参与方以及产品产地、日期、价格、质量和其他相关信息。任何一方都不会拥有分类账的所有权，也不能为谋取私利而操控数据，加之交易信息进行过加密，具有难篡改的特点，分类账几乎不会受到损害。此外，基于区块链技术的供应链金融将通过纸质作业的流程数字化，大大减少了人工的介入。所有参与方都能使用一个去中心化的账本分享文件并在达到预定的时间和结果时自动进行支付，将极大地提高效率和减少人工交易可能造成的失误。

应用案例 7－2　“区块链＋金融服务＋粮食”平台——优粮优信

河南天香面业有限公司基于物联网和区块链前沿科技的应用，将产业链深度融合应用场景作为切入点，打造了国内首个“区块链＋金融服务＋粮食”平台——优粮优信。

“优粮优信”平台由区块链底层系统、智能化粮库、智能出入库系统、智能粮情监控系统等组成。通过该平台，可以生成标准电子仓单，并具备业务数据存证、多方账本共享、智能合约应用和粮食质量溯源等功能，从而实现全流程的可视化展示、资产监管可视化、风险管理可视化、数字资产可视化。在实际应用场景中，随着粮食入库，企业将生成的电子仓单质押给担保公司，以此向银行申请融资，可以实现资金秒到账，避免交易纠纷，从而有效解决粮食行业产业链中农民、粮贸商、收储企业、粮食加工企业、资金方等各个主体的“痛点”。

“优粮优信”通过区块链技术和物联网技术，实现粮食产业全流程可视化，其中包含资产监管可视化、风控管理可视化、数字资产可视化，从而创新性地解决了粮食产业链上相关企业融资难、融资慢的问题。该平台的发布，有效解决了粮食产业链中的中小企业融资难、银行风控难、部门监管难等问题。

7.1.3 云计算与云存储

（一）云计算与云存储概述

“云”其实是互联网的一个隐喻。云计算与云存储其实就是使用互联网来接入存储或者运行在远程服务器端的应用、数据或者服务。云计算与云存储是一种IT资源的交付和使用方式，是指通过互联网以按需、易扩展的方式提供硬件、平台、软件及动态易扩展的虚拟化服务等资源。云计算与云存储基础实施由数据中心基础设施、物理资源和虚拟资源组成。云计算与云存储操作系统由资源管理系统和任务调度系统构成。

（二）“云”的特点

（1）超大规模

“云”具有相当的规模，能赋予用户前所未有的计算能力。

（2）虚拟化

云计算支持用户在任意位置使用各种终端获取应用服务，只需要一台笔记本电脑或者一部手机，就可以通过网络服务来实现我们需要的一切，甚至包括超级计算这样的任务。

（3）高可靠性

“云”使用了数据多副本容错、计算节点同构可互换等措施来保障服务的高可靠性，使用云计算比使用本地计算机可靠。

（4）通用性

云计算不针对特定的应用，在“云”的支撑下可以构造出千变万化的应用，同一个“云”可以同时支撑不同的应用运行。

（5）高可扩展性

“云”的规模可以动态伸缩，满足应用和用户规模增长的需要。

（6）按需服务

“云”是一个庞大的资源池，可以按需购买；“云”可以像自来水、电、煤气那样计费。

（三）云计算与云存储的应用价值

一是有效降低金融机构的 IT 成本。性能上，云计算通过虚拟化技术将物理 IT 设备虚拟成 IT 能力资源池，以整个资源池的能力来满足金融机构算力和存储需求。性价比上，在 IT 性能相同的情况下，云计算架构远远高于传统金融架构。

二是具有高可靠性和高可扩展性。在可靠性上，云计算可以通过数据多副本容错、计算节点同构可互换等措施，有效保障金融服务的可靠性。在可扩展性上，云计算支持通过添加服务器和存储等 IT 设备实现性能提升，快速满足金融机构应用规模上升和用户高速增长的需求。

三是运维自动化程度高。目前，主流的云计算操作系统都设有监控模块。云计算操作系统通过统一的平台管理服务器、存储和网络设备。通过集中管控实现精益管理，通过标签技术可以精准定位出现故障的物理设备和排除故障，自主维护能力较强。

四是为大数据和人工智能技术提供基础支撑。如果说大数据是金矿，云计算则可以被看作矿井。矿井的安全性和可靠性直接决定金矿的开采效率。云计算可以通过统一平台，管理内部所有的信息系统，有助于消除信息孤岛，实现内部数据的集中化管理。此外，云计算还为大数据和人工智能技术提供可扩展的算力和存储能力。

（四）云计算与云存储的应用场景

金融机构使用云计算技术通常从外围系统开始采取逐步迁移的实施路线。互联网金融、辅助性业务优先使用云计算架构，最后是核心业务上云。

金融机构一般会选择从渠道类系统、客户营销系统和经营管理系统等辅助性业务系统开始尝试使用云计算服务。此外，互联网金融系统优先应用云计算架构，比如网络支付、网络小贷、消费金融、供应链金融等。

云计算技术为大数据、人工智能等技术应用提供了重要基础支撑，其与金融行业的深度融合是互联网时代下的必然选择。展望未来，云计算技术在金融领域的应用广度和深度将进一步提升，各类领先金融从业主体将加大云计算技术投入并赋能小机构和其他平台。

7.1.4 大数据

（一）大数据

大数据能够提供数据集成、数据存储、数据计算、数据管理和数据分析等功能，具备随着数据规模扩大进行横向扩展的能力。从功能角度，大数据技术主要分为数据接入、数据存储、数据计算和数据分层，以及资源管理功能。

金融机构的业务要求大数据平台具有实时计算的能力。当前，金融机构最常用的大数据应用场景包括精准销售、实时风控、交易预警和反欺诈等业务都需要实时计算的支撑。

（二）大数据管理要求

一是实现数据共享。数据共享包含所有用户可同时存取数据库中的数据，也包括用户可以用各种方式通过接口使用数据库，并提供数据共享。

二是数据的独立性。数据的独立性包括逻辑独立性（数据库中数据库的逻辑结构和应用程序相互独立）和物理独立性（数据物理结构的变化不影响数据的逻辑结构）。

三是数据实现集中控制。文件管理方式中，数据处于一种分散的状态，不同的用户或同一用户在不同处理中其文件之间毫无关系。利用数据库可对数据进行集中控制和管理，并通过数据模型表示各种数据的组织以及数据间的联系。

（三）大数据的应用价值

一是提升决策效率。大数据分析可以帮助金融机构实现以数据为基础，针对场景和交易提供动态化的决策建议，从而更精准地对市场变化作出反应。

二是强化数据资产管理能力。通过大数据底层平台建设，用场景数据和业务数据替换传统数据库，并实现文字、图片和视频等更加多元化数据的存储分析，有助于提升数据资产管理能力。

三是促进金融产品创新和金融服务升级。借助大数据技术，能够获得更加立体和完善的客户画像，及时了解客户需求，并创新金融产品和金融服务满足其需求。另外，实时追踪用户信息变动情况，有助于及时更新客户画像，推动金融产品和金融服务加快升级。

四是增强风险控制能力。大数据技术可以帮助金融机构将与客户有关的数据信息进行全量汇聚分析，识别可疑信息和违规操作，强化对风险的预警和防控能力，带来更加高效可靠的风险控制和风险管理能力。

（四）应用场景

大数据在客服、风控、反欺诈和营销等管理方面都得到了广泛的应用。在这里，重点介绍大数据风控和大数据反欺诈。

（1）大数据风控

借助大数据技术的风控管理与传统风控相比，数据来源和维度更广。除了结构化的数据，还包括用户行为、社会属性、金融产品评价等半结构化或非结构化数据。在数据应用逻辑方面，大数据风控侧重挖掘数据间的相关关系，比传统分析在关联逻辑、定义交叉风险因素方面的能力更强。

利用大数据技术，可以根据多维度数据，对信贷客户进行全面分析。针对小微企业，银行可以拓展数据维度，综合分析小微企业主的信用，逐笔分析进、存、销等情况，能够更精准地评估其信用水平。此外，大数据风控还具有实时监测和预警功能，能够及时发现客户的异常行为或金融产品的异常反应，并作出止损反应。

（2）大数据反欺诈

随着互联网金融、移动支付等的发展，金融欺诈也随之升级，比如保险行业的骗保、个人金融领域的网络黑产和供应链金融中的虚假交易等，呈现出专业化、产业化、隐蔽化和场景化的特征。传统反欺诈技术维度单一、效率低下、范围受限，难以满足反欺诈需求。

大数据技术借助多维度数据采集和分析进行身份验证，结合智能规则引擎进行实时的交易反欺诈分析。金融大数据与其他跨领域数据的融合不断强化，金融机构可借此推动风控智能化水平和营销精准化水平。

应用案例 7－3　网商银行开展大数据供应链融资

网商银行基于大数据风控模型对申贷者进行身份、信用、流量以及经营状况等要素审核，审批过程最快能在 1 分钟之内完成。而在审核通过后，最快 3 分钟款项就能打入申贷者的支付宝账号内。

在外部商业平台方面，网商银行也已经接入了慧聪网、猪八戒网、掌合天下、德邦物流等 B 类商业平台，为平台及平台上的小微经营者提供账户对接、资金增值、账单管理、批量代发、贷款融资等金融服务。此外还接入了金蝶、用友等企业级服务平台，通过大数据分析，为小微企业提供在线实时贷款服务。

在金融同业方面，网商银行联手杭州银行、长沙银行等中小商业银行，开展贷款直投合作，借助他们的信贷资金，共同服务更多的小微企业，支持实体经济；而对于华澳信托、华安保险等接入的金融机构来说，网商银行通过输出技术和风控能力，为它们建设或者改造 IT 系统，帮助它们提高服务客户的效率；同时网商银行还将技术和风控能力输出给创富、广汇、力帆等融资租赁或汽车金融公司，将大数据风控嵌入相应环节中，提高它们的风险识别能力，帮助它们完成每天超过 100 单的汽车金融服务，且未发生一笔坏账。

7.1.5　物联网

（一）物联网概述

物联网是指利用条码、射频识别（RFID）、传感器、全球定位系统、激光扫描器等信息传感设备，按约定的协议，实现人与人、人与物、物与物在任何时间、任何地点的连接（anything、anytime、anywhere），从而进行信息交换和通信，以实现智能化识别、定位、跟踪、监控和管理的庞大网络系统。

（二）物联网的特征

（1）全面感知：利用 RFID、传感器、二维码等能够随时随地采集物体的动态信息。

（2）可靠传输：通过网络将感知的各种信息进行实时传送。

（3）智能处理：利用计算机技术，及时地对海量数据进行信息控制，真正达到了人与物、物与物的沟通。

（三）物联网与智慧供应链管理

智慧供应链是结合物联网技术和现代供应链管理的理论、方法和技术，在企业中和企业间构建的，实现供应链的智能化、网络化和自动化的技术与管理综合集成系统。

智慧供应链管理有如下特点：

（1）技术渗透性更强。在智慧供应链的语境下，供应链管理和运营者会系统地主动吸收包括物联网、互联网、人工智能等在内的各种现代技术，主动将管理过程适应引入新技术带来的变化。

（2）可视化。智慧供应链将可视化管理融入供应链各个环节，大大加快供应链决策效率和运营效率，其用可视化来表现数据。

（3）人性化。主动吸收物联网、互联网、人工智能等技术的同时，智慧供应链开始具备供应链思维，能够系统性地考虑问题，更加人性化和更加协同。

（4）移动化。智慧供应链采用移动化来访问数据，随时随地可以对供应链各环节进行管理和干预，以达到最有效率地管理供应链。

应用案例 7－4　智慧物联网平台——汇通天下

北京汇通天下物联科技有限公司（以下简称 G7）作为一家持续创新的物联网科技公司，基于行业独有的物联网技术平台，向大型物流企业和数以万计的车队提供车队综合管理与服务解决方案，覆盖安全、结算、金融、智能装备等车队运营全流程。G7 致力于建设中立、开放的技术平台，构建产业互联的生态系统，通过“AI + IA”（人工智能 + 智能资产）战略，赋能物流企业与车队客户、提升行业整体效率。

截至目前，G7 服务的客户超过 6 万家，连接车辆超过 120 万台，客户类型覆盖快递快运、电商、危化品运输、冷链物流、汽车物流、大宗运输、城市配送、货主等物流全领域。G7 所构建的智能化物流车队运输管理体系已成为中国物流运输领域上下游协作的重要工具和基础数据协议。目前，G7 的股东包括了一流的专业投资机构、大型金融机构和有影响力的产业投资者。

G7 以智能终端为基础，将海量的实时感知数据进行收集，配以人工智能技术，将每一辆货车、货主、运力主和司机连接在一起，彻底改变物流行业的传统运营模式，完成向全自动化、全智能化的转变。同时，G7 致力于将 AI 技术赋能传统物流设备，实现从人工智能技术（AI）到人工智能资产（IA）的全面覆盖，全面提升运输服务时效、安全和成本管理，打造出服务整个产业链的智慧物联网平台。

7.1.6 ABCDI 小结

最后，对于人工智能（AI）、区块链（BLOCK - CHAIN）、云（Cloud）存储与计算、大数据（Big - Data）和物联网技术（IoT）总结如下：

（一）A 即 AI 将成为未来世界的大脑

人工智能如今在理论、技术和应用层面都已加速迈向成熟。语言识别、图像识别、地图导航、自动驾驶等各类技术与应用已深入人们实际生活场景中，人工智能近年来取得的飞速发展将使其作为未来世界的大脑为人类带来不可估量的价值。最近，微软投资 ChatGPT 并取得巨大成功，掀起了新一轮人工智能热潮，极大地带动了人工智能投资热度。

（二）B 即 Blockchain 将成为未来世界的形体

区块链作为一门分布式账本与智能合约技术，带来的并不是生产力的直接提升，而是生产关系的根本性变革。共识机制取代过去依赖中心机构的信任体系，智能合约使不同主体间的契约关系得以智能和高效地执行，非对称加密方法使得人们保存在区块链上的隐私信息得到最为有效的保护，而分布式存储与计算则使信息的安全性得到最大限度的保障。区块链技术将如同一个形体框架，为我们重新定义未来世界的平等、高效、安全和信任。

（三）C 即 Cloud 将成为未来世界的心脏

云是数字化世界的生存主体对存储和计算资源进行集约化利用的产物，当那些超级公司基于内部业务需求构建了强大的存储和计算能力之后，它们发现同样可以向社会上的其他用户开放这些能力，这样理论上无论是企业用户还是个人都可以在任何位置使用任何终端通过接入网络服务来获取它们所需要的数字化能力。云在可靠性和通用性上拥有无法比拟的优势，并且能够为用户提供效益最大化的按需定制服务。云就如同未来世界的心脏，各类数据汇聚于此并被重新输送到世界的各个角落。

（四）D 即 Data 将成为未来世界的血液

数据如同过去的燃气、电力一样，正在成为驱动数字化世界运行和前进的新能源。无论是人工智能、区块链还是云计算，都以海量数据的存在为前提。缺乏了数据，其他三项技术就好像是被断了电的设备，纵使技术精尖也无法带来任何有价值的成果。因此，数据仿佛流淌在未来世界各个角落的血液，它让世界变得鲜活，并让作为大脑的人工智能、作为形体的区块链和作为心脏的云得到有效运转。

（五）I 即 IoT 物联网技术成为未来世界的眼睛

物联网是新一代信息技术的重要组成部分，也是“信息化”时代的重要发展阶段。顾名思义，物联网就是物物相连的互联网。这有两层意思：其一，物联网的核心和基础仍然是互联网，是在互联网基础上延伸和扩展的网络；其二，其用户端延伸和扩展到了任何物品与物品之间，进行信息交换和通信，也就是物物相息。物联网通过智能感知、识别技术与普适计算等通信感知技术，广泛应用于网络的融合中，也因此被称为继计算机、互联网之后世界信息产业发展的第三次浪潮。物联网是互联网的应用拓展，与其说物联网是网络，不如说物联网是业务和应用。

应用案例7－5　农信互联综合利用现代信息技术打造猪联网4.0

农信互联利用人工智能、互联网、物联网、云计算、大数据等技术手段打造猪联网4.0。猪联网4.0是猪联网3.0的升级版本，是智慧猪场全面解决方案，包含猪小智、猪管理、猪交易、猪金融、猪服务五大板块。相比猪联网3.0的管理、交易、金融三大板块，猪联网4.0对猪联网3.0的功能模块重新进行了整合和划分，特别添加了两大板块：猪小智和猪服务，使猪联网4.0更智能、更简单、更全面。

猪小智，智能化养猪，实现人猪分离。通过智能网关，猪小智能够连接猪场的智能设备，进行智能盘猪、智能称重、膘情检测、智能查情、智能环控、智能饲喂等，实现猪场环境自动调控、猪只饲喂按日龄精调，将数据收集到猪小智App和猪小智监管后台，对猪只测孕、测膘、配种等工作进行科学检测分析，让管理员可以实时查看生产数据及分析数据。另外，通过智能围栏，实时监控猪场的人、猪、车、物的行为，让猪场管理者第一时间了解猪场内部异常，及时处理。猪小智改变了猪场的生产方式，将以往的由人工进行的操作，转变成用智能设备，实现人猪分离的同时，也使养猪更加智能化。

猪管理，数字化养猪，提升养猪效率。猪联网4.0能够分析猪小智收集到的生产数据，精确分析猪场的情况，找到猪场存在的问题，还能一键计算成本，进行阶段、批次的成本核算，实现按天管理成本，实时掌握头均或每斤成本，让猪场成本和利润一目了然，提升猪场的精细化管理程度。另外，猪联网4.0可以与企联网无缝链接，进行猪场物资、销售、财务、绩效等的管理，形成从猪场生产到猪场管理的闭环。值得一提的是，此次猪联网4.0是以手机端的过程管理为核心应用，并覆盖不同规模的猪场，所有功能都能在手机端实现，还能进行实时消息提醒，管理员可以随时随地在手机上进行数据记录、接收任务提醒信息，方便快捷。

猪交易，好买料，好卖猪。猪联网4.0直接与农信商城连接，养殖户可以直接在养殖市场上选择购买猪场生产所需的饲料、兽药、疫苗、猪场设备等生产资料，也可由猪场所在地的运营中心、农信小站统一提供服务，解决交易信息不对称、交易链条过长、产品品质无法保证、交易成本高、最后一公里无法触及等问题。另外，针对非洲猪瘟，农信商城还推出了农信优选和农信集采，遴选国内外的防非级厂商，由平台进行产品管控，统一采购，实现生产和运输过程全程可追踪，从源头上防控非瘟。

猪金融，让养猪不再为钱发愁。农信金融基于农业大数据，与众多知名银行、保险、基金、担保公司、第三方支付等众多金融机构合作，推出信贷、理财、保险、融资租赁、保理等多种金融产品及服务，针对养殖户、经销商、贸易商、屠宰场、料药苗企业等生猪产业供应链上下游相关企业的场景化需要，解决了大批生猪产业链生产经营主体的资金需求。

猪服务，养猪大脑，用数据服务养猪。猪联网4.0根据猪场管理、交易、猪病及猪价大数据，依托猪小智监管平台与猪管理智能预警系统，实现集团总部、管理服务部或远程服务中心在线托管远方猪场；猪联网认证兽医师、营养师及猪场管理专家，为用户提供从线上到线下的全方位增值服务；并且还能为猪场提供生物安全漏洞预警、饲料价格预警、外部疾病风险预警、生猪价格预警，并提供相应的解决方案，供猪场酌情选择。如发现猪场在管理过程中存在着生物安全漏洞，有可能影响猪场的生猪安全，猪联网4.0会提醒猪场及时完善生物安全措施；交易数据显示近期由于饲料原料上涨迅速，饲料有很大概率调价，会提醒猪场及时备货；全国猪病大数据显示，近期仔猪腹泻在相邻省份暴发，会提醒猪场加强消毒，并准备相关的兽药或疫苗进行预防；行情宝价格显示，近期猪价上涨迅速，未来有很大可能会继续上涨，会提醒猪场延长肥猪出栏时间，并增加出栏体重。

7.2 金融科技赋能供应链金融

4G 和 5G（移动通信）、物联网、云计算与云存储、大数据和人工智能共同构成了万物互联时代的新型基建设施体系，推动整个社会进入万物互联的产业互联网时代，最终也推动供应链、供应链金融向智慧化和智能化发展。

7.2.1 供应链金融与物联网结合

物联网与供应链金融的结合主要是通过传感技术、导航技术、定位技术等方式，在仓储和货运环节实现线上化、可视化，动态控制和管理交易过程，提高终端交易的真实性，甚至在异常情况出现时，实现及时预警。

（一）从供应链金融的服务范围来看，原有的模式虽然也是以核心客户为中心向企业上下游延伸，但还是存在一定局限性

在物联网的支撑下，企业呈现网络交叉式发展，更加有利于资源配置与信息共享。新型的供应链金融模式也将会开发更多的潜在市场空间，从而扩大供应链金融服务范围。

（二）从成本控制方面来看，主要体现在信息获取成本以及人力资源成本的减少

物联网技术的引入，不仅可以代替人工对企业进行实时监管的追踪而产生的信息获取成本，也降低了处理某些业务时外派人员的必要人工成本。相较于传统供应链业务，这种管理模式不仅节约成本，提高效率，还在一定程度上可降低重复抵押等风险。

（三）从贷款审批速度方面来看，物联网能够辅助银行或其他融资平台进行信用调查

传统过程中，银行业务受理审核时间至少需要五个工作日，流程内的实际工作均需要相关专职人员处理，许多信息不对称的情况会拉长审批时间。新型的供应链金融模式能够使银行及时掌握大量企业资金流、产品流以及物流的相关信息，提升贷款放款以及贷后跟踪管理的效率。

（四）从提升金融风险防范水平来看，物联网的优势体现在完善信用体系建设以及增强信用管理能力等方面

在信用体系建设方面，新型的供应链金融模式可利用物联网技术，对企业的各项经营、交易等行为进行实时追踪，并进行详尽的记录，从而建立一个覆盖面更广的信息数据库。金融机构以及个人均可以通过此数据库全面掌握企业信息与市场概况，从而进行客观评价和合理信贷决策。

应用案例 7－6　平安银行的物联网＋供应链金融实践

2013 年，平安银行成立专题项目小组，开始全力研究物联网技术＋供应链金融的结合点。通过大量的实地调研，在走访多地物流仓储企业和征询多方意见的基础上，制定了动产融资管理和电子仓单质押的平安银行“物联网＋供应链金融”发展路径，解决动产融资重复抵押问题。

在物联网技术的支持下，通过引入感知罩等物联网传感设备和智能监管系统，改造后的押品监管仓库可以实现对动产存货的识别、定位、跟踪、监控等系统化、智能化管理，使客户、监管方和银行等各方参与者均可以从时间、空间两个维度全面感知和监督动产存续的状态和发生的变化。

例如，改造后的仓库在货物卸载过程中，可通过重力传感器实时采集入库货物的重量，定位设备则实时监测和采集入库货物所存放的仓库位置信息，系统可通过自动比对前端设备采集的货物重量数据与录入的重量数据判断是否装卸完毕。

在入库货物装卸完毕后，扫描设备对其进行 3D 轮廓扫描，仓单管理平台根据仓库位置、库位、货物信息绑定生成仓单，并对仓单锁定，激活报警服务。只要仓单处于锁定状态，任何未经允许的操作都会自动生成警报，在后台直接提示库管员和银行。这意味着入库动产将在很大程度上具备“不动产”的相关属性，大大降低融资风险。

基于物联网技术和动产统一登记平台有效支持的新型仓单具备唯一性

和排他性特点，同时拥有标准化程度高、流通性强等诸多优势。

物联网技术使得仓单项下的实物被特定化，且仓单与实物之间可建立一种动态的、实时的对应关系。仓单甚至还可以绑定实物的三维空间坐标，从而有效解决现行仓单中存在的虚开仓单或重复开单等问题。

此外，通过推动仓储企业按照国家标准生成国标仓单，倡导仓单格式和记载要素标准化，并推动仓单编号的生成规则规范化，仓单将成为特定实物的唯一身份证。在此基础上，再推动仓单在权威机构进行登记注册或认证，将显著提升仓单的信用度，实现仓单高效流通。

7.2.2 供应链金融与大数据和人工智能结合

（一）大数据和人工智能结合为供应链金融创造的价值

大数据对于供应链金融的变革主要体现在信息的收集、分析与应用方面，人工智能在供应链金融领域的应用，是以大数据为基础，可以实现数据价值的最大化。

（1）多渠道信息和多维度数据支持供应链金融业务开展

大数据极大地拓宽了供应链金融服务者所关注和使用的信息维度。概括起来，金融机构要从四个维度引入各类关键数据：一是财务数据，主要是核心客户及其上下游客户的基础财务数据；二是交易数据，主要是核心客户和上下游客户的交易相关的订单数据、商品数据、物流数据、支付数据等；三是行为数据，主要是核心客户及其上下游客户的征信数据、税务数据、法律数据、舆情数据等；四是验证数据，主要是第三方渠道提供的查册数据、认证数据、溯源数据等。通过特定产业的具体应用场景内的海量数据积累，保证数据来源的真实性。

（2）大数据与人工智能的结合能提升营销精准化和风控智能化水平

在多维、动态、海量信息的基础上，大数据和人工智能能够提升客户画像能力，提高营销精准化和风控智能化水平。通过引入客户行为数据，将客户行为数据和银行资金数据、物流数据相结合，得到“商流 + 物流 +

资金流＋信息流”的全景视图，提高金融机构客户筛选和精准营销的能力，提升风控智能化和科学化水平。

（3）大数据与人工智能、物联网结合，支持金融机构降成本和控风险

大数据与人工智能、物联网结合，可以帮助金融机构从源头开始跟踪押品信息，更容易辨别押品的权属，降低实地核查、单据交接等操作成本；通过对原产地标志的追溯，帮助金融机构掌握押品的品质，减少频繁的抽检工作。大数据与人工智能、物联网结合，所整合的过程动态信息，极大提升了可用数据量级，能够帮助提高信贷管理能力，建立动态信贷风险预警机制，管控供应链金融风险。

（二）供应链金融发展大数据面临的挑战

（1）只有找到有效的数据源，才能形成活的大数据

数据会产生价值，但是要有一个前提，必须是活的数据，只有源源不断地产生活的大数据，才有可能创造更大的商业价值。大数据在当前金融应用中的关键问题是，大多数企业没有真正意义上理解大数据的概念。大数据的形成要有数据源，没有数据源无法构成大数据。收集到的数据要经过清洗、整理、整合，建立数据仓库然后进行数据挖掘形成商务智能，从而用于精准营销和智能风控。

（2）供应链金融必须综合运用结构化和非结构化信息

数据分为结构化数据和非结构化数据。结构化数据是业务当中发生的数据，再加上一部分非结构化数据，比如日常生活数据、消费行为数据等。供应链金融和消费金融不同，消费金融可以凭借非结构化数据，但供应链金融是产业金融，供应链金融应用的大数据具有特殊性，仅通过非结构化的数据掌握 B2B 当中的风险是不可能的。中国的国情是中小企业的征信数据可信度较低。因此，供应链金融中的大数据必须是结构化的信息和非结构化信息的综合运用。

（3）供应链金融大数据来源于产业供应链的运营中

供应链金融大数据的来源必须和产业供应链的运营相关联，比如阿里

巴巴是通过淘宝、天猫、农村淘宝、一达通等业务平台的数据沉淀，通过生态平台使得小企业都在上面经营，实现业务底层化，源源不断生成底层数据，再对这些数据进行挖掘，最后来引导金融行为。目前，很多所谓的大数据金融忽略了实实在在的数据来源，渗透不进产业供应链运营当中去，大数据就成了无源之水、无本之木。

（4）面临电子化和标准化挑战以及跨部门数据整合的挑战

未来，大数据应用还将面临巨大的挑战，即如何将所有的业务、交易和仓单实现电子化、标准化和可流转化，最后实现信息和数据的公示化。只有将人民银行征信数据、海关数据、税务数据、质检数据以及其他各类数据充分融合，才能够更好地控制供应链金融的风险。只有完成跨部门信息整合，企业数据加上其他的关、检、税、汇、金、水、电等数据，最终才能形成大数据的坚实基础。

7.2.3 供应链金融与区块链

互联网信息技术升级使得大部分信息数据传递都可电子化和无纸化，生物识别技术可以提高企业主和融资代表人身份确权的效率和精准度，大数据建模可对借款人资质事先筛查和精准画像。所有这些，都为以区块链为核心的供应链金融创新提供了技术上的准备和支持。在此基础上，区块链分布式账本技术、加密账本技术、智能合约技术等，为解决供应链金融中的问题提供新的解决方案。

（一）区块链为供应链金融创造的价值

（1）区块链分布式账本技术可提高供应链中数据的真实性

共识机制保证了交易的真实性，一定程度上解决了金融机构对信息被篡改的顾虑。参与供应链条中的核心企业、供应商、金融机构等，可以利用区块链分布式账本技术，及时共享供应链中的交易数据、应收数据、应付数据、电子账单流转数据，同时通过加密账本技术设置相应权限，只能是有权限的企业看到相关数据，从而做到有效保护隐私。

(2) 区块链智能合约技术锁定核心企业应付账款，将有效传导信用

通过智能合约技术，使链条上的各方资金清算路径固化，可以有效管控履约风险。区块链智能合约技术是一个能够自动执行事先约定合约条款的系统程序，即预先设置好程序，在运行过程中根据内外部信息进行识别和判断，当条件达到预先设置的条件时，系统自动执行相应的合约条款，完成交易，可有效缓解现实中合约执行难的问题。

(3) 区块链核心技术帮助核心企业信用自由流转

基于区块链的底层技术，从资金流层面来讲，资金及资产端都备案绑定在区块链上，严格按照贸易环节中的收付关系、凭证记载操作，资金交易路径一目了然，从而使整个系统更加透明，这就解决了传统供应链金融信任不能沿供应链条有效传递的问题。

区块链技术的运用，使得供应链上多级供应商都能共享核心企业的商业信用，因此，基于核心企业付款承诺签发的电子应付账单，便可实现自由地流转。一级供应商收到电子应付账单后，可持有到期收款，也可将电子应收款拿到金融机构进行融资，还可以流转给二级供应商。如果单笔电子应付账单金额较大，还可自主拆分成多张电子应付账单，流转给多个二级供应商。

(4) 区块链技术提高了供应链金融业务中每家公司的信用资格，并重新设计了信用系统

传统供应链融资架构过度依赖核心企业，流程模式为中心化模式。而区块链技术去中心化的特征能够保证链条中各个主体之间的信息完整和通畅，提升各个主体整体的信用资质，建立分布式的信用体系。

通过技术手段，将“1 + N”传统模式的供应链架构扩展到“M + N”模式。让核心企业在整体供应链融资中比重下降，从而在整个业务链上提供更丰富的金融产品和金融服务。

(二) 供应链金融应用区块链技术面临的挑战

(1) 智能合约的安全性和法律问题

智能合约运行在区块链上，由多方达成共识预先设置在程序里面，当

事件发生自动执行相应处理程序，用程序替代人为操作使得交易更为公平可信，同时也保护企业的隐私。但智能合约不等于法律意义上的合同，我国现行《合同法》中的规则更加复杂，现阶段智能合约还未能完全一致地表达《合同法》的规则，如何将法律、审计要求和会计要求等嵌入合约设计中，仍是技术落地的难点。此外，智能合约自身的安全性面临巨大的问题，目前还未出现有效检测智能合约安全性的方案。

（2）区块链下的凭证多级拆分法律问题

许多基于区块链的供应链金融平台针对多级供应链小微企业融资，提出支持融资相关凭证的多级拆分、流转。我国目前对数字转让凭证可转让性问题存在法律空白，若将数字债权凭证视为债权，可依据“债权可转让”适用法律，如《合同法》第七十九条规定的“债权人可以将合同的权利全部或部分转让给第三者”，但是否可以再次转让给其他方，法律没有界定。但若出现争议，可能出现无效转让，相关方权益可能受损。

（3）因线上线下不一致存在的交易真实性问题

虽然区块链较好地解决了票据真实性问题，但不能掌控其背后的资产真实性，如下游多级经销商一般属于“弱信用主体”，通常采用货物质押的方式拿到融资，货物的资产真实性是质押业务的痛点，现在大多数业务仍是采用线下审核方式，单靠区块链技术不能解决这一痛点。考虑应用物联网、5G、大数据、人工智能等多种技术相结合，加强系统对于线下货物和线上数据的一致性能力。

（4）陌生多方交易产生的信任顾虑

供应链中的核心企业，作为供应链金融实施的核心节点，其面临的顾虑是，把区块链系统接入企业内部 ERP 等信息系统是否安全、企业数据是否泄露以及商业机密能否得到保障。

（5）协同层面的不闭环

一次融资行为需要征集多个环节的数据，以备将来可能出现的法律纠纷，这些环节的数据需要由不同的可信主体提供，除了核心企业，中间的可信主体是缺失的，比如物流、银行、税务、中登系统、法院等，必须加到节点中来，没有了这些可信主体，银行就不认可，如何推动当前区块链的只“存”不“证”的破解，是现实紧迫的问题。

应用案例 7－7　微企链业务模式及区块链技术应用

（一）微企链业务模式

微企链供应链金融服务平台通过区块链技术搭建互联平台，并涵盖金融机构、核心企业以及各级供应商，打破传统反向保理模式，实现核心企业的链上多层信用渗透。

主要流程为：

（1）审核确认。一级供应商与核心企业之间的贸易合同、应收账款通过网关进行电子化审核保证其交易往来真实性。

（2）确权上链。核心企业基于与一级供应商之间的贸易合同进行对应收账款的确权并将其数字化上链。

（3）数字凭证。一经确权，链上即生成数字债权凭证。

（4）拆分转让。供应商可将生成的数字债权凭证拆分、转让给上级供应商。

（5）凭证融资。数字债权凭证经多级拆分流转后，各级供应商可以按照需求与金融机构交易得到融资贴现满足资金诉求或选择持有到期。

（6）到付金额上链。完成金融贴现操作后，贴现结果统一上链，确保链上信息的真实性、实时性。

（7）到期还款。应收账款到期时，持有到期的供应商、金融机构按约定收到资金还款。

（二）区块链技术在供应链金融中的运用

微企链平台在供应链金融的六个环节运用了区块链技术，在一定程度上解决了现有供应链金融存在的问题。具体包括：资产网关、链上签收加入中间账户技术、UTXO 模式下的数字化资产、兑付环节独立资金清算、区块链+其他新兴技术、全流程线上操作。

一是资产网关。为解决链上链下资产对接问题，微企链平台将资产网关作为第三方介入，完成核心企业链上确权登记以及链下资产审核。同时在资产发行前联合核心企业一起在链上做确权登记，确保各级供应商得到真实有价值、可兑现的数字债权凭证。

二是链上签收加入中间账户技术。数字资产流动时需先经过A、B用户均授权的共有合约账户，B用户签收数字资产实际是由共有账户将资产转入己方私有账户；同样B用户的拒签操作并不会产生任何汇入B用户私有账户的资产流向，而是从合约账户将资产退回A用户的私有账户；若A用户撤销资产转让，资产同样是通过合约账户转入A用户私有账户。所有资产交易、转让的操作所产生的记录均被实时记录上链以保证所有交易的真实性、可追溯性。

三是UTXO模式下的数字化资产。UTXO即未使用交易输出（Unspent Transaction Output），本质是交易过程中的一个数据结构。UTXO模型天生具有一对多的映射能力，多笔输出可以对应一个账户，各自有各自的输入和流水记录，但花费条件可以相同。微企链平台采用的UTXO模型，可以避免数字凭证记账混乱的情况发生。

四是兑付环节独立资金清算。微企链平台使用腾讯财付通的资金清算能力，设立独立资金清算节点，在数字资产到期后实时完成线下付款操作，并将付款记录及其结果记录上链，做到资金流和信息流的完整接合。

五是区块链+其他新兴技术。微企链平台将智能视频监控、基于位置的服务（Location Based Service，LBS）和图形图像识别等技术能力与区块链技术结合起来。仓库的物联网数据、电子围栏数据以及货车车牌标识数据实时动态上链，方便资金方进行监管，有效防止多头借贷和恶意骗贷，降低金融风险。

六是全流程线上操作。微企链平台支持移动端通过微信小程序和PC端进行业务操作，企业融资申请过程中依据金融机构的要求，上传所需材料，并利用区块链账本的不可篡改性、可追溯性，确保上传材料的真实性，也提高了平台的易用性。

（三）区块链 + 供应链金融的意义

对于供应链的中小微企业而言：

其一，供应链 + 区块链的运营模式有效降低了二级、多级供应商获得金融服务的成本，有效改善中小微企业的融资困境。

其二，将数字资产上链，并支持资产自由拆分，中小微企业分享核心企业信用，无须对其多层贸易背景资料进行层层审核，真正享受普惠金融成果。

其三，运营平台支持移动端 App 操作，接入便捷，企业无须线下提交申请材料，减少了不必要的手续，让企业实现“最多跑一次”甚至“一次都不用跑”。

对于供应链的核心企业而言：

其一，可以帮助核心企业的供应商降低融资成本，优化账期，减轻贸易谈判与兑付压力，改善自身的现金流情况。

其二，核心企业通过区块链链接多层供应商，以自身信用为上下游企业提供融资、资质审核等便利，同时还可运用大数据技术，对上游企业进行画像，实现质量管控、风险防范等多方面的强化升级。

其三，核心企业可以在线进行确权操作，无须线下盖章审批流程，有效防止票据或合同的伪造问题，保障企业权益。

对于金融机构而言：

其一，金融机构接入供应链融资平台，可以更好地了解中小微企业的经营情况等信息，丰富企业的数据画像，进而使风险更加透明可控，扶持实体经济，响应政策号召，赋能中小微企业健康发展。

其二，供应链融资平台线上化程度高，不受地域限制，方便金融机构扩展业务。

其三，供应链融资平台注册即可使用，无须前期搭建，成本相对较低，全部业务采用线上操作无纸化办公，在一定程度上实现了数字化赋能经济发展的要求。

7.3 金融科技在供应链金融的综合应用

当前最重要的金融科技包括五项：ABCD + I，即 AI 人工智能、BLOCK－CHAIN 区块链、Cloud Computing 云计算、Big－Data 大数据、IoT 物联网，在供应链金融领域赋能要点如下：

（一）云计算是基础

云计算技术可以大幅降低各种市场主体的数据化运营成本，方便云端平台收集聚合数据，这是大数据技术的前提。

（二）大数据技术是关键

在供应链金融场景中，基于大数据的分析审核企业的资质和评估还款能力，从而提高放款融资的速度并达到供应链体系内的风险平衡。

（三）物联网技术是数据源的有益补充

例如，通过传感、导航、定位等技术方式，在仓储和货运环节来控制交易过程，提高终端交易的真实性。通过物联网平台，打通资金融通、资源需求，实现现代物流与现在信息系统的高度融合，形成信息共享。

（四）人工智能技术得到广泛应用

在供应链金融领域，可利用人工智能、机器学习、深层分析，并加载传感器等物联网进一步丰富动态数据湖，定期自动更新客户画像，主动给优质客户提升授信额度。

（五）区块链技术深度嵌入

供应链金融需要多方合作，数据也来源于多方面，可以利用区块链来搭建场景。利用区块链具有分布式存储、数据公开透明、不可篡改、身份安全等特征，创造信任环境。

最后需要强调的是，融合性金融科技不是谈大数据、人工智能、区块链、云计算某一项单一技术，任何一项单一技术不可能解决业务场景中的所有问题，因为不结合业务场景谈金融科技都是盲目的。只有用整体的视角去看待金融科技，才能发挥综合的协同效应。

（1）整合化应用

单一技术往往只涉及单一节点的单一方面改进，效果有限。云计算、大数据、人工智能、物联网、区块链等基础技术整合运用，同时进一步结合边缘计算、AR/VR、图像识别等通用性技术形成综合性的工具套件式解决方案，共同发挥作用。

（2）场景化应用

任何技术都不能脱离具体使用场景而发挥作用，针对具体场景和业务流程的拆解以及相应需求理解，最终形成针对场景的定制化技术和业务解决方案。

7.4　金融科技赋能供应链金融要求和目标

7.4.1　金融科技赋能供应链金融要求

产业供应链金融落地有两个难点，即交易场景与业务过程真实性以及如何构建成熟的风控模型。现阶段，借助物联网、区块链技术、人工智能和大数据技术的协同发力，重点解决下面两个问题。

第一，要保证交易场景以及业务过程的真实性。

现阶段金融机构所谓的合规是一种表面合规，在考察贸易背景时，只考察发票及合同。但是，在产业供应链金融下，只有发票和合同是远远不够的。因为，交易场景和业务过程特别是当和具体的某个行业相结合时，是非常复杂的。现阶段的平台方数据是不规整的，很难满足金融机构的需求。另外，需要提供上链前数据的交叉验证。可以利用交叉验证法保证上链前的数据真实性，同时用行业数据做预验，来判断业务的真假。同时，还要帮助金融机构做确权标准。

第二，构建基于行业的关键风控模型。

每一个行业的风控模型都不太一样，对于 To B 领域，现阶段并没有一个比较成熟的风控模型，并且 B 端数据相对较小，基本上难以有庞大的数据库。所以，需要深入行业中，用沉淀的行业数据，来打造一个能够针对该行业并且适用于该行业的风控模型。

7.4.2 金融科技赋能供应链金融目标

因此，在科技赋能供应链金融的过程中，最终要实现以下目标：

一是交易场景数据化。科技与供应链场景深度融合，实现各供应链环节的进一步数据化、线上化。通过技术手段让交易的单证、交易的资产能够做一个真实保证和真实反应，实现从物理世界到数字世界的真实映射。

二是业务过程可视化。通过把整个的供应链业务过程链条数字化、可视化，包括真实性交易场景的还原，交易资产的持续监控，然后更加全面和动态地反映供应链的实际运行状态。在此基础上，相关参与主体之间的信息不对称和信任成本被大大降低，金融科技承担了传递产业信用的媒介作用。

三是风控管理智能化。通过交易场景数据化和业务过程可视化，建立基于结构化信息和非结构化信息整合的数字化风控体系，真正实现风控管理的智能化。

应用案例 7－8 建设银行拥抱新技术 践行新金融

（一）积极推动区块链应用落地，持续提升贸易金融服务效能

贸易金融是银行服务实体经济的重要领域，潜在市场需求高达数十万亿元。贸易金融需要通过对物流、资金流、信息流进行整合，以提供精准的金融服务。但参与方多、交易流程长、信息交互复杂的特点，导致传统贸易金融在身份认证、信息传输、数据安全等方面存在诸多痛点，如交易

透明度不足、效率低下、单据易伪造等。加上金融机构自身全流程管控能力欠缺，传统贸易金融难以惠及中小企业。

区块链的特征与贸易金融的应用场景高度契合。区块链的核心价值体现在“分布式存储、点对点传输、加密算法”，共识机制增加了系统透明度，切实保障了数据不可篡改可追溯，并有效提升了协作效率。早在 2017 年，建设银行就在“区块链 + 贸易金融”领域进行了有益的探索，打造业内领先的区块链贸易金融平台，先后将区块链应用于国内信用证、国际和国内福费廷、国际保理、再保理、物流金融等交易场景。平台运用区块链技术较好地解决了传统贸易金融服务不充分、需求不满足的缺陷，同时也形成了更高效的风控体系，上线以来累计交易量近 4000 亿元，让越来越多的市场主体与新金融“牵手”。日前，建设银行正式发布“BCTrade2. 0 区块链贸易金融平台”，升级平台功能、丰富平台场景，提供体验更好的贸易金融服务。

（二）深化区块链和物联网新技术运用，构建“两圈一链”新生态

区块链技术支持市场主体多方平等参与，这与新金融“开放、共建、共享”的生态理念不谋而合。为了更好地赋能同业、赋能企业，与社会共享新金融成果，建设银行正在构建“两圈一链”新生态，即依托区块链技术，构建“同业贸易金融生态圈”和“物流金融生态圈”。

依托区块链贸易金融平台，建设银行已初步建立起覆盖 40 余家同业和 50 余家境内外机构的同业生态。2019 年 7 月，原银保监会发文鼓励运用区块链和物联网等新技术，创新发展在线金融产品和服务。建设银行“区块链 + 物流金融”率先在青岛落地，针对大宗商品交易虚假仓单、重复抵质押等问题，通过区块链加密资产的方式实现物权流转，通过移动感知视频和电子围栏等方式进行货物监测，实现全流程线上可视化交易，增加监管透明度，提升了智能风控水平。

7.5 金融科技监管

7.5.1 金融科技监管理念与政策

李文红（2017年）认为，金融科技具有积极作用，但也存在潜在风险和监管挑战。一方面，金融科技的运用有利于扩大金融覆盖面，提升服务效率，降低服务成本。另一方面，在微观层面，可能会增加信息科技风险、操作风险、信用风险和流动性风险，对现有银行盈利模式形成挑战；在系统层面，可能会增加机构之间的关联性和金融体系的复杂性，强化“羊群效应”和市场共振，增强风险波动和顺周期性，从而对监管有效性提出了挑战。这也要求金融机构和监管机构密切关注金融科技的发展变化、潜在风险和可能产生的影响，适时采取必要的应对措施。

纪志宏（2019年）认为，金融与科技深度融合使金融产品创新周期越来越短，覆盖大范围人群的能力越来越强，相应的风险积累程度和传播速度也被放大，更多的服务主体、更广泛的服务对象和更快的服务速度也带来了许多新的问题和风险。如金融科技可能引起监管不一致问题，加剧监管套利，且非持牌机构的参与将导致风险敞口的扩大；越来越多的合作外包模式中，多法人分工协作，整合客户服务，使责任分担与风险应对更为复杂，更加难以准确认定各自的法律和风险责任。此外，网络效应以及规模和范围经济可能导致更高的集中度，增加金融体系内的第三方依赖，金融体系的集中度和垄断特征在局部领域可能不降反升。

黄益平（2020年）认为，所有金融交易都要监管，数字金融也不能例外。如以现金贷、P2P为例的金融模式不是商业可持续的金融模式，也不是负责任的金融模式；监管要实现对金融交易的全覆盖，避免更多上述类似问题的出现。监管可以通过监管沙盒去观察一些创新金融业务模式是不是商业可持续、是不是风险可控，并在有条件的区间内进行尝试，如果觉得没有问题即可让业务进一步发展。

李扬（2020 年）认为，数字经济潮流势不可当，但一些新的风险需要关注。监管和安全体系要与时俱进，跟上数字经济发展的特征和步调。很多新产品游离在传统监管之外；同时，存在不当竞争问题，数字经济发展非常可能形成“赢者通吃”局面，这种情况下反垄断尤为重要。

李东荣（2020 年）认为，数字技术的应用没有改变金融的本质和功能属性，金融风险也不会因为数字技术的应用而凭空消失。从业机构应该坚定不移地走安全发展之路，把金融安全放在更加重要和优先的位置上，在做好全面风险管理和安全保障的前提下，稳妥审慎地推进金融科技创新。同时，应该通过建立试错容错机制、完善风险补偿措施、申请纳入金融科技创新监管工具等方式，促进安全和发展在更高水平上实现动态平衡。

胡捷（2021 年）认为，当前的创新动力机制由传统金融机构、已经开展金融服务的大型科技公司、独立的金融科技企业，以及监管部门等各方在复杂的协作和竞争中共同推动。在全新的生态系统中，各利益攸关方正在积极探索自身定位和角色。随着金融创新日益受到欢迎和金融创新企业不断发展壮大，创新者和监管者之间的动态关系开始发生变化。一方面，监管部门认识到许多科技企业和金融科技企业已经发展到了相当大的规模，如果创新步伐和商业实践过于激进，有可能危及金融稳定和社会安定，因此对科技企业的活动采取了更加积极的监管；另一方面，监管部门和决策机构也意识到，如果监管政策过于收紧，则会抑制未来创新和经济增长。由此，需谨慎把握创新和监管之间的关系，确保实现金融科技带来的各项价值，同时控制潜在的风险。监管部门和行业参与者需谨慎平衡各方权益，并处理好数据的使用和保护、潜在的垄断式经营，以及如何与全球最佳实践和标准保持一致等问题。

潘功胜（2021 年）认为，金融科技未改变金融的风险属性。由于金融科技跨界、混业、跨区域经营的特征，相关风险的扩散速度更快、波及面更广、溢出效应更强。而且由于网络效应的存在，通常会形成“赢家通吃”，造成市场垄断和不公平竞争。部分大型科技公司可以通过“烧钱”进行直接补贴或利用其他业务盈利进行交叉补贴等不公平竞争方式，抢占市场份额使自己成为“赢家”，然后把其他竞争者打掉或兼并掉，最终形成垄断。此外，金融科技公司对于数据的渴求，可能导致其过度采集客户数据，侵犯客户隐私。

2020 年以来，金融科技监管领域相关政策密集落地。2022 年 10 月，人民银行正式发布了《金融科技创新应用测试规范》《金融科技创新安全通用规范》《金融科技创新风险监控规范》三项金融行业标准，从不同角度对金融科技创新进行规范。同年 11 月 2 日，银保监会发布《网络小额贷款业务管理暂行办法（征求意见稿）》，厘清了网络小额贷款业务的定义和监管体制，并对网络小额贷款上限提出明确要求。而在 2020 年 11 月 6 日的国务院政策例行吹风会上，银保监会有关负责人明确表示，按照金融科技的金融属性，把所有的金融活动纳入统一的监管范围。

7.5.2　金融科技监管趋势

未来，金融科技加速渗透金融行业，监管科技将迎头赶上金融科技发展，重构金融监管与金融业务以及金融科技之间的逻辑。金融科技监管将出现新趋势：

（一）金融科技监管走向法治化和规范化

金融科技监管层将进一步加强顶层设计，完善风险全覆盖的监管框架，完善相应的法律法规和标准规范体系，运用数字技术增强监管的穿透性，监管沙盒试点持续推进，促进金融科技监管进入合规稳健、更加有序、创新发展的新阶段。

（二）大型金融科技企业拥抱监管，细分领域金融科技公司获得更多发展机会

强化反垄断和防止资本无序扩张、反对滥用市场支配地位，金融科技头部平台有可能面临被拆分，非金融企业投资形成的金融控股公司将依法准入并被纳入统一监管。强监管持续推进，金融服务必须持牌经营。拟上市的金融科技企业积极拥抱监管，金融科技细分领域龙头企业 IPO 获得更好的发展机会。

（三）金融科技重塑金融服务实体经济发展，催生新的商业模式和产业生态

金融科技创新将由消费金融向产业金融迁移，小微金融、供应链金融及“三农”金融等领域，将成为新型商业模式创新的主阵地。具有金融科技基因的创新型金融机构将持续得到监管层的支持，金融科技支持实体经济发展获政策支持，将增强可持续发展能力。

7.5.3 《金融科技发展规划（2022—2025 年》出台

2021 年 12 月 31 日，中国人民银行印发《金融科技发展规划（2022—2025 年)》(以下简称《规划》)。《规划》依据《中华人民共和国国民经济和社会发展第十四个五年规划和 2035 年远景目标纲要》制定，提出新时期金融科技发展指导意见，明确金融数字化转型的总体思路、发展目标、重点任务和实施保障。

这是人民银行编制的第二轮金融科技发展规划。2019 年 8 月，人民银行公布首轮金融科技发展规划——《金融科技发展规划（2019—2021 年)》，明确了金融科技发展方向、任务和路径，有力推动了金融科技良性有序发展。

本轮《规划》着重解决金融科技发展不平衡不充分等问题，推动金融科技健全治理体系，完善数字基础设施，促进金融与科技更深度融合、更持续发展，更好地满足数字经济时代提出的新要求、新任务。

从内容看，八项重点任务是本轮《规划》的主体部分。一是强化金融科技治理，全面塑造数字化能力，健全多方参与、协同共治的金融科技伦理规范体系，构建互促共进的数字生态。二是全面加强数据能力建设，在保障安全和隐私的前提下推动数据有序共享与综合应用，充分激活数据要素潜能，有力提升金融服务质效。三是建设绿色高可用数据中心，架设安全泛在的金融网络，布局先进高效的算力体系，进一步夯实金融创新发展的“数字底座”。四是深化数字技术金融应用，健全安全与效率并重的科技成果应用体制机制，不断壮大开放创新、合作共赢的产业生态，打通科技成果转化“最后一公里”。五是健全安全高效的金融科技创新体系，搭建业务、技术、数据融合联动的一体化运营中台，建立智能化风控机制，全面激活数字化经营新动能。六是深化金融服务智慧再造，搭建多元融通的服务渠道，着力打造无障碍服务体系，为人民群众提供更加普惠、绿色、人性化的数字金融服务。七是加快监管科技的全方位应用，强化数字化监管能力建设，对金融科技创新实施穿透式监管，筑牢金融与科技的风险防火墙。八是扎实做好金融科技人才培养，持续推动标准规则体系建设，强化法律法规制度执行，护航金融科技行稳致远。

7.5.4 《数据安全法》出台

十三届全国人大常委会第二十九次会议于2021年6月10日表决通过《数据安全法》。这部法律是数据领域的基础性法律，也是国家安全领域的一部重要法律，于2021年9月1日起施行。

制定《数据安全法》是维护国家安全的必然要求。数据是国家基础性战略资源，没有数据安全就没有国家安全。数据安全法贯彻落实总体国家安全观，聚焦数据安全领域的风险隐患，加强国家数据安全工作的统筹协调，确立了数据分类分级管理，数据安全审查，数据安全风险评估、监测预警和应急处置等基本制度。通过建立健全各项制度措施，提升国家数据安全保障能力，有效应对数据这一非传统领域的国家安全风险与挑战，切实维护国家主权、安全和发展利益。

制定《数据安全法》是维护民众合法权益的客观需要。数字经济为人民群众生产生活提供了很多便利，同时各类数据的拥有主体更加多样，处理活动更加复杂，一些企业、机构忽视数据安全保护、利用数据侵害人民群众合法权益的问题也十分突出，社会反映强烈。《数据安全法》明确了相关主体依法依规开展数据活动，建立健全数据安全管理制度，加强风险监测和及时处置数据安全事件等义务和责任，通过严格规范数据处理活动，切实加强数据安全保护，让广大人民群众在数字化发展中获得更多幸福感、安全感。

制定《数据安全法》是促进数字经济健康发展的重要举措。近年来，中国不断推进网络强国、数字中国、智慧社会建设，以数据为新生产要素的数字经济蓬勃发展，数据的竞争已成为国际竞争的重要领域。《数据安全法》坚持安全与发展并重，在规范数据活动的同时，对支持促进数据安全与发展的措施、推进政务数据开放利用等作出相应规定，通过促进数据依法合理有效利用，充分发挥数据的基础资源作用和创新引擎作用，加快形成以创新为主要引领和支撑的数字经济，更好服务中国经济社会发展。

附件：金融科技发展规划（2022—2025年）

金融科技作为技术驱动的金融创新，是深化金融供给侧结构性改革、增强金融服务实体经济能力的重要引擎。数字经济的蓬勃兴起为金融创新发展构筑广阔舞台，数字技术的快速演进为金融数字化转型注入充沛活力，金融科技逐步迈入高质量发展的新阶段。为贯彻落实党中央、国务院决策部署，稳妥发展金融科技，加快金融机构数字化转型，根据《中华人民共和国国民经济和社会发展第十四个五年规划和2035年远景目标纲要》，特编制本规划。

第一章　发展环境

第一节　“十三五”时期金融科技发展回顾

“十三五”期间，金融业贯彻落实党中央、国务院决策部署，聚力“六稳”“六保”，坚持发展与监管两手抓，推动金融科技在实体经济的沃土中落地生根。大数据、云计算、人工智能、区块链等技术金融应用成效显著。金融服务覆盖面逐步扩大，优质金融产品供给不断丰富，金融惠民利企水平持续提升。金融科技创新监管工具稳步实施，监管规则体系和监管框架不断健全，金融守正创新能力大幅提高。总体来看，我国金融科技发展从星星之火到百舸争流、从基础支撑到驱动变革，呈现出旺盛生机与活力，有力提升金融服务质效，高效赋能实体经济，为金融业高质量发展注入充沛动力。

我国金融科技发展的同时面临诸多挑战，发展不平衡不充分的问题不容忽视。数字化浪潮下智能技术应用带来的数字鸿沟问题日益凸显，区域间金融发展不平衡问题依然存在，部分大型互联网平台公司向金融领域无序扩张造成竞争失衡，大小金融机构间数字化发展“马太效应”尚待消除，技术应用百花齐放而关键核心技术亟须突破。这些不平衡不充分的问题正是未来一段时期深化金融与科技融合，推动金融业数字化发展亟须攻关的重要课题。

第二节　“十四五”时期金融科技发展愿景

党的十九届五中全会明确提出，要加快构建以国内大循环为主体、国内国际双循环相互促进的新发展格局。这既离不开金融对资源配置的引导优化，也离不开科技创新在激发市场活力方面的重要作用。“十四五”时期，我国开启全面建设社会主义现代化国家新征程，数据成为新的生产要素，数字技术成为新的发展引擎，数字经济浪潮已势不可当。

站在“两个一百年”奋斗目标的历史交会点上，金融业要凝心聚力、砥砺奋进，不断破解发展瓶颈和难题，推动我国金融科技从“立柱架梁”全面迈入“积厚成势”新阶段。力争到2025年，整体水平与核心竞争力实现跨越式提升，数据要素价值充分释放、数字化转型高质量推进、金融科技治理体系日臻完善、关键核心技术应用更为深化、数字基础设施建设更加先进，以“数字、智慧、绿色、公平”为特征的金融服务能力全面加强，有力支撑创新驱动发展、数字经济、乡村振兴、碳达峰碳中和等战略实施，走出具有中国特色与国际接轨的金融数字化之路，助力经济社会全面奔向数字化、智能化发展新时代。

第二章　总体部署

第一节　指导思想

以习近平新时代中国特色社会主义思想为指导，深刻领会党的十九大和十九届二中、三中、四中、五中、六中全会精神，贯彻落实《中华人民共和国国民经济和社会发展第十四个五年规划和 2035 年远景目标纲要》，准确把握新发展阶段、深入践行新发展理念。坚持目标导向和问题导向，以深化金融数据要素应用为基础，以支撑金融供给侧结构性改革为目标，以加快推进金融机构数字化转型为主线，从健全科技治理体系、夯实数字基础底座、加强技术创新引领、激活数字化经营动能、强化创新审慎监管、践行数字普惠金融等方面精准发力，加快健全适应数字经济发展的现代金融体系，为构建新发展格局贡献金融力量。

第二节　基本原则

——数字驱动。把握数字经济发展新趋势，发挥数据要素倍增作用，将数字元素注入金融服务全流程，将数字思维贯穿于业务运营全链条，强化金融创新的科技武装、数据加持，加快金融数字化转型步伐，全面提升我国金融业综合实力和核心竞争力。践行安全发展观，运用数字化手段不断增强风险识别监测、分析预警能力，切实防范算法、数据、网络安全风险，共建数字安全生态。

——智慧为民。抓住全球人工智能发展新机遇，以人为本全面推进智能技术在金融领域深化应用，强化科技伦理治理，着力打造场景感知、人机协同、跨界融合的智慧金融新业态，实现金融服务全生命周期智能化，切实增强人民群众获得感、安全感和幸福感。

——绿色低碳。树立绿色发展理念，以实现碳达峰碳中和为目标，加强金融科技与绿色金融的深度融合，创新发展数字绿色金融，运用科技手段有序推进绿色低碳金融产品和服务开发，着力提升金融服务绿色产业的覆盖面和精准度，助力实体经济的绿色转型和低碳可持续发展。

——公平普惠。以公平为准则、以普惠为目标，合理运用金融科技手段丰富金融市场层次、优化金融产品供给，不断拓展金融服务触达半径和辐射范围，弥合地域间、群体间、机构间的数字鸿沟，让金融科技发展成果更广泛、更深入、更公平地惠及广大人民群众，助力实现共同富裕。

第三节 发展目标

——金融业数字化转型更深化。金融业数字化从多点突破迈入深化发展新阶段，全局性、系统性数字思维深入人心，数字化转型的理论、方法、评价体系基本形成，上云用数赋智水平稳步提高，金融机构数字化经营能力大幅跃升。

——数据要素潜能释放更充分。金融数据全生命周期管理体系更加完备，数据能力建设不断强化，跨机构、跨地域、跨行业数据规范共享有力有序推进，金融与民生领域数据融合应用全面深入，数据安全和个人隐私得到有效保障。

——金融服务提质增效更显著。数字普惠金融和无障碍服务体系更加完善，智慧金融服务与生产生活场景深度融合，科技赋能金融资源更为精准地配置到经济社会发展关键领域和薄弱环节，金融服务实体经济能力进一步增强。

——金融科技治理体系更健全。现代化科技治理架构不断完善，科技伦理水平显著提高，监管科技应用水平和数字化监管能力持续提升，金融科技创新监管进一步强化，与金融数字化转型相适应的法律、标准、人才体系更加完备。

——关键核心技术应用更深化。关键软硬件技术金融应用研究攻关持续深入、场景适配不断加强、成果转化更加顺畅，稳健高效的技术供应体系逐步健全，产学研用互为支撑、相互促进的开放创新产业生态更加优渥。

——数字基础设施建设更先进。绿色、智能、高可用金融数据中心建设布局日趋完善，高速泛在、融合互联、安全可靠的金融网络通信支撑保障能力全面加强，云管边端高效协同、灵活调度、弹性部署的新型算力体系基本建成。

第三章　重点任务

第一节　健全金融科技治理体系

（一）完善现代化治理结构。强化金融科技治理顶层设计，建立健全“稳妥发展金融科技，加快金融机构数字化转型”的企业级统筹协调机制，明确董事会、监事会、高级管理层相关职责分工、权限分配和履职要求。找准金融科技发展痛点难点，制定全方位数字化转型战略，明确实施策略和具体路径，构建涵盖规划、生产、管理等职能的数字化、特色化发展矩阵，为科技创新在制度、组织、流程方面留足空间，积极打造“第二发展曲线”。加强金融科技治理能力成熟度评估，建立覆盖设计决策、实施运行、考核评测和改进完善的循环内部控制机制，将治理目标转化为不同部门、业务条线可量化可执行的重点任务和评价指标，以过程管控为牵引形成科技治理闭环，强化逐级传导与落实。

（二）全面塑造数字化能力。强化数字思维、培育数字文化，提升全员数字素养，将以数连接、由数驱动、用数重塑的数字理念深度融入企业价值观，建立技术从“支撑使能”向“价值赋能”变革的数字化认知，增强对数字化趋势的洞察力与适应力。运用“数据 + 技术”打造数字化劳动力，实现全价值链、全要素优化配置，培育技术先进、研发敏捷、渠道融合、决策精准、运营高效的创新发展动能，构建以用户、场景为中心的金融服务体系，全面提升数字时代企业核心竞争力。打造对内聚合产品与服务、对外连接合作机构与用户的数字化综合服务能力，稳妥开展跨界合作创新，推动与供应链、产业链上下游数据贯通、资源共享和业务协同，构建各方互促共进、互利共赢的网状数字生态。

（三）加强金融科技伦理建设。坚持促进创新与防范风险相统一、制度规范与自我约束相结合原则，加快出台符合国情、与国际接轨的金融科技伦理制度规则，健全多方参与、协同共治的金融科技伦理治理体系。金融机构履行金融科技伦理管理主体责任，探索设立企业级金融科技伦理委员会，建立金融科技伦理审查、信息披露等常态化工作机制，提前预防、有效化解金融科技活动伦理风险，严防技术滥用。行业组织发挥自律功能，研究制定金融科技伦理自律公约和行动指南，前瞻研判金融科技伦理挑战、及时预警金融科技伦理风险，筑牢金融科技伦理自律防线。从业人员自觉遵守金融科技伦理要求，主动学习金融科技伦理知识、增强金融科技伦理意识、自觉践行金融科技伦理原则，抵制违背金融科技伦理要求的行为。

第二节　充分释放数据要素潜能

（四）强化数据能力建设。深刻认识数据要素重要价值，制定企业级数据规划和发展战略，明确数据工作机制、基本目标、主要任务、实施路径等，推动数据工作高效有序开展，稳妥推进业务由经验决策型向数据决策型转变，增强经营管理前瞻性和精准性。运用模式识别、数据标签等手段，综合国家安全、公众权益、个人隐私、企业合法利益等属性对数据进行分级分类，明确数据使用权限、适用范围、应用场景和风险控制措施，提升数据分类施策水平。建立协调一致、涵盖数据全生命周期的数据治理体系，统一数据编码规则和接口规范，建设企业级数据字典和数据资源目录，运用数据多源比对、快速校核、血缘关系分析等技术手段增强数据可信溯源和校核纠错能力，提升数据准确性、有效性和易用性。

（五）推动数据有序共享。在技术方面，积极应用多方安全计算、联邦学习、差分隐私、联盟链等技术，探索建立跨主体数据安全共享隐私计算平台，在保障原始数据不出域前提下规范开展数据共享应用，确保数据交互安全、使用合规、范围可控，实现数据可用不可见、数据不动价值动。在管理方面，探索建立多元化数据共享和权属判定机制，明确数据的权属关系、使用条件、共享范围等，通过模型计算、模糊查询、智能核验等方式实现跨机构、跨地域、跨行业数据资源有序共享，在确保最小必要、专事专用前提下增强金融数据规模效应和正外部性，提升数据要素资源配置效率。

（六）深化数据综合应用。推动金融与公共服务领域系统互联和信息互通，综合电子政务数据资源，不断拓展金融业数据要素广度和深度，为跨机构、跨市场、跨领域综合应用夯实多维度数据基础。运用联合建模、图计算、数据可视化、数字孪生等技术手段，对海量多样化多维度数据资源进行价值挖掘和关联分析，建立面向用户、面向场景的大数据知识图谱和综合分析能力。以市场为导向、以需求为牵引，深挖数据综合应用场景，发挥数据和技术双轮驱动作用，在服务实体经济、惠及百姓民生、创新驱动发展、助力乡村振兴等领域实现数据综合应用与多向赋能。

（七）做好数据安全保护。严格落实数据安全保护法律法规、标准规范，明确数据安全负责人和管理机构，综合运用声明公示、用户明示等方式，明确原始数据和衍生数据收集目的、加工方式和使用范围，确保在用户充分知情、明确授权前提下规范开展数据收集使用，避免数据过度收集、误用、滥用，建立健全数据全生命周期安全管理长效机制和防护措施，运用匿踪查询、去标记化、可信执行环境等技术手段严防数据逆向追踪、隐私泄露、数据篡改与不当使用，依法依规保护数据主体隐私权不受侵害。建立历史数据安全清理机制，利用专业技术和工具对超出保存期限的用户数据进行及时删除和销毁，定期开展数据可恢复性验证确保数据无法还原。确需作为样本数据保存的，应经用户同意并进行去标识化处理，移入非生产数据库保存，确保用户隐私信息不被直接或间接识别，切实保障用户数据安全。

第三节　打造新型数字基础设施

（八）建设绿色高可用数据中心。综合功能定位、区域分布、网络通信、电力保障等统筹规划数据中心，建设资源更均衡、供给更敏捷、运行更高效的金融信息基础设施。按照系统、机房、城市等容灾目标，积极采用多活冗余技术构建高可靠、多层级容灾体系，满足日常生产、同城灾备、异地容灾、极端条件能力保全等需求，提升金融数据中心纵深防御能力，逐步形成高可用数据中心格局。建立健全金融数据中心智能化运维机制，深化自动传感器、巡检机器人等新一代人机交互技术在数据中心运维应用，加强多场景协同联动、多节点一体管控，提升节点感知、异常发现和故障预测能力，降低人工操作风险，推动运维管理模式转型升级。积极应用绿色节能技术和清洁可再生能源，加快数据中心绿色化建设与改造，加强能耗数据监测与管理。新建大型、超大型数据中心电能利用效率不超过 1.3，到 2025 年数据中心电能利用效率普遍不超过 1.5。

（九）架设安全泛在的金融网络。积极应用分段路由、软件定义网络等技术，优化建设高可靠冗余网络架构，实现网络资源虚拟化、流量调度智能化、运维管理自动化，着力提升金融网络健壮性和服务能力，为金融数字化转型架设通信高速公路。综合运用第五代移动通信技术（5G）、窄带物联网（NB－IoT）、射频识别（RFID）等技术打造固移融合、宽窄结合的物与物互联网络和服务平台，实现移动金融终端和固定传感设备统一接入、管理和控制，为数字信贷、数字风控等金融业务提供海量物联网数据支撑，助力线上线下、内外部多渠道融合互联，促进云管边端一体化协同发展。全面推进互联网协议第六版（IPv6）技术创新与融合应用，实现从能用向好用转变、从数量到质量转变、从外部推动向内生驱动转变。充分发挥区块链技术低成本互信、数据不可篡改、信息可追溯的优势，通过分布式账本、智能合约、共识机制等手段解决互联网存在的数据安全性、完整性、可信性问题，为供应链金融、贸易金融等参与主体多、验真成本高、交易流程长的金融场景提供底层基础支撑。

（十）布局先进高效的算力体系。加快云计算技术规范应用，稳妥推进信息系统向多节点并行运行、数据分布存储、动态负载均衡的分布式架构转型，为金融业务提供跨地域数据中心资源高效管理、弹性供给、云网联动、多地多活部署能力，实现敏态与稳态双模并存、分布式与集中式互相融合．围绕高频业务场景开发部署智能边缘计算节点，打造技术先进、规模适度的边缘计算能力，实现金融业务边缘侧数据的筛选、整合与处理，有效释放云端压力、快速响应用户需求，为金融数字化转型提供更为精准、高效的算力支持。探索运用量子技术突破现有算力约束、算法瓶颈，提升金融服务并发处理能力和智能运算效率，节省能源消耗和设备空间，逐步培育一批有价值、可落地的金融应用场景。

第四节　深化关键核心技术应用

（十一）加强核心技术的应用攻关。聚焦金融科技应用前沿问题和主要瓶颈，实行“揭榜挂帅”“赛马”机制，通过行业组织、孵化平台、专项合作等方式，加大关键软硬件技术金融应用的前瞻性与战略性研究攻关。从实际金融需求出发做好技术选型和应用融合，以应用场景为牵引推动关键核心技术持续迭代完善，安全规范使用开源技术，打造具有竞争力、可商业化运营的科技产品，为金融科技可持续发展提供动力。优化科技创新体制机制和成果转化资源配置，合理运用知识产权质押融资、科技创新保险等金融产品提升成果转化的支持力度，促进科技成果供给端和需求端的精准对接，有效打通创新成果向现实生产力转化的“最后一公里”。

（十二）切实保障供应链稳定可靠。事前把好选型关口，强化关键核心技术提供方资质与能力审核，综合前瞻性、可扩展性、稳定性等因素开展多维度技术应用适配测试与安全评估，确保技术路径与自身需求高度匹配。事中保障应急储备，加强与供应链上下游企业联动协同，强化备品备件管理，在关键领域建立完善后备供给信息库，不断拓宽和加固多元化供应渠道，避免“单点故障”，提升连续供给、快速恢复能力。事后强化风险处置，综合商流、物流、资金流、信息流持续监测关键核心技术产品服务的运行状态，做好风险预警和处置，提升供应链弹性和韧性，构建稳健高效的关键核心技术金融应用供应体系。

（十三）构建开放创新的产业生态。强化金融机构创新主体地位，发挥大型金融机构带动作用和示范效应，加强金融科技共性技术、资源和服务的开放合作、互惠共享，促进新技术产业化、规模化应用。联合高等院校、科研院所、高新技术企业等搭建专业化金融科技产用对接平台，依法合规参与数字技术开源社区等创新联合体，打造创新应用成果转化新模式，完善应用标准符合性、安全性评价机制，实现技术共研、场景共建、标准共商、成果共用、知识产权共享。积极融入全球创新网络，深化技术创新国际交流与协作，引入前沿技术和先进管理经验，加快重点领域专利布局，推动科技成果推广应用，促进提升金融科技整体发展水平。

第五节　激活数字化经营新动能

（十四）构建敏捷化创新体系。探索扁平化、网格式金融科技创新管理模式，建立跨职能、跨部门、跨条线的任务型团队，科学设置技业融合的岗位与部门，提升组织架构灵活性，为快速响应市场需求、用户诉求提供有力保障。建立技术与业务高效联动、前中后台密切协作、决策与执行高度统一的企业级内部创新协同网络，探索推广数字化工厂、创新实验室等创新模式，聚焦数字化转型重点领域加速金融科技创新成果应用与转化。加快建立允许出错、及时纠错、快速改错的企业级创新试错容错机制，积极探索通过创新奖励、知识产权激励等手段提升整体创新内生动力，建立健全拨备资金、保险计划等创新风险补偿机制，形成安全与效率并重的创新孵化与应用推广体系。

（十五）夯实一体化运营中台。采用低耦合、高内聚架构搭建便捷易用的技术中台，整合封装各业务条线基础通用技术能力，以标准化接口提供可扩展、可配置的组件式技术支持，提升研发质效、降低试错成本，为持续敏捷交付提供坚实技术底座。构建集成数据整合、提纯加工、建模分析、质量管控、可视交互等功能的综合型数据中台，打造科技赋能、数据驱动、业务联动的企业级数据服务能力中枢，推动业务数据化向数据业务化进阶发展。建设模块化、可定制、高复用的业务中台，打通业务条线壁垒、解构业务逻辑、沉淀通用业务能力，形成配置参数化、嵌入式的产品创新模式，支撑数字经济时代业务创新需求。

（十六）健全自动化风险控制机制。事前，运用大数据、人工智能等技术拓展风险信息获取维度，构建以客户为中心的风险全景视图，智能识别潜在风险点和传导路径，增强风险管理前瞻性和预见性。事中，加强风险计量、模型研发、特征提取等能力建设，通过智能化评价策略、多维度关系图谱等厘清风险关联关系、研判风险变化趋势，实现对高风险交易、异常可疑交易等的动态捕捉和智能预警。事后，通过数字化手段实施自动化交易拦截、账户冻结、漏洞补救等应对措施，持续迭代优化风控模型和风险控制策略，推动风险管理从“人防”向“技防”“智控”转变，增强风险处置及时性、准确性。

（十七）提升数智化营销能力。在获客方面，合理规范布局自有营销渠道与外部合作渠道，加强线上线下营销资源协同，深化金融和非金融场景交叉融合，积极探索裂变式、场景化营销模式，激活更多金融客户触点，提升规模化获客水平，降低获客边际成本。在活客方面，合法合规运用大数据、跨媒体分析推理等技术盘活企业数据资产，洞察客户行为偏好和真实金融需求，在尊重消费者意愿和保护消费者合法权益基础上智能推送客户所想所需的金融产品、理财知识和服务信息，向客户提供不针对其个人特征的营销内容、产品选项、搜索结果等，探索推动营销服务向智能化、人性化转变，提升客户活跃度。在留客方面，基于深度学习、知识图谱等技术打造服务客户全生命周期的营销范式，强化以客户为中心的信息共享及价值创造，提升客群分层分类经营能力，推动客户关系管理智能化、精细化升级，增强客户黏性和稳定性。

第六节　加快金融服务智慧再造

（十八）重塑智能高效的服务流程。在交付能力方面，及时掌握分析内外部环境和需求变化，以产品敏捷交付为主线制定清晰研发工作规程，将智能模型、工具、系统贯穿于产品服务的全部数字化设计工序，借助业务开发运维一体化（BizDevOps）、最小化可行产品（MVP）等“小步快跑”方式搭建低成本试错、快速迭代的交付模式，通过仿真模拟、可用性测试、净推荐值（NPS）调研等方法充分评估应用成效并持续优化完善产品开发和交付质量。在业务效率方面，运用机器人流程自动化（RPA）、自然语言处理（NLP）、智能字符识别（ICR）等智能技术开展端到端数字化流程重构，打通部门间业务阻隔与流程断点，实现跨角色、跨时序的业务灵活定制与编排，打造环节无缝衔接、信息实时交互、资源协同高效的业务处理模式，更好支撑数字化业务快速发展。

（十九）搭建多元融通的服务渠道。以线下为基础，依托5G高带宽、低延时特性将增强现实（AR）、混合现实（MR）等视觉技术与银行场景深度融合，推动实体网点向多模态、沉浸式、交互型智慧网点升级；借助流动服务车、金融服务站等强化网点与周边社区生态交互，融合教育、医疗、交通、社保等金融需求，打造"多项服务只需跑一次"的社会性金融"触点"。以线上为核心，探索构建5G消息手机银行等新一代线上金融服务入口，持续推进移动金融客户端应用软件（APP）、应用程序接口（API）等数字渠道迭代升级，建立"一点多能、一网多用"的综合金融服务平台，实现服务渠道多媒体化、轻量化和交互化，推动金融服务向云上办、掌上办转型。以融合为方向，利用物联网、移动通信技术突破物理网点限制，建立人与人、人与物、物与物之间智慧互联的服务渠道，将服务融合于智能实物、延伸至客户身边、扩展到场景生态，消除渠道壁垒、整合渠遒资源，实现不同渠道无缝切换与高效协同，打造"无边界"的全渠遒金融服务能力。

（二十）打造数字绿色的服务体系。在小微金融领域，发挥大数据、人工智能等技术的"雷达作用"，捕捉小微企业更深层次融资需求，综合利用企业经营、政务、金融等各类数据全面评估小微企业状况，缓解银企间信息不对称问题，提供与企业生产经营场景相适配的精细化、定制化数字信贷产品；运用科技手段和基础设施动态监测信贷资金流向流量，确保资金精准融入实体经济的"关键动脉"，提高金融资源配置效率，支持企业可持续发展。在农村金融领域，借助移动物联网、卫星遥感、电子围栏等技术，加强种子与农产品生产、加工、运输、交易等全链条数据自动化采集、可溯化信任和智能化分析，让“动产”转换为“不动产”，实现融资需求精准授信，推动农业保险承保理赔电子化、智能化，提高农村地区金融服务下沉度和渗透率，助力农业产业现代化发展，有力支撑乡村振兴战略实施。在供应链金融领域，通过“金融科技 + 供应链场景”建立多方互信机制，实现核心企业“主体信用”、交易标的“物的信用”、交易信息“数据信用”一体化协同管理，将供应链金融风险管理模式从授信企业“单点”管理向产业“链条”全风险管理转变；探索使用电子签章、远程音视频等技术提升贷前、贷中、贷后“三查”效率和融资结算的线上化、数字化水平，有效增强供应链金融整体服务能力。在绿色金融领域，运用数字技术开展绿色定量定性分析，强化绿色企业、绿色项目智能识别能力，提升碳足迹计量、核算与披露水平，在依法合规、风险可控前提下为企业提供绿色信贷、绿色债券、绿色保险、碳金融等多元化金融产品和服务；利用大数据、人工智能等技术建立绿色信息监测与分析模型，搭建风险知识图谱实现对企业的风险监控，量化环境效益和转型风险，提升绿色金融风险管理能力。

（二十一）强化金融无障碍服务水平。针对智能服务方式，聚焦老年、残障、少数民族等人群日常生活中的高频金融场景，深度挖掘人工智能、大数据等技术优势，优化界面交互、内容朗读、操作提示、语音辅助等功能，鼓励提供应用“关怀模式”“长辈模式”，建立“容错型”产品交互机制，因人而异打造大字版、语音版、民族语言版、简洁版等适老化、无障碍移动金融产品和服务；通过体验学习、尝试应用、经验交流、互助帮扶等手段提升用户数字素养，着力弥合因智能技术运用困难导致的数字鸿沟问题，让广大群众更好共享金融科技发展成果。针对传统服务方式，加强实体网点无障碍通道改造、建设无障碍标识等便利设施，设立爱心、绿色、手语服务等特殊窗口，配备盲文密码键盘、可播音式验钞机等专用设备，切实发挥传统渠道兜底保障作用；优化线下服务流程、简化办理手续、改善服务体验，运用智能移动设备延伸金融服务触角，为偏远地区、行动不便、有沟通障碍的人群主动上门或远程办理金融业务，不断提升金融服务深度、广度和温度。

第七节　加强金融科技审慎监管

（二十二）加快监管科技全方位应用。运用自然语言处理、模式识别等技术对监管规则、合规要求进行结构化处理，从关键操作流程、量化数据、禁止条款等方面精准提取分析指标、建立数字化规则库。运用知识抽取、知识融合、知识推理等技术对数字化规则进行分类、消歧和整合，系统梳理规则逻辑、构建形式化知识图谱。搭建有效支持规则识读、执行、对接的监管科技平台，以数字化协议形式将合规要求封装成模块化、可扩展的接口工具，打造合规机器人等专业化产品。深化监管科技在货币政策、支付结算、反洗钱、征信、消费者保护等领域应用，积极将数字合规工具无缝嵌入交易行为监测、业务数据报送、风险事件报告等场景，提升金融监管效能、降低合规成本。

（二十三）加强数字化监管能力建设。打造权威专业化风险控制基础设施，推动构建跨行业、跨机构的风险联防联控体系，为金融管理部门开展监管指导提供支撑，为金融机构做好风险防控提供支持。建设金融信息基础设施管理平台，汇聚“海量、多维、动态”的设施资源信息，利用大数据、机器学习、模式识别等技术监测基础设施运行状况、智能分析基础设施发展趋势，夯实金融数字化监管基础。按照“共建、共享、共用”原则，建立维护金融科技风险库、漏洞库和案例库，通过系统探测、数据采集、行业共享等方式强化跨机构、跨行业风险监测预警，增强对数字渠道风险、智能算法风险、大数据风险等的动态感知和穿透式分析能力。

（二十四）筑牢金融与科技风险防火墙。健全智能算法管理规则制度，建立模型安全评估和合规审计体系，及时披露算法决策机理、运行逻辑和潜在风险，通过临界测试、仿真模拟、参数调优等方式着力防范算法黑盒、羊群效应、算法歧视等问题，提升算法可解释性、透明性、公平性和安全性。强化云计算标准符合性与安全性管理，规范金融团体云应用，通过负面清单、尽职调查、风险补偿、退出预案等措施加强第三方算力设施集中度风险管控，防范外部云服务缺陷引发的风险向金融领域传导。强化数据共享合作方业务资质把关，划定金融机构与数字渠道合作方的安全基线和责任边界，通过主动信息披露、用户适当性管理等措施，防范通过流量入口开展虚假宣传、过度营销、强制搭售等行为。

（二十五）强化金融科技创新行为监管。按照金融持牌经营原则，坚持所有金融活动必须依法依规纳入监管，严格厘清金融业务边界，加强金融机构与科技企业合作的规范管理，对金融科技创新实施穿透式监管，防范以“科技创新”之名模糊业务边界、层层包装产品等行为。坚持问题导向和目标导向，健全与金融数字化相适应的监管规则体系，建立金融科技职业操守准则，筑牢防范技术风险向金融领域传导的“安全网”。坚持金融创新必须在审慎监管的前提下进行，充分运用金融科技创新监管工具，强化金融科技创新行为的全生命周期管理，建立健全风险联控与综合补偿、信息披露与承诺声明、内控与服务质量管理、安全评估与合规审计等机制，强化从业机构创新风险管理主体责任，从源头防范金融与科技融合潜在风险，切实保护金融消费者合法权益、维护市场竞争秩序。

第八节　夯实可持续化发展基础

（二十六）做好金融科技人才培养。制定金融科技人才相关标准，推进跨地区、跨机构人才顺畅流动，在北京、上海、粤港澳大湾区建设高水平金融科技人才高地，在高层次金融科技人才集中的中心城市着力建设吸引和集聚人才的平台，形成战略支点和雁阵格局。优化金融科技人才需求目录和引进模式，健全以创新能力、质量、实效、贡献为导向的人才评价体系，切实做到人岗相适、人事相宜、人尽其才。加快金融科技人才梯队建设，建立健全在职人才培养体系，探索业务、技术人才双向交流机制，打造校企联合培养、产学研用协同攻关等合作育人新模式，加强职业操守教育，培养德才兼备的金融科技人才。完善鼓励创新、包容试错的激励机制，打通金融科技人才职业发展通道，增强人才成就感和归属感，让事业激励人才、让人才成就事业。

（二十七）健全法规制度体系。制定《中华人民共和国网络安全法》《中华人民共和国数据安全法》《中华人民共和国个人信息保护法》在金融领域的配套规章制度，研究出台与金融数字化发展相适应的政策规则。贯彻落实《法治政府建设实施纲要（2021—2025 年）》，强化法律法规制度执行，推动金融科技健康有序发展。加强金融科技相关法律法规制度宣传教育和政策解读，增强从业人员法治观念和合规意识，提升从业机构依法经营、依法决策能力，强化金融科技高质量发展的法治保障。

（二十八）持续强化标准体系建设。加快重点领域金融数字化转型标准制定，填补国家标准空白、补齐行业标准短板，构建适应新发展格局的高质量、多层次金融科技标准体系。通过企业标准“领跑者”、自我声明公开等手段强化标准贯彻执行和推广实施，提升金融科技产品服务质量和管理水平。积极参与金融科技国际标准制定，推动建立广泛的双多边合作交流机制，助力金融基础设施互联互通。

第四章　实施保障

第一节　注重试点示范

聚焦发展重点任务，围绕发展薄弱环节和瓶颈问题，鼓励积极开展先行先试，在风险可控、依法合规前提下探索数字化转型最佳实践与最优路径。坚持系统观念、统筹布局，注重实践积累和经验总结，形成一批可复制、可推广的金融科技样板项目、典型做法、模范机构和示范区域。发挥好试点对全局性转型升级的示范、突破、带动作用，加快形成你追我赶、奋勇争先的良性发展态势，全面提升金融数字化转型广度与深度。

第二节　加大支撑保障

加快健全与金融科技创新发展相配套的支撑保障体系，着力强化规划实施与要素供给的协调联动，完善多元投入机制，积极争取政策和资金支持，加大对重点领域、重点工作的投融资力度，切实保障规划落地实施的资源需求。更好发挥市场配置资源的决定性作用，推动技术、数据、劳动力等金融科技要素畅通流动，提高要素质量和资源配置效率，全面激活数字化转型发展的内生动力。

第三节　强化监测评估

建立健全规划实施运行监测机制，对规划实施过程中存在的痛点难点问题，及时研究提出针对性对策和措施，压实规划实施责任，通过制定台账、明确时间表和路线图等方式提升规划执行能力。做好规划实施情况中期评估和总结评估，将评估情况纳入机构内部考核评价体系，作为督促规划落地实施、改进当前各项工作、制定未来发展战略的重要依据，保障各项重点工作实现既定目标、取得显著实效。

第四节　营造良好环境

大力弘扬科学家精神、工匠精神、企业家精神，健全知识产权、科研管理、成果评价等配套制度机制，激发金融科技从业人员崇尚科学、注重创新的热情和活力。加强行业自律管理，充分发挥行业协会桥梁纽带作用，推动相关从业机构强化合规意识，自觉练好内功、落实规划。加强舆论宣传，开展多形式、多层次的金融科技发展规划政策解读和知识普及教育，促进提升金融消费者数字素养和风险意识，营造良好金融数字化发展环境。

第五节　加强组织统筹

坚持党的全面领导，加强组织协调、凝聚行业共识，结合实际科学谋划、统筹推进，从战略和全局高度充分认识“稳妥发展金融科技，加快金融机构数字化转型”对金融高质量发展、金融服务实体经济的重要意义，努力形成金融管理部门、金融机构、科技企业、社会团体等紧密配合、协同高效的工作格局，着力提升数字经济时代金融发展规律把握能力、先进技术应用创新能力，确保党中央、国务院相关决策部署落到实处。

第8章　数字供应链金融风险管理

8.1　供应链金融风险概述

供应链系统的复杂性决定了供应链金融开展过程中会面临各种不同的风险，概括起来，供应链金融面临的主要风险包括供应链金融外生风险和供应链金融内生风险两大类。

8.1.1　供应链金融面临的外生风险和内生风险

金融机构开展供应链金融业务面对的风险主要表现为两大类，共十二种具体风险（见表8－1）。

表8－1　供应链金融风险来源与分类

风险来源	具体风险
外生风险（来自产业链供应链外部的风险）	宏观经济周期
	行业风险
	市场风险
内生风险（来自产业链供应链的运营风险以及金融机构的运营风险）	供应链管理风险
	核心企业信用风险
	贸易背景真实性风险
	中小企业信用风险
	第三方物流监管风险
	质押资产风险
	操作风险
	道德风险
	信息泄露风险

（一）供应链金融外生风险

供应链金融外生风险主要包括来自外部宏观环境层面的风险、行业方面的风险以及市场风险等。

（1）宏观经济周期

外部宏观环境主要由供应链金融各主体活动所依赖的政治环境、经济环境、法律环境、技术环境和政策环境等构成，对于供应链金融服务的开展起到支持、保障、规范和约束的作用。

供应链金融在一定的宏观环境中运行，金融活动涉及不同产业、平台以及流动性服务商，相较于单环节运行的传统贸易业务，涉及范围较广。一旦宏观经济状况出现波动，将导致供应链金融模式中的多环节和多主体面临较大的风险，从而导致整体供应链金融风险加剧。尤其在经济出现下行或衰退时，市场需求疲软，供应链中企业面临生存经营困难甚至破产等问题，最终造成金融活动丧失良好的信用支撑。

（2）行业风险

产业链上的中小企业除了受到宏观大环境的影响以外，也很容易受到行业景气度波动的影响，如行业及市场波动的影响，因此需要重点关注产业链的行业特征，中小企业在行业和市场中所处的位置，充分揭露中小企业所在行业风险及中小企业面临的特定风险。

具体而言，行业特征是指行业周期、行业景气度、行业竞争情况、上下游客户的稳定性等。对于那些和经济周期密切相关的行业，特别是宏观经济进入下行周期，在选择产业链时，应挑选一些产业空间大、基础条件较好的产业链，来开展供应链金融业务。

（3）市场风险

市场风险是指因利率、汇率、股市和商品价格等市场要素波动而引起的，使金融产品的价值或收益具有不稳定性的风险。

市场风险主要包括利率风险、汇率风险、股市风险以及价格风险。股市风险在供应链金融业务中体现得并不明显。利率变动对金融机构会产生一定的影响。

在供应链金融领域，突出的市场风险表现为汇率和商品价格变化带来的影响。在供应链金融业务中，有很多业务涉及国际贸易，在国际贸易融资实务中，无论是单一的进出口业务，还是涉及背对背信用证交易，都面临着汇率变动的风险；在供应链金融业务中价格风险体现最明显的是作为质押物的存货价格波动给金融机构带来的风险，这种风险在存货融资模式下体现得尤为明显。

（二）供应链金融内生风险

由于供应链金融兼具产业和金融两大属性，使得供应链金融具有来自产业和金融领域的双重风险。因此，其运营层面的风险包括产业链供应链的运营风险以及金融机构的运营风险两个方面。

产业链供应链的运营风险主要表现在涉及的产业链供应链断裂的风险。这是因为产业链供应链链条一般比较长、各垂直细分产业链供应链链条具备不同的属性和特点、业务操作流程复杂，而且各个环节之间环环相扣、彼此依赖，任何一个环节出现问题，都可能涉及其他环节，从而影响产业链供应链整体，以及其他相关产业链供应链的正常运行。

由于供应链金融具有金融的属性，供应链金融与传统金融逻辑不同，面临的风险管理侧重点不同，金融机构应针对开展供应链金融业务所特有的风险，进行全面的风险识别、评估与控制活动。

概括起来供应链金融内生风险主要有九个方面，具体包括：

（1）供应链管理风险

供应链金融业务风险具有传导性：从供应链管理角度，供应链各环节的有效整合管理是供应链金融业务正常运转的基本前提。从供应链运营角度，供应链上下游各环节企业自身运营状况决定了供应链业务的正常运作。一旦供应链管理出现重大问题，对处于中心或主要节点的某个企业造成商流、物流及信息流的不连贯，触发资金流的断裂，供应链金融业务链也会随之断裂。

供应链金融业务风险具有多变性：基于供应链的供应链金融为链上企业带来了更大的融资便利，其风险也由传统的单一交易环节向供应链上下游拓展，这意味着供应链上下游的不确定性也为融资带来了更大的风险。

供应链金融业务风险具有一定的复杂性：特别是当供应链金融的覆盖范围达到“端到端”时，供应链金融的风险也就随之覆盖了整个供应链。此时，风险不再单纯来源于客户信用风险、贸易背景真实性等传统的风险来源，而是由交易环节为出发点向供应链上下游扩散，因此不仅核心企业自身的信用水平和还款能力应持续得到关注，对核心企业的上游供应商、下游经销商和核心企业的关系、商誉、信用度、经营数据和财务报表真实性等都应当进行持续关注。

（2）核心企业信用风险

由于核心企业在供应链中所处的主导地位，在供应链金融中，核心企业掌握了供应链的核心价值，担当了整合供应链物流、信息流和资金流的关键角色。正是基于这一主导地位，一方面，核心企业通过为上下游中小企业提供增信，使得中小企业的资信状况得以提高，从而获得相应融资，体现了核心企业在供应链金融业务开展中的重要价值。另一方面，一旦核心企业不愿付款、不能付款甚至发生欺诈行为，核心企业就会成为供应链金融在运行期间风险的核心变量，使得其由风险的控制者转变为系统风险的创造者和传播者。

核心企业的风险主要表现为信用风险，金融机构正是基于核心企业的综合实力、信用等级及其对供应链的整体掌控程度来对上下游中小企业开展授信业务。因此，核心企业的经营状况和发展前景决定了上下游企业的生存状况和交易质量。一旦核心企业出现信用风险，必然会随着供应链条扩散到上下游企业，影响供应链金融的整体安全。核心企业信用风险产生的原因在于，核心企业因经营不善或自身负债超过了其承受极限，使得供应链合作伙伴之间出现整体兑付危机。

(3）贸易背景真实性风险

金融机构开展供应链金融业务，是以实体经济中供应链上交易双方的真实交易关系为基础，利用交易过程中产生的应收账款、预付账款、存货作为底层资产，通过转让、质押或回购，为供应链上下游企业提供融资服务。

由于供应链金融基础资产必须建立在真实的贸易背景上，为防止虚假交易风险，需要严格审查销售合同、订单、发货单、收货单、运输单、发票以及双方的对账单等凭证来核实贸易背景，严格审查相关交易资料，确保贸易背景真实、合法有效。

贸易真实性是供应链金融的根本，失去了贸易真实性，供应链金融就成了无源之水、无本之木，失去了应有的生命力。在供应链融资过程中，真实交易背后的存货、应收账款、核心企业增信（差额补足、担保和确权等）是供应链金融实现自偿的根本保证，一旦交易背景的真实性不存在，出现伪造贸易合同或对应应收账款的存在性与合法性出现问题，或质押物权属与质量有瑕疵以及买卖双方虚构交易恶意套取金融机构资金等情况，银行在没有真实贸易背景的情况下盲目给予借款人授信，就将面临巨大的风险。在虚假的供应链贸易融资背景中，通过提供虚假的业务单据和货物凭证来取得融资，而资金则被转移挪作他用，就会导致金融机构产生巨大资金损失，现实中这样的案例并不少见。

(4）中小企业信用风险

供应链金融模式下，金融机构围绕核心企业向中小企业提供融资服务，由于其资金的需求源于对核心企业的应收款、预付款以及存货融资，其还款的来源依托特定条件下的现金流，核心企业增信措施提升了中小企业的信用水平，因此，供应链金融的中小企业信用风险大大降低。

与此同时，在供应链背景下，中小企业的信用风险已发生根本改变，其风险主要来自交易产生的债项结构性风险，受供应链整体运营绩效、上下游企业合作状况、业务交易情况等各种因素的综合影响，上述方面的任何一种因素都有可能导致企业出现信用风险。

供应链金融的主要服务对象是中小企业，由于中小企业在供应链中处于相对劣势的地位，流动负债在其总负债中所占比重很大。银行给这些中小企业授信，面临着规模小、实力弱，信用评级历史短或有空缺的情况，财务和经营信息披露的真实性和完整性不够，整体抗风险能力差，因而经营风险和信用风险相对较大。

（5）第三方物流监管风险

在供应链金融模式下，为发挥监管方在物流方面的专业优势，降低成本，金融机构将质押物监管外包给物流企业，由其代为实施对货权的监督。

随着第三方物流业务的发展，企业生产和交易的每一个环节几乎都离不开物流企业，其负责货物运输、储存、监管以及各种手续的办理，成为供应链上下游企业的桥梁和纽带。在供应链金融业务的开展过程中，货物形式的监管标的、订单形式的需求信息、担保形式的金融服务等都通过物流企业在供应链上层层传递，其利用自身信用及对供应链的控制能力保障着供应链金融的顺利进行。

在这种情况下，物流企业的资质、信用及经营管理能力直接影响着供应链金融的有序循环，如果物流企业出现经营不善、监管不力甚至与融资企业合谋诈骗等情况，将严重影响供应链各环节的衔接以及质押货物的安全，大大增加供应链金融的风险。

（6）质押资产风险

供应链金融服务过程大大弱化了对于融资主体的资格审查，强化结构性信用审查，重视动产质押保障。这是因为应收账款、存货以及预收账款等广义动产不仅是供应链金融业务底层的支持性资产，而且是供应链融资的直接还款来源。

质押资产作为供应链金融业务中对应融资的还款来源和保障，其状况质量如何，直接影响到企业的偿还意愿以及金融机构能否最终回收融资成本：一方面，质押资产的价值影响着融资人的还款意愿，当质押资产的价值低于其融资敞口时，融资人的违约动机将大大增加；另一方面，质押资产如果大幅缩水，低于融资本金，将会对金融机构造成较大损失。

市场需求变化、竞争加剧、质押商品的品牌或质量出现重大负面影响事件等因素，可能导致仓单的价值严重下跌，从而引发质押物变现价值低于金融机构授信敞口余额，或者面临质押物难以销售处置的较大风险。

（7）操作风险

供应链金融通过自偿性的交易结构设计以及对物流、信息流和资金流的有效控制，通过专业化的操作环节和流程安排，以及独立的第三方监管引入等措施，构筑了独立于企业主体信用的第一还款来源。这是供应链金融的基本要义。

相对于传统金融，供应链金融的操作风险较高，主要在于：一是供应链金融参与主体较多，每个主体相互独立又彼此联系，金融机构需要协调各参与主体，保证物流、资金流以及信息流的安全与通畅。由于供应链服务范围不断扩大，规模日趋增加，信息传递错误的概率增加。二是供应链金融服务需求多样化较强，需要根据每项业务量身定做产品和流程，不同业务的单据审核、资金以及货物的监控等内容均不相同，这无形中增加了操作业务的复杂性。

多主体、多需求、多人员、多环节、多数据无疑对操作环节的严密性和规范性提出了很高的要求，并造成了信用风险向操作风险的位移。操作制度的完善性、操作环节的严密性和操作要求的执行力，将决定操作风险能否被有效管理和控制，关系到供应链金融的安全程度。

（8）道德风险

企业为了最大限度地实现融资目的，容易采用虚构贸易合同、伪造仓单、操作重复质押和空单质押等手段，产生做假以及欺诈，加大了供应链金融信用风险控制的难度。

在供应链金融体系中，核心企业凭借自身的实力和关键地位发挥着重要作用。正因为如此，如果核心企业出现道德风险，那么整个供应链金融将面临较大的危机和损失。当核心企业在行业中的地位发生重大不利变化时，核心企业很可能变相隐瞒交易各方其不利的经营信息，甚至出现有计划的串谋融资，这是核心企业的道德风险所在。

由于信息不对称普遍存在，道德风险广泛存在于供应链相关方，既包括核心企业的道德风险，也包括上下游中小企业道德风险以及第三方服务商的道德风险等。从这些年供应链金融的实践来看，道德风险是当前开展供应链金融业务面临的比较突出的风险。

（9）信息泄露风险

供应链金融平台改变了传统企业融资授信方式，通过大数据技术综合分析企业经营情况，弱化资产考量，打破了中小企业抵押资产不足的融资瓶颈。数字经济时代，信息和数据成为企业的重要资产，企业数据的安全存储管理显得尤为重要。线上供应链金融网络一旦出现黑客攻击、人为操作失误、硬件设备运行失误等情况，将大大增加信息泄露风险，造成供应链网络震荡，导致产生较大供应链金融风险。

8.1.2 供应链场景金融风险分类

数字化供应链金融追求智能化或智慧化的目标，但首先是要厘清数字供应链金融的风险来源和风险分类，只有这样，才能够有针对地、科学地、有效地管理控制相应风险。

为了便于理解，在这里我们借鉴祝世虎（2021年）的一个三层场景风险分类模型。祝世虎认为，场景风险是一个“三层风险金字塔”，顶层为“场景之内”风险（客户级风险），中间层为“场景本身”风险（场景经营风险、交易风险、欺诈风险、客群偏差风险、特定风险），底层为“场景之外”风险（集中度风险、逆周期风险、“灰犀牛”风险、战略违约风险）。

（一）“供应链金融场景之内”风险

供应链金融场景之内风险是客户级别的风险，即主体信用风险，主要包含客户信用风险和客户欺诈风险。

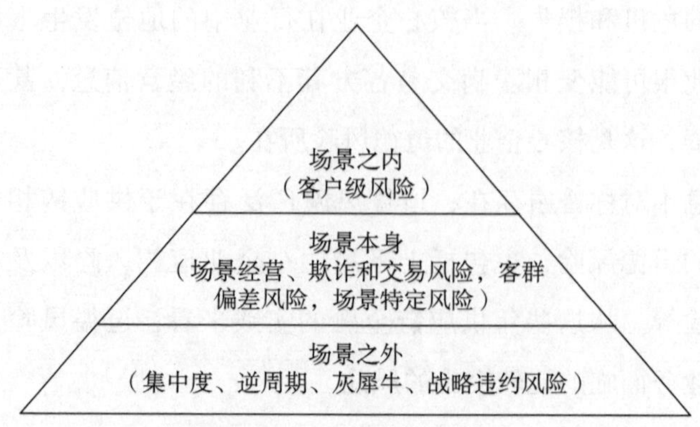

图 8－1　场景金融风险分类

（二）“供应链金融场景本身”风险

供应链金融场景本身风险是场景级别的风险，其包括场景经营风险、场景欺诈风险、场景交易风险、场景客群偏差风险以及场景特定风险。这类风险，主要集中在产业链供应链风险上。

（三）“供应链金融场景之外”风险

供应链金融场景之外风险是宏观级别的风险，包含场景集中度风险、场景“逆周期”风险、场景的“灰犀牛”风险，以及场景战略违约风险。这类风险作为金字塔的基石，虽然属于低频风险，但一旦发生将会产生非常大的影响。

三层风险由下而上叠加而成，越底层的风险发生概率越小，但是一旦发生，整个金字塔倒塌的概率越大。目前基于大数据和风控模型的客户级智能风控手段，基本可以解决供应链金融“场景之内”的客户级风险和供应链金融“场景本身”的交易风险。而供应链金融场景之外的风险主要表现为宏观风险、产业风险、市场风险和其他风险。

8.2　从典型风险事件看欺诈风险防范

从目前供应链金融实务中出现的问题看，欺诈风险是供应链金融的重灾区，主要表现为以下六类典型风险事件：

（一）虚构贸易

即与交易对手之间形成虚假贸易关系，提供一系列假的交易合同和单证，然后据此骗取银行或其他金融机构资金。

在这种欺诈行为方式下，从形式上看，的确存在着交易流和物流服务，也存在着不同的参与方或服务者，交易的单证和要素也是完整的。其交易场景和发生业务并不是虚构出来的，但是实质性的业务发生额和交易实现额，则通过造假被大大地虚构出来。

典型欺诈案例 8－1　华业资本投资虚假应收账款案

2018 年 9 月 26 日，华业资本发布公告称，其子公司投资的应收账款未按期回款，触发了差额补足义务，共计 8.88 亿元，占华业资本 2017 年底经审计净资产的 13.06%。

该应收账款为重庆恒韵医药有限公司（以下简称恒韵医药）对陆军军医大学第一、第二、第三附属医院的应收账款，公司委派律师对债务人（陆军军医大学第一、第二、第三附属医院）进行了现场走访，向债务人的相关部门出示了恒韵医药与公司及公司子公司签署的《债权转让协议》《应收账款债权确认书》及债务人（陆军军医大学第一、第二、第三附属医院）出具的《确认回执》，债务人的工作人员否认存在《债权转让协议》中列示的债务，相关文件上公章系伪造的，确认上述债务并不真实。

调查发现，公司现有应收账款存量规模 101.89 亿元，全部为从转让方恒韵医药受让取得。公司聘请的律师认为，恒韵医药存在涉嫌伪造印章，虚构与医院的应收账款债权交易的可能。如上述律师认为的事项成立，华业资本存量应收账款（101.89 亿元）将面临部分或全部无法收回的风险。

（二）重复和虚假仓单

即开具虚假仓单或者重复质押仓单骗取资金。融资方与仓储服务提供方恶意串通，将他人的货物或者对同一批货物重复开立多张仓单，同时向多个金融机构重复质押获取贷款。

典型欺诈案例8－2　青岛港大宗商品融资诈骗案

涉案企业青岛德诚矿业有限公司的融资质押品是铝锭、电解铝、氧化铝等动产质押。由于质押物数量较多，该仓储业务委托青岛港完成。然而德诚矿业利用青岛港出具的仓单，向金融机构进行重复质押融资，实际银行贷款敞口超过10亿元。

2014年5月底，青岛港的金属库存规模出现异常波动，青岛港曝出铜融资仓单重复抵押事件，德诚矿业用同一批存放在青岛港的金属向多家银行重复抵押。随着青岛港铜融资调查的深入，媒体曝出外资银行在青岛港骗贷案中的敞口高达5亿美元，而中资银行的风险可能更大。仅青岛当地就至少有17家银行被卷入，涉及资金至少148亿元，多家大型银行涉及金额都在10亿元上下。

此案件至少显示出两方面失职之处：一是银行疏于贷后风险管理，完全依托第三方物流机构——青岛港；二是仓储物流企业监管不到位。

（三）自保自融

即通过关联方进行担保或者实施动产监管，骗取资金，近年来最典型的案例是“广东纸浆案”。

典型欺诈案例8－3　广东纸浆案

2014年，广州纸业传来一则消息，广州多家大中型纸张贸易商出现经营危机，其中，最具市场名声的广州市金山联纸业有限公司（以下简称金山联纸业）实际控制人郝艺远疑似“跑路”，郝艺远旗下的广东浆纸交易所已经暂停营业。

广州纸业4家公司在红岭创投的P2P平台借款1亿元，借款总额为1亿元的 4 个纸业融资项目的融资方，均为广东浆纸交易所会员，背后的实际控制人均为广州金山联纸业老板，项目通过物权转移的方式申请借款。

除了红岭创投以外，还涉及其他的民间借贷，另外，因本次事件是企业与仓库物流合伙犯罪，将货物重复抵押给银行进行骗贷，致使 20 余家银行牵涉其中，两者所占金额几乎是 1:1 的关系。

红岭创投对物权转移有清晰的表述：在一笔 3000 万元的借款项目中，纸业公司将 5000 万元的纸制品物权转移至红岭创投，购买货物商业保险；红岭创投与物流公司签署仓储协议，担保方则签署回购合同为货物变现做保障。

这看似清晰的流程，却暗藏猫腻。实际控制人操纵手下企业，同时向 7 家银行和一些民间融资平台借款，利用机构间的信息不对称性，将同一批货物重复抵押骗贷（既涉及自保自融，也涉及重复虚假仓单）。

（四）“一女多嫁”

是指凭借供应链业务或资产，多渠道套取资金，放大融资风险。比较典型的是上海钢贸案。

典型欺诈案例 8－4　上海钢贸案

2012 年 8 月集中开庭的上海钢贸诈骗案件中，建设银行、光大银行、民生银行等多家银行将上海银元实业集团有限公司、上海天展钢铁有限公司、上海舜泽钢铁有限公司等多家钢贸企业告上法庭，起诉案由多为“金融借款合同纠纷”。

从 2012 年 8 月 6 日开始，随着银行起诉钢贸商的 20 多起案件陆续开庭，钢贸行业开具虚假仓单、重复质押获取银行贷款的业内潜规则浮出水面。据了解，此次案件的根源在于钢贸企业的重复质押问题，神赛物资将同一笔质押物进行重复抵押，向华夏银行和工商银行分别进行贷款融资。而华夏银行先于工商银行通过法院将神赛物资抵押的钢材查封，影响了工商银行的权益，故工商银行随即起诉，要求提前还款。

（五）移花接木

资金的获取是凭借供应链中的业务或资产，但是筹集到资金后，资金的用途和去向并不是产业供应链，而是将资金投放到借款人博利的其他领域，诸如股市、房地产、理财等领域，甚至直接做“二银行”，再放贷，这样使得资金并没有真正进入产业供应链运营。

典型欺诈案例8-5　2018年8月金银岛爆雷

2018年8月初，金银岛资金链断裂，旗下互联网金融平台金联储发生爆雷事件，金银岛系全线崩盘。金联储爆雷，涉及投资者3万多人、圈走资金超25亿元。加上违约的资管计划和在违约路上的资管计划，涉及资金达到近40亿元。但是，金银岛与金联储的十多个账户中，只有四五百万元的资金。

据悉，金联储资金最终流向为煤矿、焦炭、铁矿等仓单和债权，其中占比最大的，是山西五个焦煤煤矿的煤炭仓单及债权，占比70%以上。

金联储是金银岛产业互联网业务向个人的借款的金融平台，金联储资金投向的是P2P金融，而不是供应链金融，将供应链从企业端布局到个人端，利用互联网做个人借贷。金联储爆雷最核心的问题是“李逵变李鬼”，供应链金融变信用贷。

（六）内外勾结

即双方并没有产生交易的实质，却通过造假形成贸易交易形式上的“真实”性，骗取金融机构或相关交易对手资金。

典型欺诈案例8-6　“承兴案”虚构应收账款诈骗300亿元

2020年8月20日，上海二中法院发布消息称，其受理了被告人罗某等合同诈骗、对非国家工作人员行贿一案。公诉机关指控，罗某等作为广东中诚实业控股有限公司直接负责的主管人员，伙同石某某等其他8名被告人以虚构应收账款为名骗取被害单位融资款共计人民币300亿余元，实际造成被害单位经济损失共计人民币80亿余元。罗某等在骗取融资款过程中，向业务相对方行贿300万余港元，折合人民币200万余元。

欺诈风险之所以是重中之重，是因为上述典型性风险事件虽然发生的概率并不大，但是由于涉案资金规模大，给金融机构造成的损失大，因此格外被金融机构关注和重视。

以上各类欺诈风险事件虽然表现各异，但暴露出的问题还是具有共性的：必须聚焦在供应链金融业务的贸易背景真实性审查，必须重视和增加涉及的相关资产的透明性，更多地关注参与企业主体的欺诈行为识别以及相关道德风险防范与控制，只有这样才能避免类似事件的发生。

8.3　供应链金融风险管控机理

虽然供应链金融业务风控的重点与传统融资业务有所不同，但就风险管控一般机理来说，供应链金融业务与传统融资业务是一样的，可以分为风险识别、风险度量和风险控制三个方面。

（一）风险识别

既要识别供应链金融外生风险，比如宏观经济环境风险、产业风险和市场风险，更要识别供应链金融内生风险，比如产业链供应链整体和运营风险、贸易和交易真实性风险、核心企业信用风险等。既要识别显性风险，还要识别隐性风险；既要识别信用风险，还要识别道德风险和操作风险；既要识别主体风险，还要识别交易风险；既要识别重点风险，还要识别全面风险；既要识别单一风险，还要识别系统性风险。

（二）风险度量

与传统融资业务相比，供应链金融风险具有动态性、可传递性和复杂性等特征。这就决定了仅仅依靠对融资企业经营、财务等方面进行授信分析的传统方法，难以避免供应链金融风险的发生以及阻止其风险的扩散。

需要借助核心企业、专业服务商、电商平台、第三方物流的专业支持，以及打通工商、税务、司法和征信等部门，避免“信息孤岛”的存在，将交易信息、第三方物流信息以及主体信用整合并实现互联互通。通过大数据分析，对融资企业进行多维立体画像，搭建实时动态智能化的风控体系，将成为风险管理的重中之重。

（三）风险控制

在我国供应链金融业务中，推行黑名单制和白名单制，这是建立供应链金融政策和业务指引的风险回避制度，通过黑名单制将风险排除在准入之前，通过白名单起到鼓励和支持的导向作用。

风险防范和风险控制主要通过完善的风险管理机制，一般包括完备的风险政策、风险管理原则、风险组织结构、风险管理流程和良好的风险文化来实现。

风险转移和风险保险都是借助第三方增信的一些措施，目的是转移风险，将风险损失降至最低。供应链金融风险转移可以通过核心企业确权、差额补足、回购以及物流企业的连带控货责任等来保障，而风险保险则可以借助保险公司的财产险以及履约责任险等来实现。

8.4　供应链金融风险管理“五化”原则

导致供应链金融不确定性的因素，概括起来主要有供应链外生风险、供应链内生风险和供应链主体风险。供应链金融服务平台要在风险管理过程中充分认识到上述三种风险的状况，合理构建供应链金融风险管理体系。

宋华（2015 年）提出供应链金融风险管理“五化”原则，即业务闭合化、管理垂直化、收入自偿化、交易信息化和风险结构化；2016 年其在上述“五化”的基础上，又增加了声誉资产化。陈晓华（2018 年）虽然对具体的某个原则内容认知上有所差异，但是也认为供应链金融风险应遵循“六化”原则，即业务闭合化、收入自偿化、交易信息化、管理垂直化、风险结构化和声誉资产化。其中，宋华认为的声誉资产化更强调要关注企业的主体信用，而陈晓华则特别强调了典型的欺诈风险（道德风险的防范）。笔者认为，与其说声誉资产化是原则，不如说是追求的目标或追求的结果。

所以在这里，笔者认为供应链金融风险管理一般要遵循“五化”原则。

（一）业务闭合化

业务闭合是指首尾相接，形成环路，最大化地创造价值，提高效率，减少成本，这是供应链金融运行的首要条件。供应链的整体活动应该是有机相连、有序运行的，包括发现价值、生产价值、传递价值和实现价值等环节，这些环节形成了完整的循环。

供应链运营是供应链金融的核心和前提，一旦供应链运营无法实现闭合，价值生产和实现出现偏差，潜在的问题和风险就会出现。因此，完整闭环决定了供应链金融运行的基础。

宋华（2016 年）认为，供应链本身的业务结构是保障闭合的主要方面，一个稳定、有效的供应链体系需要做到主体完备到位、流程清晰合理、要素完整有效。

（二）收入自偿化

收入自偿化指的是自偿性贸易融资的特征，是指根据企业真实的贸易背景、供应链流程以及上下游企业综合经营实力和资信，向链上企业提供短期融资，并把企业未来的稳定现金流作为直接的还款来源。

陈晓华（2018 年）认为，虽然与流动资金贷款同属短期融资，但自偿性贸易融资与之在授信理念、授信管理方式区别明显。在授信理念上，自偿性贸易融资注重贸易背景的真实性，对企业物流和资金流进行有效的控制，期限严格与贸易周期匹配，自偿性特征明显。在授信管理方式上，自偿性贸易融资注重客户的债项评级结果，结合特定产品授权控制。另外，从授信结果来看，流动资金贷款多为单笔授信，而自偿性贸易融资则为额度授信，满足了贸易的批量性和周转性。

自偿性贸易融资产品在设计之初就包含了较强的风险控制，主要风险控制措施包括但不限于以下几点：

（1）根据货物状况、同行业同品质货物的价格以及市场行情等因素谨慎衡量货物价值，建立严格的货物或品种准入制度。

（2）发放贷款不能一般化对待，而要根据货物的变现难易程度和价格稳定程度划分货物的价值，并以此来发放贷款，并同时约定货物价值下降时的防范措施，比如追加货物或者担保等。

（3）根据归还贷款的情况释放控制的货物。

（4）通过贸易关系中核心企业对融资对象进行应收账款确权、担保或差额补足等措施，实现对其责任捆绑，从而有效控制风险。

（三）交易信息化

交易的信息化是影响供应链金融风险的重要因素，主要表现在借助互联网、物联网、区块链、人工智能和大数据等现代信息科技，将企业内部或组织之间（上下游企业之间、与配套支持企业之间、企业与金融机构之间）的商流、物流、信息流和资金流等信息和数据，及时、有效、完整反应或获取，以更好地掌握供应链运营状态以及控制供应链金融风险。

（四）管理垂直化

管理垂直化即管理专业化，是指对供应链金融活动实施专业化管理，目的是明确责任，控制供应链金融流程，并且使各个管理部门互不重复、相互制约。

陈晓华（2018 年）认为，供应链金融管理体系要达到“四个分离”：

（1）业务审批与操作分离能够有效避免急功近利和盲目扩张所带来的风险。

（2）交易运作和物流监管分离是指从事供应链交易的主体不能同时从事物流管理工作，尤其是不能对交易中的商品实施物流监管。

（3）金融业务的开拓、实施和监管分离即“三权分立”，在经营单位组织结构的设置上采取开发、操作和巡查三分开的原则，并对各部门的工作做明确分工。

（4）经营单位和企业总部审议分离指的是对供应链金融业务的审批要实行经营单位和总部两级集体评审制度。通过设立评审委员会来评审具体项目，而对某些特定业务要指定专门评审员或者管理部门负责人进行评审，最后根据风险等级报请领导审批，由领导集体决策。通过层层审批，最大限度了解供应链运行情况，规避金融风险。

（五）风险结构化

在开展供应链金融业务过程中要实现风险的结构化管理，合理设计业务结构，并运用各种手段、措施及其组合化解可能存在的风险。

陈晓华（2018 年）认为，风险结构化需要考虑的因素包括：

（1）保险

要将业务风险分散，保险是一个不错的方案。完善的金融保险风险分散方案应该将各种险种有效组合在一起，比如客户信用险、财产保险、第三方监管责任险以及员工真诚险等。这样的组合方式在市场经济较为发达的国家比较常见，但我国这种组合型保险仍需探索。

（2）担保与承诺

在供应链金融业务中，各类不同的参与方或主体所能起到的担保和承诺都应该考虑在内，包括融资需求方、连带保证方、一般保证方以及其他利益相关者的担保承诺。

（3）协议约定

供应链金融业务要想顺利持续地开展，各参与方应该公平公正地承担业务责任，因此必须客观地界定各方的权利和义务以及承担风险的范围和方式。

（4）建立风险准备金制度

供应链金融业务具有风险高的特点，这使得提供金融服务的金融服务商以及参与监管的监管方都有着不小的压力。要想有效避免风险带来的损失，不妨向期货市场的风险准备金制度学习，计提一定比例的风险准备金。在这种情况下，即使出现一定的损失，这些损失也在可控范围内，对经营带来的影响不大。

有必要指出的是，尽管存在着各种化解、分散风险的手段，但是应当看到不同手段和要素的重要程度、风险分散能力是不尽一致的，即风险手段存在着优先级，而且实施成本也不尽相同，因此要采取“统筹兼顾，效果优先”的原则。例如，在特定的供应链金融业务中，保险可以作为分散风险的手段之一，但是往往不应该成为化解风险的最后或唯一方式。再如，作为担保方的主体也存在着优先顺序，这是因为不同主体的信用状况具有较大的差异性，都将会影响到对风险出现之后的应对方式。因此，多措并举的同时，应寻找最有针对性和最为有效的手段、措施以及它们的组合。

8.5 供应链金融风险管理十项举措

（一）创建独立的“数据信用”风险管理体系

抓住数字供应链金融风险本质，实现从主体信用到交易信用，从“物的信用”到“数据信用”的转变。从数字供应链金融信用来看，实际上有四种不同支点，一是基于中小企业主体信用，二是基于核心企业的主体信用，三是基于控制交易标的的“物的信用”，四是基于交易信息分析的“数据信用”。利用大数据构筑“数据信用”和“数据资产”，通过抓取供应链商流、物流、资金流和信息流，经过数据挖掘和分析，完成主体信用到交易信用，“物的信用”到“数据信用”的转变，构筑“数据信用”供应链金融风险管理体系，实现数据资产化，资产流动化。

（二）选择基础条件较好的产业链群

重点在产业链比较完备、行业秩序良好、与银行合作程度较高的若干行业进行优选。将风险管理前置，从行业准入开始，再到筛选供应链核心企业，最后运用数据分析选择链上中小企业，对产品进行闭环管理，根据市场变化评估监测、快速迭代。

（三）严格确定供应链核心企业的准入条件

应建立科学的准入标准，严格核心企业的准入。核心企业虽然信用较好，但并不意味着核心企业不存在风险。一旦核心企业的支付能力出现问题，将对整个供应链造成毁灭性打击。核心企业能否借助其客户关系管理能力和平台科技能力，协助银行提升其对商流、物流、信息流和资金流的掌控能力，助力银行提升供应链金融风险管理能力和业务开展效率。

（四）建立相应中小企业授信管理模式

在供应链金融中，有融资需求的往往是民营中小企业，这类企业往往存在运作管理不规范、信用风险大等情形。这就要求供应链金融机构针对中小企业的特性和供应链金融的特点建立一套行之有效的授信管理模式。重点选择与核心企业合作紧密度高，已建立稳定的商品购销关系，并得到核心企业的推荐或认可，生产经营正常，主业突出，主营产品销售顺畅，应收账款周转速度和存货周转率以及销售额和现金流量稳定，历史交易记录和履约记录良好的中小企业展开合作。

（五）逐步构建完善的数字化供应链金融风险评估模型

通过对接第三方数据平台，如交易平台、政府机构、第三方支付公司、物流平台、仓储公司等，为企业提供更加便捷的税务、水电、保险、运输、仓储等综合运营服务，丰富企业在平台上的经营数据和交易信息，完善企业风险评价模型。通过自建或者对接线下仓储、物流、零售店等实体资源，强化对平台上企业经营性资产或流动资产的掌控，其金融风险管理工作也更多地转到关注企业交易过程上。最终形成“交易信用 + 物的信用 + 主体信用”多维度数字化信用评估模型。

（六）优化业务操作流程，规范各操作环节职责要点

在贷前调查阶段，银行应建立专业的调查、审查模板和相关指引，调查人员据此进行信息收集，有效降低调查人员主观能力对调查结果有效性的影响。在授信业务落地环节，应细化与授信主体及其上下游企业之间合

同协议签订，印章核实，票据、文书的传递等事项的操作职责、操作要点和规范要求。在出账和贷后管理环节，应明确资金支付、质物监控、货款回笼等事项的操作流程、关注的风险点和操作的步骤要求，使得操作人员有章可循，严格控制自由裁量权。

（七）慎重选择抵质押物权

在选择用于抵质押存货的过程中，应当要求存货量足质优、易于储存、流动性强、货权清晰；在选择应收账款时，需关注应收账款所依附的基础合同应当真实有效，应收账款应当处于债权的有效期内且容易转让等；在选择预付款时，应当注意上游企业货源的充足性、违约赔偿能力及在违约情况下企业的回购意愿与回购能力等。

（八）加强对物流监管方的准入管理

在供应链金融业务中，物流监管方起到“监管者”“中间者”和“信息中枢”的作用。物流监管方不仅受银行委托对客户提供的质押物实现专业化的监管，确保质押物安全、有效，而且掌握了整个供应链上下游企业货物出库、运输和入库等信息的动态变化。银行正是通过物流监管方对质押物的监管来实现物流和资金流的无缝对接。应重点选择经营规模大、知名度高、资信情况好、仓储设备专业、管理技术先进、操作规范完善、监管程序严谨以及员工素质高的监管方进行合作。

（九）加强供应链金融管理的信息化建设

国内多数商业银行线上融资系统基本上是自身内部的独立操作系统，提供线上数据录入功能，无法与核心企业及其上下游企业、物流企业以及第三方服务商等进行直接的系统对接和数据交互，难以真正地实现在线身份认证、在线提交资料、在线授信审批的电子化流程操作。借助信息技术平台，将供应链的上下游企业组织起来，加强各企业间实时的信息交流，降低信息传递风险，使业务操作流程化、透明化，降低业务操作对人员的依赖，减少人为的随意性。

（十）加强供应链金融专业人才储备

随着供应链金融理念、模式、技术上的不断进步和完善，对其从业人员的综合素质要求同样有显著提高，不仅要掌握传统供应链融资的方法与技巧，更需要有创新意识与创新思维，熟悉具体行业、产业链供应链和交易场景，既掌握一定金融科技同时又具有优秀的风险分析能力的复合型人才。

因此，未来对供应链金融专业人才的培养与储备，特别是借助新技术和新工具的数字化供应链金融创新人才培养，将成为开展供应链金融业务的核心竞争力之一。

8.6　数字供应链金融智能风控实现路径

风险控制一直以来是金融的核心之一。数字化供应链金融条件下，实现风控的智能化，大致需要经历三步走：主体信用评价阶段、“交易信用 + 主体信用”评价阶段以及基于垂直产业链闭环的智能风控体系阶段。

（一）第一阶段：建立主体信用评价体系

主体信用评价是以企业为对象，基于企业长期经营，利用互联网进行的信用评级。要注意收集反映目标企业长短期偿债能力的多维度信息。比如，借助信息平台，利用互联网技术收集企业的缴税数据、发票数据和水电煤费用数据等。此外，可以通过法人身份证号码、企业组织代码等构建企业族谱和关联筛查技术构建企业画像，排查关联交易等金融风险。再如，通过工商、司法、征信等获取经营状态、涉诉情况和信贷违约情况。对法人代表及其实际控制人个人征信、涉诉及其他重要信息的收集与获取。对企业及法人代表和实际控制人负面舆情和不良行为等信息的关注。总之，利用好外部数据和内部数据相互验证，关注企业和个人等维度的重要相关信息，提高主体信用评价的科学化水平。这一阶段以商业银行为代表的金融机构已经建立起比较成熟的体系。

（二）第二阶段：构建“交易信用＋主体信用”评价体系

数字供应链金融时代，智能风控更加聚焦企业在供应链的交易层面的数据分析，通过对企业交易情况的数据收集、分析、评估，关注整个交易过程，并借助第三方物流等信息交叉验证，从而实现实时监控和动态预警。其本质是从供应链运营角度，从对主体信用的关注，转移到对交易信用的关注，从而构建完整的“交易信用＋主体信用”评价体系。构建这一体系的核心是保证业务场景和交易的真实性。

具体而言，在这一阶段，可以分三步走：第一步收集和处理数据，将多维度数据，如企业征信数据、企业经营数据、交易往来数据和第三方物流数据等统一接入，并通过相关数据采集技术，对数据进行加工，形成对风险评估有价值的数据组合。第二步是建立客观信用评价模型，包括完成反欺诈和信用评定等工作。第三步将相关模型在实践中通过机器学习不进行断优化和迭代。

（三）第三阶段：建设基于垂直产业链闭环的智能风控体系

在实现上述“交易信用＋主体信用”风控评价体系后，金融机构可以深耕于特定垂直细分产业，与科技公司紧密合作，使智能风控嵌入垂直产业运营流程，构建封闭式风险管理模式，坚持“数据即信用、信用即风控、风控即价值”的理念，推动“信息信用化、信用数字化、数字资产化和资产流动化”落地。

在这一阶段，具体有以下几个特点。

一是数据实时交互共享成为现实。金融机构与供应链金融平台、核心企业、第三方服务商和科技公司等互联互通，更加开放，借助新技术和新工具，实时交互共享商流、信息流、物流和资金流。

二是风控能力互补合作更加深入。如金融科技公司、以 BATJ 等为代表的互联网企业、专业第三方平台以及垂直电商 B2B 平台、核心企业以及商业银行战略合作将更加深入，使得“场景＋金融＋科技”为核心的数字化、智能化风控模式成为可能。

三是风险管理从经验主导转变为技术主导。传统风控变量只有几十个，而且是结构化数据。未来，智能化风控既包括结构化数据，也包括非结构化数据，包含的变量将极为丰富。智能化风控推动由经验主导转变为技术主导。

8.7　数字供应链金融风控体系建设

从供应链管理的角度，搭建供应链金融平台，做到对商流、物流、资金流和信息流的控制，要做好“四控”工作：一是通过物流管理系统来控货：包括但不限于订单、运输、仓储、加工、库存等环节；二是通过资金管理系统来控资金：包括但不限于融资申请、授信、结算、放款、受托支付、专项回款、利息计算等；三是通过交易系统来控交易：包括但不限于客户管理、合同管理、账户体系、对账管理和支付管理等；四是通过建立和完善基于数据获取、数据应用以及数据预测的智能风控系统来控风险。

数字化平台最难做的部分是风控系统，通常面临征信信息缺失、数据挖掘能力弱和模型评估能力弱的问题，这是因为数据散落各处，存在信息孤岛，以及受制于有限的信息、过去的信息和实时信息的难以获得等。

成熟的数字供应链金融风控体系包含三个层次：数据层、应用层、预测层。其中，数据层包括风控主数据的获取、风险数据的拓展以及数据的维护，其中风控主数据至少应包括交易信用数据和主体信用数据等，数据的拓展应包括行业层面和宏观层面等，数据的维护是指强化数据的及时补充、实时更新和集中管理。风险数据的应用层包括高效的在线审批、精准及时的事中风控。而风险数据的预测层是指利用先进的模型科学地处理和分析数据，帮助进行风险预测和开展风险定价决策。

完善的风险主数据管理使风控数据维度更完整全面、信息提取更高效，避免人为因素干扰，为风险建模打下坚实基础。基于 IT 系统的审批流程进一步减少人为因素影响，提升审批效率，而事中风险监控体系可以确保异常情况的及时处理。基于大数据分析的量化风险模型帮助企业充分利用数据资产预测风险，是金融风险定价的基础。

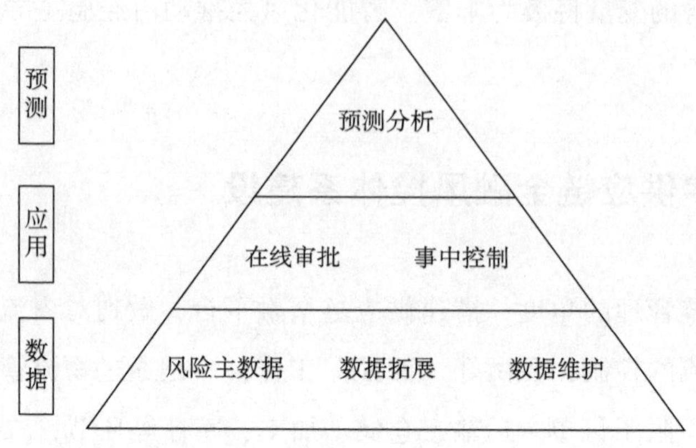

图8－2　数字化风控体系

案例8－7　苏宁银行“微商贷”实践：场景基因＋数据风控

（一）场景基因

微商贷已与途虎、美团、狮桥、金蝶、中和农信等场景平台建立了合作，实现批量获客。截至2021年5月末，“微商贷”中和农信项目累计放款4.23亿元，服务农业小微超7400余户。

微商贷基于统一渠道系统、金融开放平台、网贷系统、CSI反欺诈决策引擎、天衡小微金融风控体系等技术，具有很强的场景基因。

微商贷产品通过统一渠道系统支持App、公众号、场景平台等多种渠道进件，经网贷系统调用天衡小微金融风控体系完成自动审批，支持客户在线电子合同签约，运用人脸识别、手机号码三要素校验、反欺诈等系统功能判断客户真实性，支持客户在线自主提款。

金融开放平台将授信申请、协议签署、文件传输、放款申请、还款申请、账户开立及相关查询交易等30余个标准化接口封装给合作方，客户通过第三方平台完成与苏宁银行侧的信贷申请、签约和自主提还款等操作。

基于金融开放平台，微商贷成为小微企业日常经营中的有力支撑，例如汽车服务商添置配件的贷款、成为农场主购买农资的资金、餐饮商户采购食材的钱款等。

（二）数据风控

场景平台合作的核心是数据风控。江苏苏宁银行“敢贷”的背后，是因为覆盖贷前、贷中、贷后全流程的“天衡”小微金融风控体系。

贷前环节基于天衡精灵决策引擎系统实现纯线上信用审批流程，基于纳税、财务、工商司法、征信等数据构建了600多个数据特征，打造了一批机器学习模型，如反欺诈决策模型、准入策略模型、信用模型、逾期模型、额度模型、定价模型等。

贷中阶段基于债务人还款记录、征信记录和纳税数据，打造还款意愿模型，基于实时计算技术，评估债务人当前还款能力和意愿，自动化给出处置，如提额、冻结、解冻、预警等。

贷后环节打造了“秋毫”小微企业风险预警、“捕逾”智能催收等系统，基于知识图谱分析资金用途，通过催收评分模型实现智能分案和差异化催收处置策略。

8.8　厘清金融科技助力风控误区

以人工智能、云计算、大数据、区块链和物联网等技术为基础的科技公司进入金融风控领域，科技与金融的结合日益紧密。传统风控采用评分卡模型和规则引擎等进行风险评分，而智能风控会根据履约记录、社交行为、行为偏好、身份信息和设备安全等特征进行用户风险评估。两种风控方式从操作到场景都存在明显区别，进入移动互联网时代后，智能风控的优势更为全面和完善。

相较于传统金融机构采用评分卡模型和规则引擎等“一强特征”进行风险评判，如今的智能风控主要利用场景金融中产生的碎片化信息进行用户风险评估，增加了更多风险因子和变量，可以从更多层面刻画客户风险视图，可以提升风险定价、违约计算的效果，强调数据间的相关关系。

同时，智能化有助于实现对风控的精细化管理，成为传统风控在场景金融中的有效补充，智能风控更强调以客户为中心，实现无感风控，着重于对大数据的应用，注重强调多种技术的结合应用，不再是区分客户单纯的好坏，还要更多地贴近业务，从业务的客群筛选、场景数据、风险定价等方面全方位进行把控。

必须看到，金融科技在快速发展的同时也带来了一些新的风险问题。一方面，由于大数据、云计算、人工智能等高新技术广泛应用，传统金融风险的表现形式、传染路径发生深刻改变，数据安全等非传统风险日益突出，隐私保护问题亟须重视；另一方面，金融科技加速渗透背景下，金融混业经营更加普遍，多种业务交叉融合，导致风险交织复杂、风险传播速度增快。

金融科技的本质仍是金融，其落脚点在于金融创新，要坚守本质、敬畏风险。对于金融科技公司而言，因业务没有完全脱离金融的范畴，因此在追求快捷体验的同时，同样需要强调金融安全，主动拥抱监管。

杨涛（2020 年）认为，评判金融科技创新应当遵循四个主要原则，一是金融科技创新能否提升金融体系运行的效能；二是金融科技创新能否在功能和结构方面弥补金融体系现有短板和不足；三是金融科技创新如何保障金融安全；四是金融科技创新除了服务金融业自身健康、持续、有效运行之外，还需要进一步发挥价值的外溢作用，金融科技的价值外溢主要体现在夯实经济发展内生动力、服务长期供给侧内生经济等方面。

高峰（2020 年）认为，金融科技创新要防止以下三种倾向：一是没有围绕服务实体经济而是脱实向虚，损害消费者权益；二是监管套利，逃避政府管制，创造盈利机会并降低成本；三是过度采集客户数据，可能侵犯客户隐私。

辉常观察（2021 年）认为，金融数字科技化的终极目的和意义在于让金融更好地回归实体，回归经济社会的主流，而不是进入金融的独立王国。之所以会有如此判断，其中一个很重要的原因在于，无论是金融内部，还是金融外部，都在发生一场深刻而又全面的变革。金融作为联通经济社会发展的毛细血管，如果再不去进行变革，就无法发挥它的功能和作用，无法更好地回归实体经济。认清了金融数字科技化的这样一个终极的目的和意义，我们才能真正明白金融数字科技化的真正方向，而不仅仅只是把所谓的金融数字科技化看成一个向 B 端赋能的方式和手段，非但无法真正促进金融数字科技化的发展，甚至还会把它带入死胡同里。

叶望春（2020 年）认为，具体而言，要厘清当前金融科技助力风控的几个误区。

误区一：过度相信科技，认为金融科技可以改变风控的本质。

这种想法在前几年非常流行，认为科技会颠覆金融，无所不能。但从实践来看，金融的核心是风控。金融科技时代在金融和科技的关系中金融是主体。无论科技怎么日新月异，金融的本质不会改变，贷款需要还款，投资需要回报。

科技可以让银行获得更准确的数据，更好地预测借款人还款意愿的高低，更准确地预估借款人的收入和现金流，更好地设计交易结构让借款客户的收入、现金流流入银行还款账户以达到风险闭环，帮助反欺诈，更大程度降低风险，更准确地实现风险定价。同时也可以简化银行的决策审批流程，改善客户体验，并实现正向客群选择。但是这些不消除风险的存在，也不会降低实际风险，风险管理的原则包括风险定价不改变。

误区二：金融科技可以帮助金融机构满足所有的融资风控需求。

金融科技很大程度上可以帮助社会实现普惠金融，帮助更多的长尾群体尤其是中小企业得到相对低成本的融资。但是不是风控做好了，只要不是欺诈，只要是真实、有场景的消费、经营性融资需求，金融机构就可以满足呢？

显然并非如此。虽然从理论上讲风险定价，只要收费大于成本——这里的成本包括资金成本、运营成本和信用损失，融资模式就可以持续进行下去。但现实中由于监管和金融机构自身的限制，金融机构不可能无限高地收费，如银行收费不能超过基本利率的一定水平。

因此一些高风险客群，即便是有真实场景的融资需求，但由于过度消费或经营没有可持续性，很难通过正规渠道满足融资需求。高风险客群的波动性相对高很多，在设计产品、定价阶段必须进行必要的压力测试。

误区三：风险管理就是风控模型和风控政策，最多加上贷后催收。

这是非常大的一个误区。风险管理是一个渗透于业务全流程的管理，从目标人群的锁定、获客渠道、获客方式、产品定价到审批、风控模型直至贷后预警、贷后政策、贷后催收、重组都会直接影响到贷款损失率。

很多时候获客渠道和获客方式已经决定了产品目标人群的风险水平，如果不能进行合理的风险定价，就可能导致产品因缺少合适的目标客群支撑而难以持续运行并最终失败。

优秀的风控人员不但必须熟悉数据，善于运用大数据工具，而且需要了解市场、客群，依靠常识作出正确地判断。风控人员应该参与业务的每一个环节，把控、预判、管理可能的风险。

同时风控应该是一种文化，需要前中后台的通力合作，每一个人都应具备对风险的敬畏和防范意识。如果仅靠风控模型、风控政策的围追堵截，只会让市场越走越窄。

误区四：模型过度拟合，起不到区分好坏客户的作用。

谈到利用大数据、AI 技术就很难绕开模型。一直困扰很多机构的是，模型在训练数据上表现非常好，但一进入实战就失去了区分能力。

有的机构明明数据样本充足，数据源有效，并不断地“维护”模型，不断地训练模型，有的甚至每个月拿到新数据都会调整模型变量，这么“努力”，但贷款质量在实战中仍然表现很差，这是为什么呢？很可能是过度拟合了。过度拟合是模型训练太多，用于训练的数据中掺杂了太多噪声。

那么过度拟合是怎么造成的呢？主要原因有两个：一是样本点太少；

二是模型太复杂。国内常见的问题是模型太复杂。

完全避免过度拟合是不可能的，但在建模过程中，我们要努力保证模型的稳定性，好坏排序正常且保持分离。需要降低模型复杂度，而且模型中的变量保持较低的相关性。这样的模型在实战、在市场中才会发挥作用。

综上所述，笔者认为，要坚持“金融的归金融，科技的归科技”，科技企业再有能力也不能干持牌金融机构的事。要坚持金融科技是手段，不是目标，充分发挥金融支持实体经济的作用，是发展金融科技的目标和努力方向。金融科技必须在防风险、提效率和创价值方面助力金融支持实体经济的发展。金融科技有科技的属性，但也有金融的属性，要尊重金融的一般规律和金融的本质，要注意防范金融科技发展带来的新风险和新挑战。要注重金融科技对传统金融的改造，以及与传统金融的结合，传统金融的风险管理理念、机制和方法有很多成熟的东西，当然也有许多可以改进的地方，要加强传统金融与现代金融科技的融合，传统方法和现代科技是两种手段，要发挥两种手段在控金融风险方面最大的价值，发挥“1+1>2”的效应，而不是肯定一个、否定一个。既不要神话金融科技的作用，也不要全盘否定传统风控理念、机制和方法，只有综合利用、综合施策才是正道。

第三篇
数字供应链金融实践：人力资源服务行业

第9章　人力资源服务行业供应链金融开展

9.1　人力资源公司融资难、融资贵是普遍现象

9.1.1　人力资源服务行业概述

（一）行业定义

人力资源服务业，是围绕人力资源和用人单位，搭建平台，构建桥梁，提供增值服务促进人力资源有效开发和优化配置的行业；是为劳动者就业和职业发展，为用人单位管理和开发人力资源提供相关服务的行业。人力资源服务业是为企业提供人力资源各项外包服务，以提升企业经营效能，促进企业转型升级的生产性服务业。

（二）劳务派遣、人力资源外包和灵活用工

人力资源服务业主要包括人事代理、人力资源培训、人才测评、人力资源管理咨询、网络招聘、中高端人才寻访、招聘流程外包（RPO）、劳务派遣、人力资源外包、灵活用工、人力资源软件系统等多种形态。

这里重点介绍劳务派遣、人力资源外包和灵活用工：

劳务派遣，由劳务派遣机构与派遣员工签订劳动合同，把劳动者派向其他用工单位，再由其用工单位向派遣机构支付一笔服务费用的一种用工形式。劳动力给付的事实发生于派遣员工与实际用工单位之间，实际用工单位向劳务派遣机构支付服务费，劳务派遣机构向劳动者支付劳动报酬。

人力资源外包，企业根据需要将某一项或几项人力资源管理工作流程

或管理职能外包出去，由第三方专业的人力资源外包服务机构或公司进行管理，以其降低经营成本，实现企业效益的最大化。

灵活用工，主要针对招聘旺季、新项目、员工短缺替补及编制紧张带来的人才短缺，提供短中长期项目和人员外包。这是狭义的灵活用工概念。

广义的灵活用工，是指在规定工作任务或固定工作时间长度的前提下，企业根据关于雇佣关系制度的现行法律法规，通过使用兼职、劳务合作、自雇合作、劳务派遣、短期合同、人力资源服务外包等多种用工方式，帮助实现企业人力资源队伍的快速调整、精确匹配、弹性管理和敏捷适应环境变化。

简单来说，企业与员工不建立正式的雇佣关系，而是根据需求，通过人力资源外包的方式解决任用问题。派遣、外包、劳务、小时工、兼职、自由职业都包含在灵活用工的范畴内，灵活用工的本质是对社会零散、碎片化劳动力的充分利用。

管理大师查尔斯·汉迪，在《非理性时代》中曾提出三叶草组织形态。他认为未来企业由三部分员工组成：专业核心人员、外包人员和临时及兼职人员。三分之一的员工是核心员工，会跟随公司一起往前走，三分之二的员工通过外包、顾问、自由职业者的形式存在，未来这样的公司才是一个健康的公司。

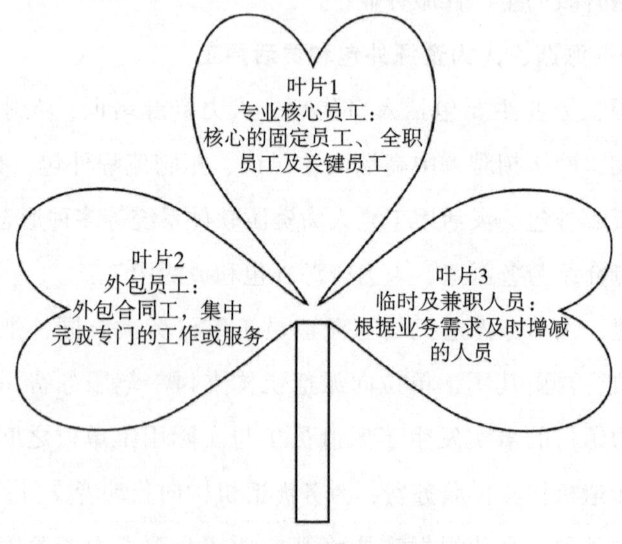

图 9－1　三叶草组织形态

9.1.2 人力资源服务行业高速成长

人力资源服务业呈现高速发展态势，市场发展前景良好。近年来，全国人力资源服务行业的营业收入持续保持两位数增长，近6年复合增长率为20%。从业人员数量逐年扩大，行业整体处于高速增长期。截至2019年底，全国共设立各类人力资源服务机构39568家，从业人员674836人（见图9.2）。截至2019年底，2019年全行业营业总收入19553亿元，同比增长10.26%。

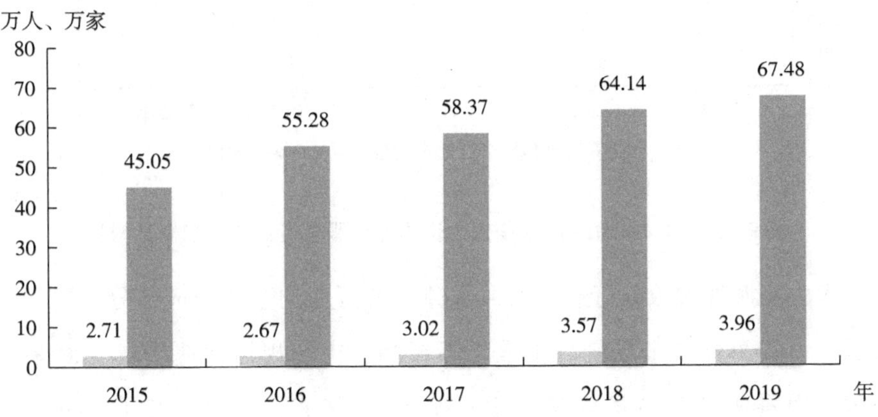

图9-2 人力资源服务机构（万家）与从业人员（万人）变化情况

从服务机构类别看，县级以上地方政府人力资源社会保障部门（含其他行业管理部门）共设立公共就业和人才服务机构5298家，占人力资源服务机构总量的12.4%；国有性质人力资源服务企业1641家，占3.1%；民营性质人力资源服务企业30898家，占78.1%；外资及港澳台资性质的服务企业261家（其中港资、澳资、台资性质的服务企业分别为115家、2家、9家），占0.7%；民办非企业等其他性质的服务机构1470家，占2.7%。

2019年，全国各类人力资源服务机构为48万家用人单位提供了劳务派遣服务，同比增长34.29%；派遣人员1174万人，同比增长8.90%；登记要求派遣人员812万人，同比增长12.85%。各类人力资源服务机构为91万家用人单位提供人力资源外包服务，同比增长11.64%。

（一）人力资源外包行业快速发展

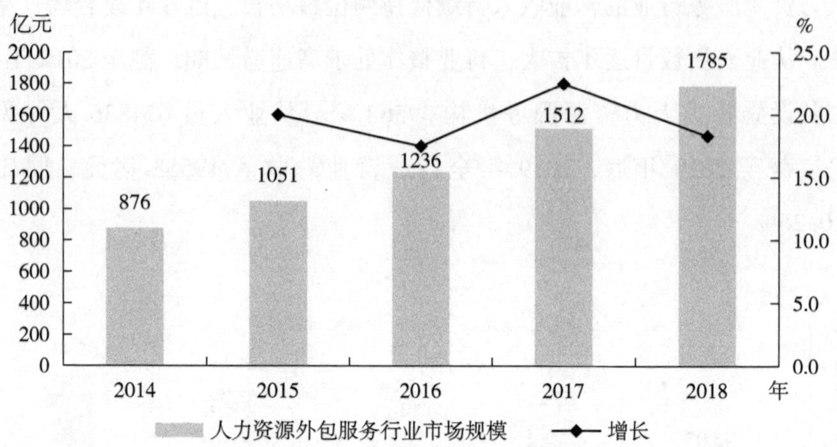

图9-3　2014—2018年中国人力资源外包服务行业市场规模及增长

人力资源外包服务行业是人力资源服务行业的重要组成部分，近年来，我国人力资源外包市场景气指数不断提高，市场规模快速增长。2018年，我国人力资源外包市场规模已增长至1785亿元，同比增长18.06%，与2014年相比，实现了100%以上的增长。

（二）灵活用工市场显著增长

国内灵活用工市场规模在2017年至2019年的三年间得到了显著增长，从318.5亿元增长到了2019年的475.4亿元。

当前，灵活用工已成为全球人力资源服务行业中体量最大的细分行业，从灵活用工占总就业份额来看，“灵活用工”模式在国外的发展已经非常成熟，发达国家年均达到25%，其中日本、美国分别达到42%、32%的市场渗透率，而中国的灵活用工占比仅为9%，中国灵活用工市场处于快速发展期，发展潜力十分巨大。2012—2017年中国灵活用工市场年均复合增长率约为16%。随着灵活用工产业的横向拓展和纵向深化，预计2018—2025年中国灵活用工行业年平均复合增长率约为23%，2025年中国灵活用工市场规模将达到1660亿元。

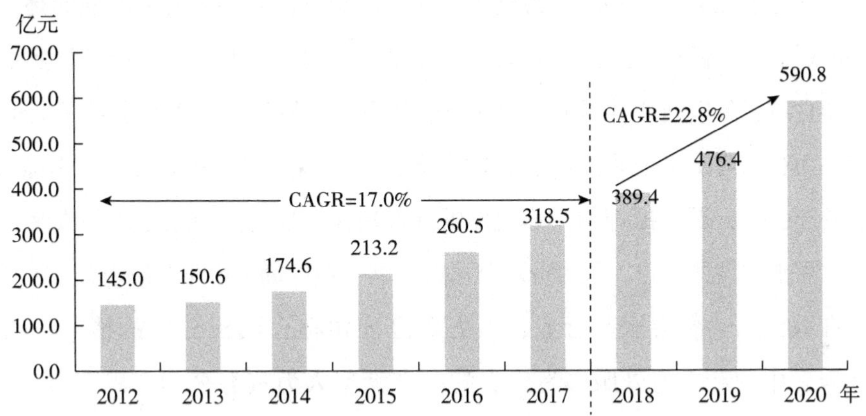

图9-4　国内灵活用工市场规模

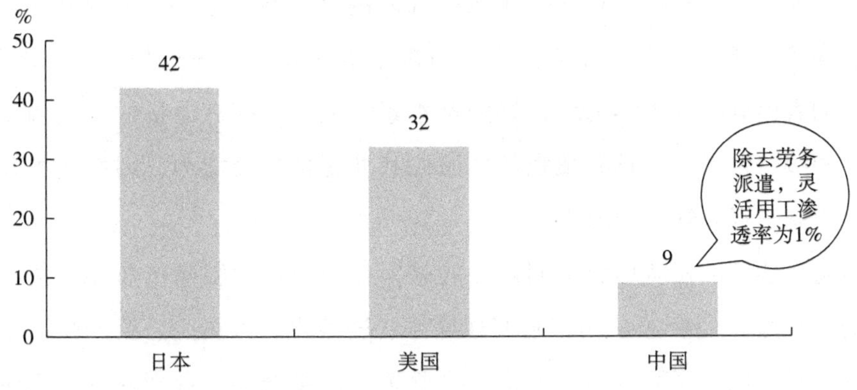

图9-5　灵活用工渗透率对比

（三）平台经济迅速崛起

近年来，以京东、顺丰、盒马、美团、饿了么以及滴滴等为代表的平台经济的迅速崛起，使得分拣员、快递员、骑手和驾驶员等需求规模超过千万人级别，月薪酬结算量相应超过千亿元级别，疫情期间平台经济呈现井喷式的发展。

9.1.3 人力资源公司融资难、融资贵是普遍现象

与千亿甚至万亿级别的人力资源产业金融服务需求形成鲜明对照的是，国内能够提供针对性和专业化金融服务的金融机构太少，人力资源服务行业金融产品和金融服务创新严重不足，传统的信贷服务和授信模式严重制约了行业的发展。而当前为用工企业提供服务的众多人力资源公司，多数是中小微企业，是轻资产公司，没有抵押物，不能提供有效担保，且资金使用呈现频次多、周期短、需求刚性的特点，人力资源公司融资难、融资贵是行业普遍现象。

在我国人力资源服务行业，人力资源公司存在两极分化的情况。以北京外服、中智和上海外服等为代表的国有大型人力资源公司，以万宝盛华、任仕达、德科、Recruit 等为代表的国际性外资人力资源公司，以科锐国际、猎聘、人瑞、万宝盛华等少数得到资本市场青睐的头部民营人力资源公司，构成行业的第一梯队。虽然处于第一梯队的公司数量不多，但因品牌、管理、人才、科技和服务优势，使它们在竞争中处于领先地位。除此之外，它们拥有很好的资本实力和良好的资本累积能力，拥有通畅的直接融资渠道和间接融资渠道，具有很强的内源性和外源性融资能力，因而业务开展不会受制于资金缺乏的困扰。

与上述第一梯队形成鲜明对照的是，在人力资源服务行业存在数以万计的中小微人力资源公司，它们规模小、资本少、人员少、资产少、盈利水平有限、地域区域分散，但是中小微企业数量众多，管理的员工规模和业务总量在行业占比很高，构成人力资源服务行业的基石，是行业中最有活力的生力军，它们以自己的方式在为行业发展和支持实体经济作出积极的、重要的贡献。然而长期以来，这些公司普遍存在着融资难和融资贵的情况，融资难、融资贵严重制约了这些中小微企业的业务发展，长此以往将会对人力资源服务行业整体的健康发展造成不利影响。

从融资渠道上看，我国大多数中小微型人力资源公司由于经营规模较小、利润率不高、盈利水平有限，企业自身的资本累积能力不足，内源性

融资在很大程度上无法满足扩大再生产和提高企业竞争力的客观要求。而从外源性融资方式来看，由于国内外股票市场的准入门槛较高，除了发展很好的头部人力资源公司，比如科锐国际、猎聘、人瑞、万宝盛华等能够获得资本市场的青睐和认可外，众多中小微型人力资源公司很难有机会进入资本市场获得直接融资。

我国大多数中小微型人力资源公司由于规模小，盈利少，导致抗风险能力差；加之财务管理不规范，数据质量不高，导致信用累积不够；其轻资产运营模式，缺乏有效和足够的资产来抵押，加之缺乏有实力的担保，因而很难从银行等传统金融机构获得信贷支持。

9.2 人力资源公司融资难、融资贵原因分析

当前，我国中小微人力资源公司融资难、融资贵是不争的事实。因此，有必要研究和梳理其背后的原因，然后对症下药，相关方都作出各自切实的努力，才有可能改变现状。笔者试图从人力资源公司、金融机构和社会征信服务体系三个层面来进行探讨。

9.2.1 人力资源公司融资难自身层面的原因

打铁还要自身硬，人力资源公司很难从银行等传统金融机构获得融资，或者说人力资源公司融资难，要先从自身找原因。笔者认为人力资源公司融资难，主要存在以下三个方面的问题。

（一）规模小，盈利少，抗风险能力差

大多数人力资源公司受制于业务能力和服务能力所限，往往经营规模小，利润率低，盈利水平有限，而且业务波动性大，因而经营具有先天脆弱性。再加上这些公司注册资本少或注册资本不实，资本累积能力不够，导致抗风险能力差，因而在银行等金融机构看来，贷款的风险较高，资金安全性得不到有效保障。

（二）财务不规范，数据质量不高，信用累积不够

大多数人力资源公司包括财务管理在内的总体管理不够规范，财务报表可信度不高，经营或财务数据真实性存疑，造成人力资源公司信用累积不够，银行等金融机构无法通过企业财务数据和经营数据，判断信用状况，识别信用风险。

（三）轻资产运营，缺乏有效抵押和质押，缺乏有实力的担保

绝大多数人力资源公司多为轻资产公司，呈现资本少和资产少的特点，缺乏有效足值的抵押和质押资产，缺乏有实力的担保，在银行等传统金融机构现有的信贷逻辑和信贷标准下，由于相应资产保障方式缺失，以及第三方增信措施缺乏，因而很难获得银行等金融机构的贷款。

9.2.2 人力资源公司融资难在金融机构层面的原因

人力资源公司融资难，作为融资主渠道的银行等传统金融机构难辞其咎，概括起来，笔者认为在银行等传统金融机构层面，主要存在以下三个方面的问题。

（一）授信标准等同于一般大企业，导致“不能贷”

近年来，银行等金融机构对中小微企业有针对性地制定了信贷标准和业务流程，在一定程度上缓解了中小微企业融资难的问题。但在笔者看来，这些措施只是一定程度上的改良，还称不上真正意义上的创新，很多是换汤不换药，深层次的东西，包括授信标准和授信依据并没有发生实质性的变化。其背后的逻辑依然是以静态的资产负债表为载体，主要还是看公司的主体信用状况，看还款的资产保障以及担保增信措施，通俗地说就是企业是否具备最后的“兜底能力”。

如果没有足值的房屋等不动产来抵押，没有汽车、设备、存货商品等有效的动产来质押，找不到有实力的公司来做担保，中小微企业还是很难获得银行等金融机构的授信。除了极少数有资产可以抵押的人力资源公司以外，众多人力资源公司很难达到以上授信条件，因而在人力资源服务行

业尽管有数万家公司，其轻资产运营的特点，导致银行等金融机构“不能贷”。

（二）缺乏适配信贷产品、简易流程和线上操作，导致“不愿贷”

信贷产品和放款流程等同于一般大型企业，缺乏符合中小微企业特点的信贷产品和业务流程，比如更多地采用线下的实现方式，而不是以线上为主的操作方式。由于中小微企业呈现小而分散的特点，线下操作效率低、成本高，如果不能做到简化信贷流程以及线上操作，通过批量开发客户叙做业务，收益难以覆盖成本，因而银行等金融机构缺乏开展相关业务的动力，出现银行“不愿贷”的情形。

（三）缺乏容忍度的硬性考核标准，导致“不敢贷”

等同于一般大型企业的统一的信贷考核机制和考核标准，缺乏对中小微企业应有的弹性和容忍度，就会出现吃力不讨好，做得越多可能出现的风险就越多，惩罚就会越多，最终形成恶性循环，造成银行等金融机构对小微企业“不敢贷”的局面。

表征上，银行等传统金融机构对于人力资源公司出现“不能贷、不愿贷、不敢贷”的情形。实质上，银行“不能贷”背后是僵化的信贷标准，“不愿贷”背后是僵化的信贷流程，“不敢贷”背后是僵化的信贷考核以及相应风控能力的缺失，这些都是银行缺少创新的表现。如何突破传统观念和传统思维，从实际出发，创新出适合中小微人力资源公司需求的金融产品和金融服务，是值得银行等传统金融机构深思的问题。

9.2.3　人力资源公司融资难配套层面的原因

除了上述人力资源公司自身的原因，以及银行等传统金融机构的原因以外，人力资源公司融资难还有复杂的社会配套成因。

（一）社会征信体系不健全

我国社会征信体系还不健全，导致人力资源公司工商信息、经营信息、纳税信息、司法信息、征信信息（含人民银行征信和第三方征信等）以及行业评价信息等散落在各处，形成信息孤岛。如何打通各自为政的局面，实现各种信息的有效整合，从而为银行等金融机构信贷决策创造条件和提供依据，建立统一完善的社会征信体系成为关键。然而社会征信体系的建设是一个复杂的系统工程，非一朝一夕可以完成。

（二）信用担保体系不健全

我国信用担保体系不健全，没有建立和健全一套针对中小微企业融资的信用担保体系。中小微企业缺少信用担保制度的支撑，按照现有的银行授信标准和条件，人力资源公司很难从银行等传统金融机构获得融资。

（三）普惠金融体系和政策性金融服务缺失

此外，我国针对中小微企业缺乏多层次普惠金融服务体系，加之针对特定人力资源服务行业的政策性金融缺失，也一定程度上加剧人力资源公司融资难的局面。

9.3 人力资源服务行业供应链金融开展

本书第2章介绍了供应链金融业务，在许多行业，比如在生产制造领域、贸易流通领域以及其他领域，包括应收账款融资、存货融资和预付账款融资形态在内的供应链金融产品和业务，已经为越来越多行业所接受和运用，由此供应链上众多的中小企业通过供应链金融方式获得发展所急需的资金支持。可以说，供应链金融突破了传统金融的束缚，正在发挥越来越重要的作用，为中小微企业发展提供了很好的流动性支持。

他山之石，可以攻玉。在人力资源服务行业，是否可以借鉴其他行业供应链金融方面的良好实践和有益探索？在人力资源服务行业，是否存在供应链金融开展的条件？供应链金融如果在人力资源服行业开展，应如何实施？人力资源服务行业供应链金融发展趋势和发展方向是什么？未来如何利用好这个趋势和方向，更好地为人力资源服务公司发展提供金融赋能？

在回答上述问题之前，笔者认为，首要解决的一个问题是，人力资源服务行业有没有开展供应链金融的条件和可能？即人力资源服务行业是否存在相应的产业供应链，以及在产业供应链基础上是否产生相应的供应链金融服务需求。人力资源服务行业毕竟不同于其他行业，有着自身的行业规律和行业特点，金融服务只有贴近和适应人力资源服务行业的实际，才能更好地发挥作用。

9.3.1　应收账款融资适用于人力资源服务行业

在人力资源服务产业供应链上，一方面，作为供应商的人力资源公司为下游用工企业提供相关的人力资源服务，由此作为供应商的人力资源公司（相当于供应商）对下游用工企业（相当于采购商）形成人力资源服务的应收账款（清晰的债项资产载体）；另一方面，人力资源公司在规定的时间必须向员工支付薪酬，如果出现资金流动性短缺，人力资源公司就会产生相应的融资需求。

人力资源公司将其对下游用工企业的应收账款转让给银行或保理商，通过保理业务方式进行融资。因此，应收账款融资方式的供应链金融业务同样适用于人力资源服务行业。

之所以有上述结论，判断依据是：人力资源行业存在完整而又清晰的产业供应链，人力资源公司在供应链上产生比较好的优质资产——应收账款，人力资源公司可以依托应收账款通过保理业务等方式进行融资。

（一）人力资源服务行业存在完整而又清晰的产业供应链

以人力资源服务行业占主流的外包服务为例，作为供应商的人力资源公司（通常称为乙方）与下游的用工企业（通常称为甲方）签署人力资源外包服务合同，约定乙方按照合同规定要求为甲方提供相应人力资源服务，甲方按照合同规定标准和约定时间给付乙方服务费。

因此，在人力资源服务行业存在清晰的产业供应链。只不过跟传统供应链有所不同的是，与一般商品买卖不同，人力资源公司提供的是相关人力资源服务。人力资源服务行业供应的不是商品，而是人力资源，因而存在的是人员流，而不是商品流。在人力资源服务行业，存在合格的人力资源的组织、交付、运营和管理（包括招聘、培训、排班、考勤、考核和应急处理等），不存在传统供应链中的商品仓储、运输和交付环节等，也不存在与此相关的物流活动。

除去上述差异，人力资源服务行业的供应链逻辑和原理跟其他行业的供应链并无本质不同，即同样存在供应商和采购商，同样存在交易价值实现和交易对价支付。

进一步地分析，会发现不但人力资源服务行业存在清晰的产业供应链，而且存在多级的、较为复杂的和相对完整的产业供应链。

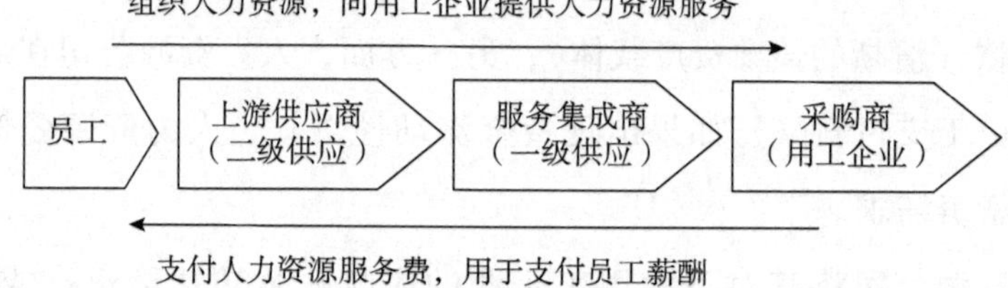

图 9－6　人力资源服务产业供应链

各级人力资源中介公司（上游供应商）将招聘的员工输送给下游的人力资源公司（服务集成商），人力资源公司（服务集成商）将自身招聘的员工以及通过各级人力资源中介公司招聘的员工，输送给下游的用工企业（采购商）提供人力资源相关方面的集成服务，下游的用工企业向更下游厂商或终端消费者提供产品或服务，以上就是人力资源产业供应链的业务流和价值流。

相应地，用工企业（采购商）向其人力资源公司（一级供应商）支付服务费，人力资源公司（一级供应商）向上游供应商支付费用（如二级供应商、三级供应商等），直至相应供应商向员工支付薪酬，这形成了人力资源产业供应链的资金流。

（二）产业供应链上人力资源公司形成的应收账款是优质资产

正如前述，我国人力资源公司普遍属于轻资产运营模式，缺乏足够有效的资产来进行抵押，按照传统授信条件，很难在银行等金融机构获得贷款。似乎人力资源公司融资难，成了一个无解的难题。

的确，人力资源公司是轻资产运营，没有自有厂房、办公楼等固定资产，也没有存货类的动产，这是事实。但这并不意味着人力资源公司没有其他有价值的资产。事实上，人力资源公司不但拥有这样的资产，而且资产无论从价值上来看，还是从流动性上来看，都属于比较优质的资产。

人力资源公司主要是为用工企业提供相应人力资源方面的服务，当人力资源公司完成对用工企业的相应服务后，用工企业要支付人力资源公司相应的服务对价，这个对价表现形式就是人力资源公司对用工企业形成的应收账款。

应收账款作为人力资源公司对用工企业的债项资产，具有以下几个特点：一是标的价值明确，主要表现为权属清楚和价值确定，一般由用工企业和人力资源公司通过双方对账来确认标的价值；二是标的价值较大，货币属性强，这是因为该项资产由人力资源公司主营业务产生，在公司所有资产中占比最大；三是该债项资产流动性较好，回款时间（账期）明确，可以产生很好的现金流。此外，由于该笔款项最终用途是以薪酬形式支付给工人，因而受到劳动法保护，该应收账款呈现刚性兑付特点。

人力资源公司由于自身经营特性，主营业务为用工企业提供人力资源服务，从而形成的应收账款是其最重要的资产，同时也是流动性比较好的资产，因此供应链上人力资源公司形成的应收账款是其优质流动资产。

（三）人力资源公司可以依托应收账款进行融资

人力资源公司是否可以依托应收账款进行融资？答案是肯定的。这里就运用了供应链金融的原理，具体说来就是运用了应收账款形态供应链金融业务原理：以用工企业（核心企业）为依托，基于真实服务和交易背景，以人力资源公司对用工企业的应收账款转让为前提，运用交易自偿性特点，通过专业手段封闭资金流，可以实现人力资源公司通过应收账款为载体的融资。通常情况下，这种应收账款形态供应链金融主要是以保理业务方式来实现。

9.3.2 薪酬保理业务介绍

为了区分于传统行业的保理业务，笔者把人力资源服务行业基于薪酬支付用途的应收账款保理融资业务称为薪酬保理业务。

（一）薪酬保理业务的概念

薪酬保理业务，是特指在人力资源服务行业，人力资源公司将其基于为下游用工企业提供外包服务所产生的应收账款（应收服务费）转让给银行或保理商，由银行或保理商向其提供资金融通、买方资信评估、销售账户管理、信用风险担保和账款催收等一系列服务的综合金融服务方式。

（二）薪酬保理业务流程

薪酬保理业务是基于人力资源公司对于用工企业提供人力资源外包服务，形成应收账款（应收服务费）；人力资源公司将应收账款（应收服务费）转让给银行或保理商，银行或保理商单独或与人力资源公司共同向用工企业发起应收账款转让通知；银行或保理商向融资方发放保理融资款，并监督资金专项用于员工发放薪酬；应收账款到期后，用工企业支付相应的款项，优先用于向银行或保理商还款。

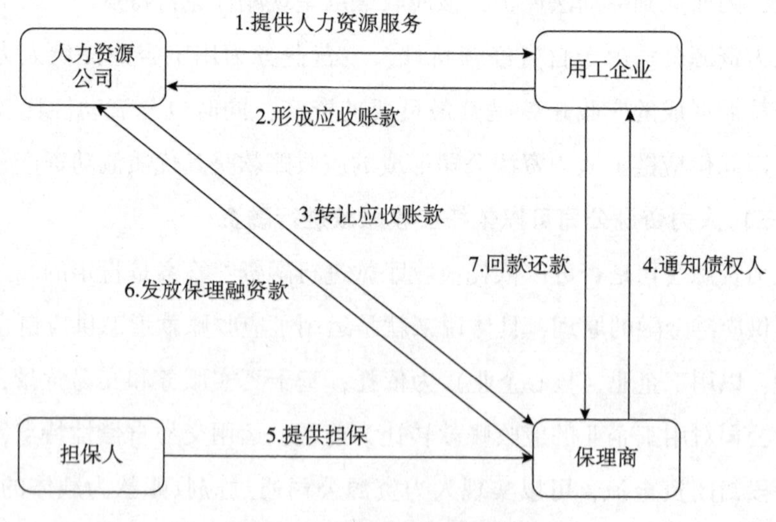

图 9－7 薪酬保理业务流程

9.4　亚洲保理工时表融资产品介绍

受客户日益增长的需求和中国政府对人力资源服务业支持政策的正面影响，中国人力资源服务业及各细分行业在过去几年中保持了较快的增长，未来也将保持较高的增速。然而，在这样快速增长的行业里，有非常多的人力资源公司面临着严峻的资金问题，一是它们需要垫付巨额工资，二是当它们急需用钱的时候却无法从银行那里得到支持，碍于这两大问题，它们无法快速扩张自身业务，从而也就无法伴随着行业的趋势快速发展。

针对大多数人力资源公司面临的流动资金短缺和融资难问题，亚洲保理适时推出了“工时表”融资产品。作为亚洲保理的热门产品，自面向人力资源服务行业推出以来广受好评，企业客户重复融资率高达90%以上。

（一）工时表融资申请条件和业务流程

工时表融资产品面向人力资源公司，申请要具备两个条件：（1）给正规的用工企业提供服务，可以提供正式服务合同；（2）有规范的工时表、考勤表。

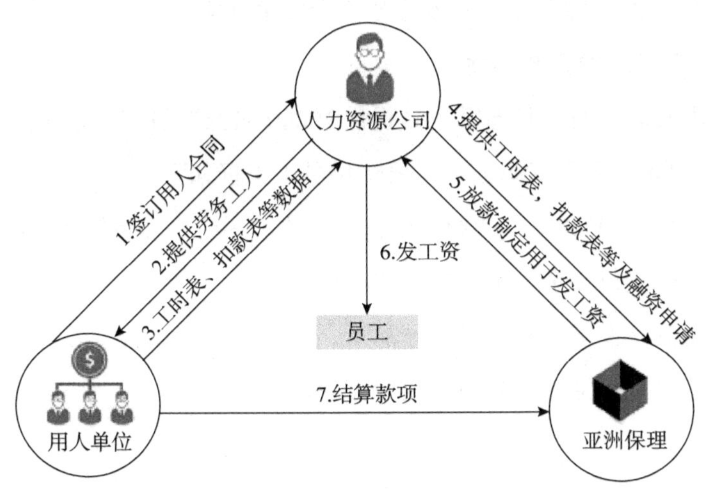

图9－8　工时表融资产品交易结构和业务流程

（二）工时表融资产品特点

（1）垫付工资和前期招聘费用，有效解决流动性资金紧张的问题。

（2）无发票融资。无须发票，仅凭工时表或考勤表就可以融资，快速便捷。

（3）按需融资。产品具备良好的融资额度弹性，向企业提供的人多就多融，向企业提供的人少就少融，不缺钱的时候不向保理公司融资，不融资不用支付利息。

（4）对用工企业带来的价值远超其他行业。人力资源采购是特殊采购，优质的供应链关系会极大地提升人力采购的产出价值。

（三）工时表融资产品优势

（1）轻松有效地解决人力资源服务机构临时性的、短暂的且额度较大的现金需求。

（2）无须抵押，快捷办理，通过率极高。

（3）按需融资，人力服务淡季时可以不用融资，也就不产生利息。

（4）保理不是借款，账期到了，客户回款代表本次融资全部结束，人力资源公司不必发愁到期日筹款还债。

（5）信用保险做保障，应收账款不会发生坏账。

（四）工时表融资产品案例

某人力资源公司每月向富士康提供10000名派遣员工，富士康付款周期为60天，因此该人力资源公司需要垫付员工工资如下：

每月工资：10000人×3000元/月（平均工资）=3000万/月；60天账期，需要自己垫付2个月工资共6000万元。

在使用亚洲保理工时表融资产品后，该公司不用垫钱就做成了10000人的派遣生意（根据亚洲保理官网资料整理）。

第10章　人力资源服务行业数字供应链金融实践

10.1　人力资源服务行业发展供应链金融面临的问题

人力资源服务行业存在相对完整的产业供应链，相关各方主要有用工企业、人力资源公司、各级人力资源服务中介（含终端门店）、第三方信息科技服务商、资金提供方和保险提供方等。人力资源公司将上游多级的人力资源供应商（包括各级服务中介和终端门店）集合起来，为下游用工企业提供集成的人力资源外包或人力资源派遣服务。

因此，人力资源服务行业发展供应链金融面临的问题，主要来自用工企业、人力资源公司、第三方信息科技服务商以及金融机构四个层面。

（一）用工企业层面存在的问题

通常下游用工企业称为甲方，而为其直接提供相关服务的人力资源公司通常称为乙方，甲乙双方签订的服务合同俗称为“一手单”。这样，作为甲方的用工企业就成了人力资源服务行业供应链节点上的核心企业，交易自偿性的实现要依靠用工企业给付人力资源公司服务对价，未来现金流的来源是用工企业付款。可以说，当前的人力资源服务行业供应链是以用工企业为核心企业的标准单链式展开的。一般说来，与乙方人力资源公司相比，作为甲方的用工企业处于相对主动、相对强势的地位。通常情况下，用工企业对供应商的选择有着严格的标准和完整的流程，只有达到其标准的人力资源公司才能有资格成为其供应商。

乙方人力资源公司对于甲方用工企业来讲，是直接的人力资源集成服务提供方，因此成为其直接交易对手和直接的合作伙伴。那些能够进入用工企业供应商体系的人力资源公司，无论服务能力、管理水平，还是规范程度都相对较高，再加上双方具备较好的合作基础和配合默契，乙方人力资源公司与甲方的用工企业形成了事实上紧密的战略合作关系。这一关系，在长期人口红利消失，中短期用工荒、招工难形势下，将进一步得到巩固和强化。

作为甲方的用工企业在人力资源产业供应链上居于核心地位，理应发挥主导作用，承担起串联和优化供应链管理的关键责任。而作为乙方的人力资源公司在供应链上也处于重要节点，面对其上游的供应商和员工则要承担起更大的责任。

人力资源服务行业现状是，作为甲方的用工企业和作为乙方的人力资源公司并未处于平等的地位。人力资源服务行业开展供应链金融，在用工企业层面上面临四大挑战：

（1）存在甲方占压乙方资金现象

一般说来，甲方用工企业与乙方人力资源公司的服务款项存在合理的账期，属于正常商业往来范畴。但部分用工企业合同规定的账期较长，有的超过三个月，有的甚至更长；少数用工企业存在超合同规定的时间支付款项，有的超规定时间几天或十几天，有的甚至超过一个月；有的用工企业存在通过晚开发票等技术手段拉长支付周期的现象；另外一种突出的占压形式表现为，用工企业通常要求人力资源公司要缴纳数量不等的保证金等，无形中大大增加了人力资源公司的资金压力，与人力资源公司相比，大部分用工企业事实上并不存在资金支付压力。凡此种种，使人力资源公司面临“招工难”和“资金难”双重压力。

（2）存在甲方不准乙方融资的禁止性条款

甲方用工企业不按时给付乙方人力资源公司服务款项，而乙方人力资源公司必须在发薪日按时给员工发薪（员工发薪具有刚性要求），导致人力资源公司面临很大的资金垫付压力。众所周知，人力资源公司是轻资产公司，因此其不得不向外寻求融资，若人力资源公司将对用工企业的应收款项用于向保理公司和银行等金融机构融资，经常会遭遇“不得向第三方转让”的合同限制性条款，导致人力资源公司无法实现对外融资。一方面，用工企业不按时给付服务款项；另一方面，又禁止人力资源公司向金融机构和保理公司融资，使得人力资源公司资金流雪上加霜。

（3）变更回款账户时甲方配合度差或者不配合

即使不存在上述资产转让禁止性条款，在人力资源公司向保理公司和银行等金融机构提出融资申请，按照金融机构要求产生变更相应回款账户需求时，甲方用工企业配合度差，变更流程复杂、手续烦琐、效率低、耗时长，有的甚至直接在合同上标明“不得变更回款账户”字样。

（4）存在甲方信息不能共享的问题

甲方用工企业仅向乙方人力资源公司分享其对账信息和结算支付信息（即使存在这种分享，采取的方式随意性也比较大，有的是线下对账方式、有的是采取邮件方式、有的是通过微信方式）等。而对于第三方，甲方并不开放和分享其相应的用工信息，特别是作为资金流动性提供方的金融机构，无从直接和及时获取由甲方发起和传递的商流、信息流、人员流以及资金流等情况。如果金融机构仅仅靠乙方人力资源公司单方面提供的交易信息、对账情况和发薪记录等作为信用风险评价依据，则可能存在严重的信息不对称，容易产生较大的道德风险。

（二）人力资源公司层面存在的主要问题

除了少数大型民营人力资源公司、国有人力资源公司和外资人力资源公司以外，众多的中小微人力资源公司普遍面临管理能力不高、服务不够规范、信息化和科技化水平比较低的状况。

有的人力资源公司还停留在主要依靠传统线下和手工作业模式，导致管理效率低下、服务能力不高。高层管理者对信息化和科技化建设缺乏应有的认识和重视程度，加之缺乏专业化的人才队伍，缺乏必要的投入，高水平人力资源管理信息化体系很难建立起来。

受制于人力资源科技化管理水平低下，不能实时获取相应的业务流、信息流、人员流和资金流，除了对用工企业服务支持不够以外，也很难为金融机构开展数字供应链金融业务提供所需的必要信息和科技支持。

（三）第三方信息和科技服务商层面存在的主要问题

受益于行业迅猛发展和现代信息技术的进步，作为第三方的信息和科技服务商异军突起，成为人力资源服务行业信息化和数字化建设的一支重要力量。

从发展数字供应链金融的角度来看，第三方信息和科技服务商层面存在的主要问题在于通常对人力资源服务行业研究得较多、了解得比较深入，但对金融行业研究得较少、甚至不够了解。通常考虑用工企业和人力资源公司需求比较多，对它们的痛点关注得比较多，对它们的赋能也相对充分；相比之下，对金融机构需求考虑得不多，对金融机构的痛点关注得较少，对金融机构的相应赋能不够。

因此，作为信息和科技服务提供的第三方，在链接用工企业和人力资源公司服务方面较好，在链接金融机构需求层面没有给予应有的重视和考虑，致使三方链接层面存在断路，没有很好地起到链接产业与金融的桥梁作用。

（四）金融机构层面存在的主要问题

在开展数字供应链金融业务上，金融机构面临的主要问题有：通常情况下，金融机构按照一般产业的需求开发通用的供应链金融产品和金融服务，缺乏对人力资源服务这一细分行业规律和特点的深入考察、深刻研究以及专业创新。

由于银行等金融机构缺乏专业的人力资源服务行业供应链人才，缺乏专有的研究和创新能力，存在闭门造车的现象，设计出来的金融产品和金融服务的行业针对性不强，实用性不高，客户满足性不够好，金融产品、金融服务与产业客户需求之间存在“两张皮”的现象。

10.2　数字化供应链金融建设各主体努力方向

10.2.1　用工企业努力方向

作为甲方的用工企业，处于人力资源服务行业供应链中的主导地位，其在供应链金融开展方面应该发挥核心企业的功能，在人力资源服务行业数字供应链金融建设方面发挥更加主动和更加主导的作用。

当前甲方用工企业，主导人力资源服务行业优化升级数字化供应链管理水平，需要作出以下改进。

一是用工企业要提高站位，要站在人力资源服行业整个供应链全局角度，发挥其主导作用，承担其关键责任。

事实上，未来的竞争不是在单个企业层面，而是在供应链层面上展开，谁优化和提升了供应链，谁就将在竞争中居于优势地位。谁善待自己的供应商，谁就会得到供应商的深度支持，形成长期稳定的战略合作关系。人力资源供应链是企业产业链最重要的组成部分之一，尤其是在面临长期人口红利消失、中期用工荒和招工难的形势，用工企业的人力资源供应链管理更是重中之重。用工企业必须强化认识，站在战略高度，以全局思维，借助现代信息技术，提升人力资源供应链管理水平，特别是要加强供应链数字化建设能力。

二是用工企业树立开放性思维，摒弃封闭性思维，在加强自身人力资源管理数字化建设水平同时，允许其线上接口向乙方人力资源服务公司、资金流动性提供方以及保险方等第三方开放。

若甲方向乙方及金融机构开放线上端口，既可以释放乙方人力资源公司日常管理、对账、结算等线下操作压力、提升工作效率，又能让金融机构及时获得需要的信息和数据，方便金融机构为乙方人力资源公司针对性地金融赋能，保证人力资源公司不受困于资金压力，更加专注于提升专业服务能力，最终保障用工企业获得更加优质和专业的人力资源服务。

10.2.2 人力资源公司努力方向

人力资源公司数字化转型是将其业务信息化，对业务（流程、场景、关系、员工）进行重新定义，内部完成全面在线，外部与相关重要合作方建立有效连接，从前端到后端，全面实现无须人工介入的自动化和智能化。

人力资源公司信息化的力量来自内驱动或外驱动两个部分，其中内驱动的力量主要来自两个方面：（1）内部管理型驱动，包括人力资源公司业务规模不断扩大，公司管理、运营、人工等成本上升，业务管理差错率提升，内部管理型信息化升级需求迫切等；（2）内部业务型驱动，人力资源公司的招聘、外包等业务，为了满足业务发展需要，内部业务型信息化升级需求迫切。

而外驱动主要来源于外部业务型驱动：如甲方用工企业要求人力资源公司某些业务模块需要相关信息系统，外部力量倒逼其管理水平和信息化升级。

当前大部分中小人力资源公司信息化建设落后，数字化转型还停留在概念阶段，对外大大限制了人力资源公司对用工企业的服务能力和服务品质，很难满足用工企业在人力资源管理上更高水平的需求。在大环境下，人力资源行业普遍进入生存艰难阶段，接到的招聘、外包服务等业务服务成本在上升，利润在下降，如何向内提高运营效率、提高管理效益成了亟待解决的关键问题。提升在线化、数字化和智能化管理能力已经成了人力资源公司发展绕不过的坎。

笔者认为人力资源公司在信息化和数字化建设方面，要做到以下三个方面。

一是人力资源公司要提高认识，明晰自身在人力资源服务行业发展所处的位置和应担当的责任。

人力资源公司是人力资源服务行业最重要的供应商力量，处于人力资源服务产业供应链重要位置和关键节点，链接用工企业、各级人力资源中介、终端门店和千千万万的员工，人力资源公司只有不断提升自身管理能力和服务水平，才能促进产业链供应链水平整体提升，而提升管理和服务的有效途径就是不断提升信息化、科技化和数字化建设能力。

二是数字化建设不能一蹴而就，信息化发展是一个过程。

思想上，要给予足够重视，把提升信息化、科技化和数字化水平作为“一把手”工程来抓。战略上，可采取“先易后难，先部分后整体，拿来主义与自主开发相结合”的策略。战术上，可采取“小步快跑，快速迭代”的做法。

三是发挥与重要合作方在数字化供应链建设方面的协同力量。

比如加强同甲方的密切合作，与甲方人力资源信息化系统建立有效链接、有效兼容和有效协同。再如与第三方支付系统建立有效链接，与保险公司投保系统建立有效链接，与银行等金融机构的授信系统建立有效链接，实现三方或多方业务流、人员流、信息流和资金流的共享，这其中信息互联互通、数据实时交互成为关键。

10.2.3　信息和科技供应商数字化管理实践

（一）人力资源数字化虽面临挑战但转型潜力巨大

传统的人力资源信息化解决的是人力资源管理线上化的问题，将人事信息数据的管理结果清晰地展示在系统中，最重要的功能是做信息的收集与保存。然而，传统人力资源管理系统已经不匹配企业的现实需求：系统落后的原因不是技术的落后，而是企业的业务逻辑发生了变化，使得企业需要适应现阶段发展需求的数字化工具支持；而随着企业管理的颗粒度要求越来越细，管理结果会使人力资源部门工作产生滞后性。

人力资源部门为了更好地配合业务，需要提升管理能力进行数字化升级。人力资源数字化成为帮助企业解决生产力与生产关系之间矛盾的有效手段，旨在人力资源管理的基础人事、招聘、人才发展、组织发展等各个方面，利用人工智能、大数据、云计算等技术，提升组织效能和协同能力的线上化、信息化、智能化管理。

北森人才管理研究院于2020年10月至11月调研了600余家企业，发布了《北森2021年中国人力资源管理年度观察报告》。北森人才管理研究院的调研显示，22.2%的中国企业已经具有切实的HR数字化经验，70.6%的企业在人力资源数字化领域上蓄势待发，但仅有3.2%的企业认为自己有成功实践。调查数据表明，人力资源数字化转型虽然面临很大挑战，但发展趋势已不可逆转，发展空间巨大。

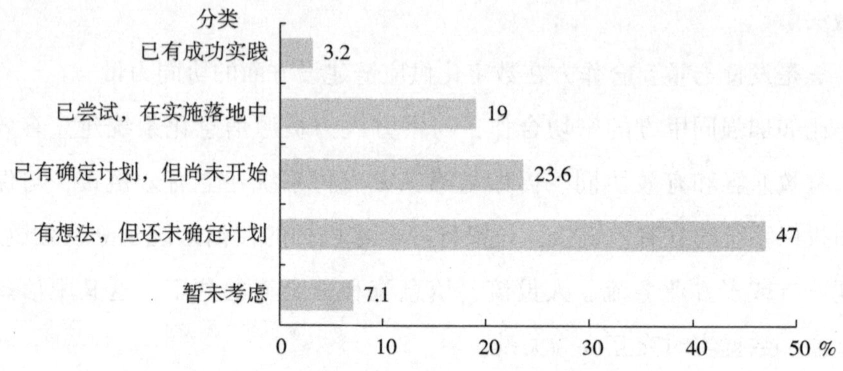

图10－1　北森关于人力资源数字化转型调查数据

（二）薪酬管理领域数字化发展迅猛

社宝科技《2020—2021年中国薪酬福利保障调研报告》中显示，在人力资源薪酬管理领域，考勤排班和薪资计算是两个重头戏，分别有45.8%和45.3%的HR有考勤和薪资方面的困扰：一是企业对雇员个性化绩效考评越发重视，加大了HR在薪资计算方面的困难程度；二是在2020年兴起的灵活用工、共享用工等新兴用工模式，让某些不定时工作岗位的排班、假勤、绩效等计算更加复杂；三是近年来的个税改革，也给HR在计税方面带来了挑战，特别是在员工的专项附加扣除方面，有32.6%的HR曾担心扣除情况是否正确，因为这不仅关系到员工的利益，也关系到整个企业的薪酬管理效率。

调查发现，有34%的企业采用了第三方数字化平台来帮助它们管理薪资和考勤。这个数字相较往年，呈现逐步攀升的状态。更多的企业尝试将薪资发放业务外包以降低管理成本。而基于薪资的隐私特性，企业更愿意选择将部分业务或异地员工外包至第三方平台，实现效率的最大化。调查还发现，伴随企业规模的扩大，选择自行发放薪资的企业数量呈现相反的趋势，400～3000 人规模的企业则更偏爱第三方的系统平台。

数字化系统平台计算下的薪酬、考勤、计税等更加准确，更加快速，加速了中大型规模企业人力管理的效率。可以说，数字化的薪酬管理平台正在悄然改变传统薪酬管理的运营模式，企业更希望利用数字化平台的高效性和便捷性，让数字化时代的薪酬管理更富有人力资源改革的延展性，这也让 HR 找到了应对未来纷繁复杂的薪酬管理的有效途径。

（三）信息和科技服务商数字化实践

在数字化时代，借助互联网和人工智能、区块链、云计算、大数据和物联网等现代信息技术，系统平台成为了人力资源薪酬领域赋能的重要基础设施。作为第三方的信息和科技服务商以数字化平台建设能力异军突起，成为提升用工企业和人力资源公司数字化管理水平，优化人力资源服务行业数字化供应链管理能力的重要力量。

相信借助第三方信息和科技服务商提供的数字化管理平台支持，用工企业人力资源数字化管理水平以及人力资源公司数字化管理能力都会有显著提升，在此基础上，甲方用工企业、乙方人力资源公司、第三方金融机构以及其他相关方的有效连接和实时互通成为可能，进一步推动人力资源服务行业产业供应链管理数字化水平提升，从而有效支持和保障人力资源服务行业数字供应链金融开展。

下面分别介绍两家典型的人力资源服务行业薪酬管理领域的数字化服务商的实践：

一家来自钉钉（DingTalk）和人力家联合打造的智能薪酬 2.0。

其中钉钉是中国阿里巴巴集团推出的企业版即时通信应用软件，提供多种语言、支持多种操作系统，由阿里巴巴集团开发，于 2015 年正式上线。

人力家是阿里钉钉和人力窝共同投资成立，是一家帮助客户进入人力资源数字化，依靠产品技术创新驱动战略的互联网公司，主要提供包括人事管理、薪酬管理、社保管理、背景调查、增值服务在内的人力资源 SaaS 服务，加速对人力资源领域赋能，实现人力资源新工作方式。

一家来自小爱科技打造的云智爱（HRO SaaS 系统）平台。

小爱科技成立于 2017 年 5 月，总部位于北京，在上海、广州、深圳、杭州、重庆、福州等城市设立了分支机构。小爱科技——灵活用工平台及 HRO SaaS 一体化供应商，致力于协同企业、个人、人力资源公司三方，通过科技实现人力资本价值的最大化。小爱科技帮助企业降低用工成本，提升组织效率；帮助个人实现更高质量、更充分就业；帮助人力资源公司实现数字化转型突破。

案例 10－1　钉钉联合人力家发布智能薪酬 2.0，正式推出制造、零售两大行业解决方案

2020 年 4 月 21 日，在智能薪酬 2.0 线上产品发布会上，钉钉联合人力家正式发布智能薪酬 2.0 产品，在技术计算架构、算薪场景、报表中心、用户体验上进行全面升级，同时推出了制造、新零售的行业场景解决方案，解决业绩提成计算和人力成本分析等老大难问题。

在时薪不同、工作时间不固定、多班轮岗的制造和零售行业，传统动辄需要半个月到一个月的算薪流程，让 HR 和财务人员苦不堪言。“智能薪酬 2.0 版整体数据处理能力提升 10 倍以上，百亿级数据实时分析速度可达毫秒。”发布会上，人力家 CEO 马西亚表示，智能薪酬 2.0 版新增 50% 算薪专属函数，API 接口全面开放；新增成本分摊功能，针对项目制或不为单一产品线服务的企业复用人员，基于考勤数据和薪酬数据的连通，更细致地拆分人力成本；同时，企业可以根据自身关注的维度，自由配置分析报表，达到以数据为决策依据。

阿里钉钉副总裁张毅表示，“钉钉智能薪酬 2.0 版相当于给每个公司都

配置了‘一个薪资绩效激励专家＋一个HR＋一个财务＋一个数据分析专家’，帮助企业实现数字化薪酬管理场景，为公司提供数字战略支撑”。

（1）红旗仪表的数字化实践：制造业复杂的计件算薪从20天缩短到半小时

红旗仪表是典型的制造业企业，车间总计有1000种以上的工序，四五十个工种，不同工种的小时工资均不一样，每个工人速度、技能、熟练度各不相同，计件工资更是难以预估，经常出现真实数据和标准数据的偏差。不仅如此，传统制造业的算薪工作可谓是一把“辛酸泪”。红旗仪表副总周一兵介绍说，原来每个工人都有一本计件单，每做一道工序，工人都要手写到计件单上。车间一共400多号人，财务月底算薪，需要手动核算每人一打的记账本，这个过程通常需要15～20天。

现在通过钉钉智能薪酬2.0版，工人通过手机端就能完成日常的派发任务和报工。月底算薪时，工人的每一个工序、每一个工序的单价、所有的计件系统会自动计算出来，整个算薪流程不到半小时。“钉钉智能薪酬不仅让算薪效率提升700多倍，带给我们的效益远远大于此。”周一兵说，“通过智能薪酬的数据分析，我们可以精准算出车间的人均产能跟人效，从而可以给车间设立更合理的KPI参考值，提升企业的生产率和创新性”。

（2）英涉时装业务型HR的全面转型

杭州英涉时装有限公司是国际潮流时尚买手集合品牌，作为典型的零售企业，店铺员工的入职、离职、考勤和薪酬计算非常烦琐和复杂。英涉时装CFO彭正昌介绍说，近几年，公司一直致力于数字化转型，因为钉钉具有开放性、兼容性和扩展性，目前公司的办公操作都通过钉钉实现。

“英涉时装近1000名员工的入职、劳动合同签订、考勤、工资计算和业绩提成、社保、离职管理等，都通过钉钉实现，极大地节省了人力资源部门、财务部门及营销部门的工作时间，提高了数据的准确性、及时性和完整性。”彭正昌说，“更重要的是，通过对与人力资源有关的业务流程的调整和优化，部门内部与跨部门之间的工作理念发生了很大的变化，现在

HR 部门有时间和意愿去了解前端业务的情况了”。

据了解，智能薪酬是钉钉内十分畅销的算薪应用。自 2018 年 12 月 19 日发布起，在 488 天的时间里以平均 1.06 天升级一次的速度完成了 459 次迭代，积累了 28 个行业的 30 万余家企业用户，全面满足不同行业和规模企业的数字化转型升级（根据人力家资料整理）。

案例 10－2　小爱助力天津泰达人才实现企业降本增效

小爱科技旗下产品包括爱灵工（灵活用工平台）和云智爱（HRO SaaS 系统）。爱灵工为企业提供一站式的灵活用工综合服务平台，云智爱针对委托招聘、社保代理、薪资代发、劳务派遣、岗位外包等多种业务场景，为客户提供一套完整的人力资源服务全流程在线的 SaaS＋AI 的智能化解决方案，帮助客户达成降本增效、业务拓新、可持续经营、打造自有品牌等目标。

天津泰达人才发展有限公司始终秉承着“服务第一、诚信为本、客户至上”的经营理念及“专业、高效、细致”的服务宗旨，为客户提供专业化、人性化和全方位的人力资源服务。公司以服务区域经济发展为目标，打造专业的团队、完善的管理体系，为企业提供高效率、低成本、多渠道的人力资源配置和开发服务。目前，“泰达人才”已成为天津人力资源服务领域中极具品牌影响力的人力资源服务机构，服务范围覆盖整个华北地区，同时积极拓展国际合作业务，力求和国际接轨，形成国际化的人才交流平台，成为解决企业人力资源综合问题的专家。通过“泰达人才网”“泰达人才市场”“泰达人才培训中心”“泰达猎头”“人才劳务派遣”“HR 外包”“人力资源综合服务”等品牌业务，全面协助企业解决人力资源管理难题。

业务难点：新个税法开始实施后，算薪报税变得更加复杂，仅依赖传统的方法人工处理难以满足企业发展需要，泰达人才的客户服务体量较大，对于数百家客户公司的每位员工，都要一一累计员工个税应税额，导出相应的专项附加扣除信息，在算税过程中业务人员需要大量翻查堆积如山的

Excel 表格，计算后还需由人工逐一完成核对，给业务人员带来了巨大的事务性工作量，也比较容易产生差错。

总结为以下 3 大难点：（1）需要累计员工个税应税额，实时累计最准确的专项附加扣除信息；（2）需要大量翻查 Excel 表格和公式，算薪报税效率很低；（3）个税计算完成后，需由人工完成复核校对，难以有效降低错误率。

业务解决方案：泰达人才现使用小爱科技“云智爱”系统的薪酬 + 个税模块功能，满足了以上各项需求。

薪酬模块功能：（1）为不同客户创建薪酬模板，根据模板计算工资，薪酬方案更灵活；（2）一键发起算税任务，选择对接税局智能算税/系统本地模拟算税，根据不同方式计算个税及实发工资，支持合并计税、批次发放，操作简单功能多样；（3）轻松查询管理个人工资发放数据，首次算税可进行校准，比对未使用系统前的工资个税数据，生成税差并注明来源痕迹，下月工资自动补齐；（4）自动处理工资表异常数据，自动计算核实个税和实发薪，报送税局端人员信息，核查专项附加扣除信息，提高了发薪进度和准确率；（5）实时查看预算工资中的异常批次和发放失败信息，通过智能办税导入异常信息；（6）支持发放电子工资条，员工可在 App 和微信公众号查询获取；（7）自动统计员工每月申报的累计预扣预缴数据、专项附加扣除累计数据以及员工发放工资后已扣除的专项附加扣除统计数据。

个税模块功能：（1）“将员工信息报送到税局”或“使用税务接口智能算税”，两种方式自由选择；（2）通过个税机器人采集并下载员工专项附加扣除信息，报送到税局；（3）若导入的员工信息不完整，可通过人员基础信息采集功能进行完善；（4）员工确认申报专项附加扣除后，若信息不完善的可直接在线采集。

客户实现的收益：系统自动累计员工个税应税额，实时累计专项附加扣除，自动完成个税计算；无须人工翻查 Excel 表格，显著减轻业务人员事务性工作量；系统自动完成复核校对，显著提升数据准确率，降低人工操作出错的可能，提升员工满意度；算薪报税各环节的信息得以数据化呈现，便于数据筛查统计，强化风险管控能力（根据小爱科技官方网站资料整理）。

10.2.4 商业银行努力方向

在人力资源服务行业数字化供应链平台的基础上，构建统一交易账户体系，通过多级账户体系将供应链中的多方，包括用工企业、人力资源公司、各级人力资源中介、C端员工、资金提供方、保险提供方以及其他相关合作方等链接在一起，构成人力资源服务产业供应链结算、支付、发薪、融资、理财和保险等的基础实施。

商业银行在这方面具有天然的优势，可以通过自建或与专业平台对接（嵌入），建立基于“交易支付+智能发薪”的E-SCF平台，将结算支付功能和智能发薪功能嵌入场景和交易中，从而为相关各方创造价值：为用工企业提供覆盖To B+To C全程资金可视化方案，让资金从用工企业到人力资源公司，从人力资源公司到各级人力资源中介，以及从B端到C端员工，呈现透明可视化流转特点，从而实现用工企业对资金的有效监测和监管。为人力资源公司提供需要的智能发薪和供应链融资等服务，为C端员工薪水及时足额发放、提供保障，为资金方提供基于场景化和数字化的智能风控支持。

在这个平台上，整个交易流程可以完全实现线上化、互联网化和智能化，可以实现线上合同在线签署、线上对账、交易资金线上支付、线上融资、智能发薪等功能，真正实现业务流、信息流、人员流与资金流的四流合一，满足用工企业、人力资源公司、员工和金融机构等各相关方的需求，促进人力资源服务行业数字化和智能化管理水平。

结合企业的移动交易需求，搭建移动端应用平台，将合同管理、支付管理、人员管理、融资管理和智能发薪等功能连接到企业的人力资源系统和财务系统，构建可视化的“交易支付+智能发薪+供应链金融”服务体系。

作为平台的基础设施提供者，商业银行可以将支付和发薪做成相对独立的“交易支付 + 智能发薪”模块，也可以创建“交易支付 + 智能发薪 + 供应链融资”一体化、数字化、智能化服务体系，构建产业链资金的闭环，为人力资源服务行业供应链相关参与方，提供定制化的供应链金融以及其他综合化金融服务。

案例 10 – 3　招商银行“薪福通”助力企业数字化管理转型

招商银行薪福通是专为中小型企业打造的融人事薪酬、财务为一体的企业薪税福利管理数字化服务平台，助推产业互联网升级，用金融科技创造数字化全新客户体验，助力企业数字化管理转型。

薪福通 2.0 在原有 1.0 的基础上进行了新增优化，为企业提供免费的数字化云端管理系统，跨越重复耗时劳动，实现人效升级超预期，助力提升企业效能，降低运营成本。

薪福通产品核心功能的十一模块

门户：作为薪福通平台的入口，个人用户从这里开始注册个人账户，创建企业。薪福通各个业务模块的权限分配以及其他基础配置，如个人资料修改、企业管理、用户管理、建立企业组织架构、个人通讯录、查看通知、待办消息等，都是通过门户进行管理和设置的。

人事服务：基础人事系统主要是为企业提供标准的人力资源管理 SaaS 服务的系统，同时打通招商银行个税服务、批量开户及薪资代发等系统，实现企业员工入职建档、开工资卡、考勤、算薪、算税、工资代发、工资单等全流程人力资源管理服务。基础人事与个税服务打通，实现薪税一体化；基础人事与薪资代发打通，实现算薪算税后直接代发；基础人事与批量开户系统打通，实现员工入职建档后批量开户。

薪资代发：薪资代发系统可以为企业提供各类薪酬福利款项的数据化代发服务，企业可通过该系统快速完成员工开户信息收集，智能分类员工账户，为员工进行线上批量开卡服务，更省心、更放心。同时可以为企业提供工资、奖金、费用、福利等多类型的代发，与个税、人事、差旅等其他业务系统数据互通，实现一站式的高效代发。

财务管理：财务系统是为企业提供标准财务核算的系统，包括财务报表、凭证管理、账簿管理和期末处理等功能。

个税服务：个税服务系统是可以为企业实现人员管理、专项抵扣、一键算税、一键报税、一键缴税的系统，并能帮助企业解决个税申报过程中的一系列问题，无须在多个系统中来回切换操作，降低出错风险，同时节省人力和成本。

智能费控：智能费控是一个数字化智能费用审批与报销、主流机酒预定的平台，助力企业费用控制管理。差旅费用公司按期结算，员工免垫资，安心出差；消费记录自动同步，费用支出真实透明；超标支出智能提醒，领导审核、财务报销都省心。

企业红包：薪福通平台企业红包功能操作流程更加简单便捷、支持多种红包模式、支持总行补贴包单独发放。可为开通薪福通服务的企业提供定制化的现金福利领取体验，增强员工的参与感与归属感。

企业福利：企业福利管理平台，作为薪福通系统中的重要一环，主要为企业及其员工提供福利管理服务，如福利计划、福利采购、福利发放、员工福利领取、员工福利积分消费等一站式福利管理功能；降低企业福利采购成本、提升福利发放效率和员工实际收益。

发票云：发票云为企业提供了发票数据采集、转换电子数据、发票真伪校验，发票状态监控等数字化发票服务，并可对接业务系统提供相关业务办理的真实发票依据的解决方案，同时也提供了完备的发票管理功能。

缴费云：缴费云平台是招商银行为有周期性收费需求的党费、物业、校园缴费等企业提供的收费服务平台，商户可以通过“云平台”完成个性化账单提醒及收费，线上操作方便，无须烦琐对账、无须现金交易、安全省时省力。

智慧党建：智慧党建平台是一个融管理任务、学习交流、业务宝典、宣传、党员组织信息管理于一体的线上平台。高效实现信息管理、流程管理、任务管理，微服务化管理，可以跨机构合作并支持多终端、实现系统灵活配置，在实现全流程数据跟踪的同时，带来极佳的用户体验。

（1）工资卡收集——批量开户案例

企业名称：成都某物业公司

企业痛点：企业规模较大，有自己的OA系统，但针对每月新入职员工收集工资卡卡号、新员工工资卡开户仍采用手工录入Excel表格的方法，录入工作量大且容易出错。

具体实施方案：为企业开通薪福通之后，针对新入职员工，企业首先使用薪福通—基础人事的“工资卡收集”功能，收集员工在招商银行的一类卡和一网通二类户（电子卡）。其次针对无招商银行卡的新入职员工，利用薪酬代发的批量开户功能完成新入职员工的在线开卡。从而解决企业新入职员工在工资卡收集、开卡的一系列工作流，人事效率大大提高。

（2）薪资代发案例

企业名称：广州某房产服务公司

企业痛点：企业内部情况较为复杂，财务与人事部门在工资代发的需求点上要求独特。之前企业通过其他银行的代发形式进行员工的工资发放，整体体验较差。基于内部管理原因，Ukey仅能给财务人员使用。网银的代发经办必须为人力部门，但是代发经办必须使用Ukey。传统网银代发方案无法满足。之前客户使用他行柜面代发，没有有效提升代发效率。

具体实施方案：（1）注册企业管理员，可以由人力部门担任管理员，做到人力部门全流程管理；（2）代发时使用薪福通薪资代发作为线上工具，实现类似网银代发的便捷工资代发体验，满足客户各项线上化操作要求；（3）设置多级审批，明确代发明细权限，满足企业人事与财务的审批流程与工资信息保密要求；（4）财务把控支付，最终的支付由支付人支付，可以线上随时操作，了解工资款发放情况（根据公开资料整理）。

10.3 人力资源服务行业供应链金融发展阶段

概括地讲，人力资源服务行业供应链金融发展经历过三个阶段：“应收款项+保理”的线下模式是人力资源服务行业供应链金融发展的第一阶段，也被称作供应链金融1.0版；“核心企业+保理公司”线上模式是人力资源服务行业供应链金融发展的第二阶段，也被称作供应链金融2.0版；“交易支付+智能发薪+供应链金融”SaaS平台模式是人力资源服务行业供应链金融发展的第三阶段，也被称作供应链金融3.0版。

10.3.1 供应链金融1.0版：“应收款项+保理”的线下模式

以亚洲保理为代表的资金方向人力资源公司提供流动性支持，最早为富士康的人力资源供应商提供保理融资服务，主要产品见前述（第9章第4节），主要采取线下方式实现，部分借助保理商内部操作系统线上完成。这一阶段，称为人力资源产业供应链金融1.0版。

在这一阶段，保理商仅仅是资金提供方，基于人力资源服务形成的应收账款开展保理业务。人力资源服务行业仅仅是作为保理公司提供金融服务的众多领域中的一个细分领域。通常保理公司直接开发人力资源公司客户，基本上不与或很少与甲方用工企业发生直接联系，这是因为一般用工企业比较强势、配合度差，一般不给予确权。正是因为甲方用工企业的不确权，这种融资业务通常会被银行等传统金融机构拒绝，而为新型市场化商业保理公司提供机会。商业保理公司补缺银行为人力资源公司提供所需的融资服务，既保证人力资源公司的员工及时领取薪酬，也保障了人力资源公司业务的连续性，同时保理公司自身在承担较低的风险前提下获取了较高的收益，可谓一举三得。

人力资源产业供应链金融1.0版还是有很多不足之处：一是主要采取线下方式操作，效率较低而成本较高；二是保理公司只与人力资源公司发生直接联系，几乎关联不到甲方，很少能够从甲方获取商流、信息流、人员流和资金流的支持，存在较为严重的信息不对称和较高的道德风险；三是通常新型市场化商业保理公司会受到资金规模和利率水平的制约，一般说来，存在资金规模有限、而资金价格相对较高的现象，限制了其对人力资源公司的金融供给和金融服务能力。因此，很难从根本上解决人力资源公司融资难、融资贵问题。

10.3.2　供应链金融2.0版："核心企业+保理公司"线上模式

这种模式比较典型的代表是富士康，富士康科技集团于2014年成立了富金通金服，旗下设有商业保理公司、融资租赁公司和小额贷款公司，主要开展商业保理、融资租赁、小额贷款、供应链信息服务等业务，搭建金融体系服务平台，发展供应链金融及互联网金融，解决中小微企业的融资难题，推动社会经济发展。

富金通保理产品介绍：供应商将其与采购商之间的订单、交货单、对账单、发票、结报项下的应收账款转让给富金通金服，提前拿到货款，支持全环节融资，实现零账期；富金通保理业务准入条件：必须是富士康集团（含投资）的合格法人供应商。

富士康集团依托其供应链管理系统，以及富金通金服旗下的保理公司，构建了"核心企业+保理商"的供应链自金融模式，通过这种模式为供应链上的供应商提供金融服务和金融赋能，有效解决了供应商融资难的问题，巩固了与供应商战略合作关系，提升和优化了整个供应链。同时，自身也获得了较好的利润来源，强化了金融板块的发展。

富士康集团有良好的供应商管理系统，借助这个系统的线上化支持，让富金通金服能够及时抓取相应交易的商流、信息流、人员流和资金流，有效解决了信息不对称，大大降低了融资业务的信用风险和道德风险，也有利于提高其包括对账、放款等操作的服务效率，能够更好地满足人力资源公司的融资需求。对于回款的良好控制配合，突出了供应链金融的自偿性和封闭性特点，保证了资金的安全性。因此，这种“核心企业+保理公司”线上模式与1.0版“应收款项+保理”的线下模式相比，融资风险大大降低，资金安全性有了很大保障，服务效率也有了较大提高。

但这种模式也存在一些不足，突出表现为：一是这种模式仍然呈现一定的封闭性特点，它仅仅跟体系内的保理公司等金融主体发生联系，其开放性不足，比如它不向体系外的保理公司以及商业银行等金融机构开放，从而难以支撑与商业银行等金融机构充分发挥比较优势，强强联合；二是金融服务能力有限，受制于自身资金规模制约，金融服务供给能力有限，很难完全满足供应链上众多的中小企业融资需求；三是受制于资金来源渠道所限，资金成本相对高企，对于中小企业供应商来讲仍然存在融资贵的现象。

10.3.3 供应链金融3.0版：“交易支付+智能发薪+供应链金融”SaaS平台模式

通过第三方搭建专业化数字平台，借助SaaS平台，链接人力资源公司、用工企业、员工以及资金方，平台集交易支付、智能发薪和供应链金融功能于一身，人力资源服务行业供应链金融发展到数字化供应链金融阶段，笔者称为供应链金融3.0版。

其融资实现基于场景和业务闭环实现系统：乙方人力资源公司在发薪日，基于乙方为甲方用工企业提供人力资源服务，形成对甲方的应收服务费，向金融机构线上实时融资，并专项用于发放员工薪酬；到期后，甲方用工企业支付服务费到金融机构的账户或受其监管的账户，用于优先向金融机构还款，余款退回至乙方人力资源公司。

上述资金结算、支付、发薪和融资操作均在一个SaaS平台上实现，包括融资过程中提交资料、放款、回款、还款和清分等均支持线上化、移动化和互联网化方式实现。这一类SaaS平台比较有代表性的是薪企链和薪太软。借助互联网和SaaS平台，可以做到不受地域限制、不受银行卡限制，实现智能发薪功能；在融资方面，无须提供抵押，仅凭供应链交易形成的数字化资产即可实现在线信用融资功能。下面重点介绍薪企链、薪太软以及支持蓝领日薪和周薪发放的“安心云人事”SaaS 平台。

案例 10－4　薪企链打造大数据平台，助力人力资源产业发展

薪企链聚焦人力资源产业，打造人力资源产业供应链金融科技平台，通过人力资源服务企业、用工企业、员工、资金方、第三方公司、征信系统、发票交易等渠道采集海量数据，为企业提供精准的大数据“画像”，从而为人力资源服务企业提供灵活、方便、及时、安全的数据服务解决方案。

目前，薪企链平台拥有 100 万＋用工企业，10 万＋人力资源公司，500＋金融机构，千万级 C 端发薪等数据，行业数字化场景应用大数据库已经形成，通过数据服务输出，赋能行业发展。

针对人力资源服务行业轻资产、融资难的问题，薪企链基于供应链及企业的经营数据，建立风控模型和评分模型，为企业提供真实的全方位的“企业画像”、数据分析、风险控制和产品设计服务，打破传统风控模式数据来源单一、审核流程冗长、审批效率低，无法满足当下业务中产生的海量数据实时分析和多样化风险识别的难题，助力人力资源企业解决融资难、融资贵的难题，推动产业持续健康发展。

数字化时代，人力资源服务业既是大数据、人工智能等新技术广泛应用的领域，又是敏锐适应客户需求，不断创新商业模式、提升服务能力的典型行业。未来，薪企链将继续整合多方数据与资源，深入探索大数据应用的新理念、新模式、新价值，更及时、更高效、更精准地为客户提供更贴心的大数据服务。

薪企链提供的八大产品和服务：

（一）薪酬垫资服务

产品介绍：薪企链和国有大型银行、股份制银行等资金方合作，为人力资源公司提供灵活、方便、及时、安全的人力费用应收账款融资解决方

案，满足其灵活用工发薪场景下的“日结垫资”“周结垫资”“循环垫资”的融资需求。

产品特点：(1) 操作简单、方便快捷，一次签约、循环操作；(2) 无须抵押，只需项目存在应收账款即可申请；(3) 线上提报资料、线上初审，资料齐全，最快2天即可出结果；(4) 专款专用，额度充足，最高可达员工工资部分的100%；(5) 期限灵活，随借随还；(6) 按日计息，用几天算几天，资金成本低。

(二) 社保垫资服务

平台推出“社保道”产品，为人力资源企业提供社保缴纳垫资业务，缓解人资企业缴纳社保资金周转的压力。

(三) 智能工时采集技术服务

薪企链打造的一款应用于员工现场考勤管理的小程序版工时信息采集系统，为用工企业和人力资源服务企业提供智能排班、工时采集、工时单等服务，为人力资源服务企业发薪提供数据依据，为资金方垫资提供真实性的交易依据。

(四) 商业保险代理服务

平台协同国家保险公司，为用工企业、人力资源企业提供线上化签约的“雇主责任险”“意外伤害险”等商业保险产品，帮助企业提升风险抵抗能力。

(五) 电子合同签约服务

薪企链平台为上链注册的企业客户、员工，提供移动、方便、快捷、合法的线上电子合同签约服务。如用工企业与人力资源企业之间的招投标交易服务，或者人力资源企业与外派员工之间的劳务合同等。帮助企业提高签约时效性，降低企业成本。

(六) 劳务费支付可视化服务

劳务费支付可视化服务一方面是为用工企业和人力资源服务企业提供智能发薪服务，另一方面通过平台与合作银行的账户体系，为企业开立监管账户，用区块链做应收账款的存储、转让、交易，确保数据的不可篡改。

（七）产业数字化云服务

薪海云平台上拥有200万+用工单位，16万+人资企业数据库，通过线上线下采集获取的500+数据维度，为交易双方提供征信画像、智能撮合交易，提高交易效率。平台通过对招聘单位征信画像呈现，以及招聘流程、招聘岗位的可视化展示，保护应聘员工权益和提升招聘的成功率。

（八）资产输出服务

薪企链平台串联产业链上的各方，实现信息流、资金流、业务流、商流“四流合一”的闭环业务生态，运用智能动态风控、大数据画像等技术，以及对应收账款确权、协助资金监管等工作，助力资金方保理业务（根据企业官网等公开资料整理）。

案例点评：

薪企链的发展路径，是由人力资源公司融资难、融资贵的痛点切入，由融资端切入，进而延伸到支付端，成为“融资服务+智能发薪”一体化解决方案提供商。

薪企链完成“从重资产模式向轻资产模式，从线下模式向线上模式，从单一提供资金服务向融资、结算支付和智能发薪等综合服务”转变。从单一融资产品服务方到综合解决方案提供商，从流动性提供方到风险管理方，以及到资产与资金链接方转变，如何强化优势，补足短板，薪企链未来值得期待，但也充满挑战。

案例10-5　人力资源SaaS平台薪太软获开泰银行旗下开泰远景A+轮战略投资

薪太软，是一家高速成长的运用人工智能、支付科技、大数据及产融结合工具提升传统人力资源综合效率的科技平台企业。薪太软获得开泰银行旗下开泰远景A+轮战略投资，将围绕原有产业互联网生态及服务场景，携手开泰银行布局一带一路，共建全球薪酬支付体系促就业、惠民生，助力企业发展，保障产业工人薪酬权益。

（一）首获外资银行青睐，共建全球薪酬支付体系

成立于2016年的薪太软，是一家高速成长的运用人工智能、支付科技、大数据及产融结合工具提升传统人力资源综合效率的高新科技企业。以互联网薪酬支付场景作为切入点，为劳动密集型企业提供一站式互联网薪酬管理服务，在全国重要城市设有分支机构。通过数字化赋能人力资源机构，薪太软以薪酬管理 SaaS 系统为根基，以人力供应链的交易撮合为其定位产业互联网的立身之本，聚焦薪酬科技，深耕薪酬结算这一垂直场景，逐步形成了平台自身独特的护城河。

开泰银行创建于1945年，经过70多年快速成长，已发展为一家在资产总额、存款总额、分行网点和雇员人数方面规模可观的大型金融机构，是泰国最大的商业银行之一，市值位居前列，也是为数不多在1997年幸免于亚洲金融危机而无须国家援助的泰国商业银行之一。开泰银行（中国）有限公司致力于为中国客户提供全方位的金融服务，同时着力打造连接中国与东盟的数字化金融平台以支持中国企业的区域扩张。

据悉，薪太软曾获同创伟业、高德、红椒资本等知名机构投资，本轮融资也是国内薪酬管理 SaaS 平台首次获得外资银行青睐。

（二）赋能企业，以 SaaS 模式最大化产品价值

经历了信息数字化的中国企业，正在由业务数字化迈向数字化转型阶段，运用云计算、大数据、人工智能等数字技术，优化运营管理流程、驱动商业模式变革，向数据驱动的企业组织演变，人力资源企业也不例外。

不少互联网企业开始关注人力资源这一细分领域，以 SaaS 模式为人力资源企业打造软件产品，以全新的模式赋予人力资源价值新的定义。与传统软件产品相比，SaaS 平台能以更灵活的付费模式和稳定的技术支持，让企业得以用更低的成本、更快的速度完成数字化转型升级，让企业降本增效立竿见影，同时，SaaS 平台也能紧跟行业政策变化完善功能服务的迭代创新，为客户需求和用户体验提供了最大保障。薪太软这类因新型结算关

系而生的产业互联网平台，开始通过和银行合作，借助银行的账户结构和支付能力、金融服务能力等基础设施，帮助银行更好地拓展新客户，实现合作共赢关系。

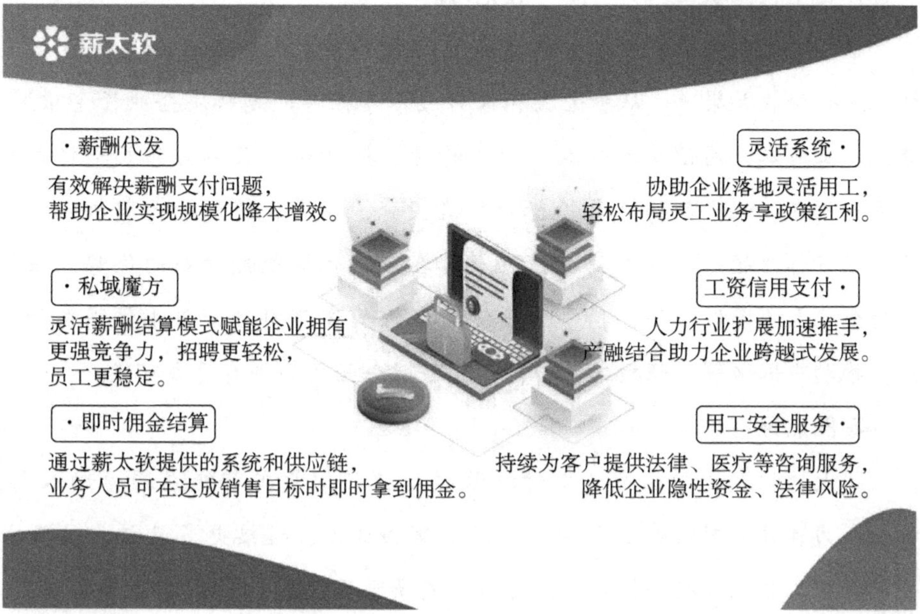

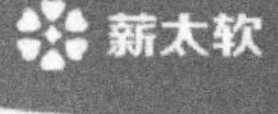

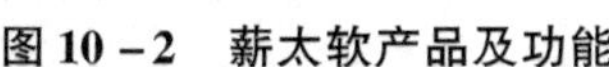
图10－2　薪太软产品及功能

（三）从“薪”出发，打造中国互联网人力资本平台

自创办以来，薪太软从人力资源薪酬管理这一细分领域入局，始终致力于为企业提供全面薪酬服务。经过四年多的高速发展，薪太软已成长为向企业提供薪酬代发、灵工系统、私域魔方、即时佣金结算、工资信用支付及用工安全服务等产品功能的一站式互联网薪酬管理平台。

对于自身的平台角色，薪太软希望成为人力资源行业基础设施提供者，让薪酬科技助力更多企业实现数字化交易，也希望作为企业深度赋能的陪跑者，从科技、产业、政策、产融、战略及人才等多个维度陪伴用户成为行业标杆。值得一提的是，薪太软同时也支持企业完成供应链一体化整合改造，从产业生态链层面让企业实现全面加速。

目前薪太软已服务5000多家全球中大型人力资源企业，覆盖21万家用工企业，服务员工2700万人。让企业发薪更有弹性，让员工领薪更加灵活，越来越多的人力机构意识到，薪太软的价值远不止是“薪酬结算变压器”，或将开创中国互联网人力资本平台先河。

在薪太软的未来规划中，构建成熟的服务模式，为企业和员工提供多样性业务和收益渠道，从资金链和人力成本等根源问题解决企业资金难题、降低用工成本，用便捷、专业、创新的功能提升企业吸引力和效率将是核心目标所在。此次获得开泰银行的战略投资，薪太软将以此为契机，借助开泰银行作为领先的泰国商业银行及其在亚洲市场长期耕耘的优势，深入布局全球人力资源领域，携手更多优质合作伙伴共同打造全球薪酬支付体系，推动中国薪酬管理模式变革，让互联网全面薪酬拥有更多可能。

案例点评：

薪太软的发展路径是从支付端做起，以C端员工智能发薪为切入点，帮助人力资源公司提高发薪效率、降低交易成本，链接更多B端人力资源公司和用工企业，提供批量化、智能化发薪服务。

在此基础上，链接资金流动性提供方，比如保理公司、小贷公司、互联网金融公司和银行等金融机构，为人力资源公司提供融资类服务，薪太软以发薪切入融资撮合，走的是“智能发薪+融资撮合”模式。薪太软如何构建其商业模式，体现平台的商业价值，走出一条可持续发展之路，让我们拭目以待。

案例10－6　“安心云人事”SaaS平台支持蓝领日薪和周薪发放

36氪获悉，安心平台推出了蓝领发薪SaaS产品“安心云人事”，专注于蓝领人力资源的发薪和运营管理。安心云人事于2019年2月正式上线，已签约数百家人力公司，包括数家在职人数超过10万人的上市人力公司，月发薪量达数亿元。

安心平台成立于2014年，旗下分为安心记加班、安心找工作和安心云人事三个板块。安心云人事就是针对人力公司推出的，主要功能包括无卡发薪（日薪/周薪）、薪资垫付、智能 AI 招聘、员工管理、众包业务撮合等。

周薪并不是蓝领创业中的新鲜尝试，不少创业公司以前都有周薪制探索，比如“我的打工网”。为什么安心云人事现在开始做这一模块？CEO 姚笛表示，发薪时间是影响蓝领流动的重要因素。中国普遍都是按月薪制进行，很多蓝领等不到工资发放就走了，就是因为没有办法支撑日常生活开销。但蓝领频繁流动，涉及大量的银行卡办理、信息收集、发卡、激活等工作，很多人力公司不得不承担重复工作。

而安心云人事的最大优势在于：基于支付宝 + 网商银行的底层技术，可以发放周薪甚至日薪，无须蓝领提供银行卡，免除跨行手续费，尤其适合加班和兼职薪资发放。具体发放薪资时，人力公司只需在后台上传员工姓名、身份证、发放金额信息即可发薪。员工登录公众号，提供本人名下任意的银行卡或者支付宝账号即可提现。目前云人事支持 100 多家银行的批量发薪操作。

以云人事某昆山合作人力公司为例，普工月薪约 4000 元，每天可招到 10 个人，采用日薪制后，现在每天可招 50 ~ 100 人，并且员工月留存率比月薪高约 50%，招聘返费成本低 20% ~40%。

姚笛表示：“从蓝领角度，日薪制比周薪、月薪能更快地拿到钱，这能解决一个核心痛点：外出打工的蓝领没钱吃饭，对员工和社会稳定性都有更大意义，让蓝领、中介、人力公司、企业成为利益共同体而不是互相博弈，对整个蓝领招聘产业链健康发展都有更大的好处。”

周薪、日薪背后，需要考虑两方面问题：财务效率、资金安全以及流动性。传统月薪模式下，人力公司的财务每月只需要计算和发放一次薪资，而日薪模式需要每天计算发放薪资，对仍靠 Excel 计算工资的财务来说是很大的挑战。对此，安心云人事后台能生成对应报表，节省财务压力，降低发错薪概率，定位打卡功能也能避免员工钻漏洞多领工资的现象。

安心云人事首创的“发日薪”模式是数字化与蓝领人力资源结合的产

物，可以帮助企业招更多的人、提升员工留存和降低招聘成本，从而获得更多的收益；同时，也满足了产业链中其他角色的利益。

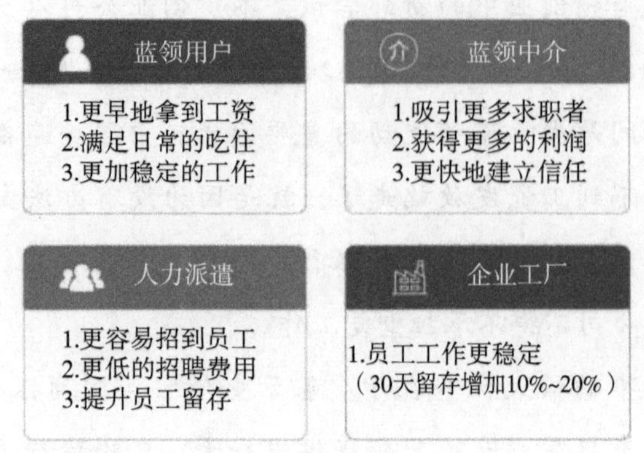

图 10－3　安心云人事发日薪对产业链各方的价值

案例点评：

安心云人事推出的周薪、日薪方案具有一定的创新性，对于解决用工荒、招工难有着积极的现实意义，对于人力资源服务行业破解返费顽疾有一定的促进作用。

以京东、美团、顺风、饿了么、盒马等为代表的平台经济迅速崛起，代理商体系下，月薪仍然是主要形式，“六一八”、双“十一”、双“十二”等特殊情形下，会采用周薪、日薪方式。相信在不久的将来，随着灵活用工平台和共享经济的发展，周薪、日薪的应用场景会越来越多、越来越成为常态，出现在人们的生活中。让人们拥有更多薪酬支付方式选择的权利，这是安心云平台的最大价值。

10.4　人力资源服务行业数字供应链金融前瞻

10.4.1　出现互联网平台主导模式

未来在人力资源服务行业，随着平台经济的发展，将出现互联网平台主导的数字化供应链金融平台。

传统互联网平台以阿里、京东等为代表，新兴互联网平台以美团、饿了么、盒马、滴滴等为代表，无论传统平台还是新兴平台，它们硬件与软件基础设施都比较完备，都具有一定的管理优势、科技优势和系统优势，借助自身较为完善的业务管理系统、考勤及考核统计系统，基于密集型人力资源服务存在的场景和业务，比如分拣、收件、派送等，向其合作供应商、代理商提供系统接口，实现实时在线信息和数据共享，从而为其供应商、代理商开展数字供应链金融服务提供支持，甚至可以推动周薪制、日薪制等创新性支付服务与创新性金融活动的开展。

这些平台一般背后归属更大的互联网平台，像美团之于腾讯，饿了么之于阿里，而这些更大的互联网平台都有着自己相对完备的金融布局，比如腾讯有微信支付（支付牌照）和微众银行（银行牌照）等，阿里有支付宝（支付牌照）和网商银行（银行牌照）等，依托这些互联网支付资源和互联网银行资源，开展人力资源供应链金融业务顺理成章，未来会出现“互联网平台 + 智能发薪 + 互联网银行”的模式。

这些平台如果更加开放一些，专注于发挥平台优势和数字科技优势，而将系统开放和链接给传统的商业银行，以便发挥传统商业银行的资金服务、综合金融以及线下网点优势，未来会出现“互联网平台 + 数字科技 + 商业银行”的模式，而这种模式则是更加开放和更加融合的结果，更能充分发挥各自的比较优势，更能进一步促进产业生态和金融生态的优化。

10.4.2　出现专业化第三方平台主导模式

无论平台经济多么繁荣、多么发展，传统产业的人力资源服务仍然会占有相当大的比重，传统人力资源服务仍然是人力资源服务行业最重要的主战场之一，而众多的中小人力资源公司仍然会在行业中占据相当的比重。

如何为众多的中小人力资源公司提供科技和金融赋能将是永恒的课题。谁能够率先用科技、金融以及市场化的力量将用工企业、人力资源公司和人力资源服务中介、员工以及流动性提供方连接起来，为相关各方创造价值，谁就会在竞争中脱颖而出。笔者认为，作为专业化的第三方数字化平台，始终构成人力资源服务行业数字化供应链和数字化供应链金融建设的一支重要力量。

发展专业化数字化平台的有利条件，有以下三个方面：一是技术条件越来越成熟，随着互联网和5G技术的发展以及人工智能、大数据、云计算、区块链等技术的应用，场景化、线上化、数字化越来越成为趋势；二是行业发展成熟度越来越高，专业化分工和战略性合作趋势并存，集成化、一体化、智能化已经不可逆转，甲方、乙方以及与金融机构等其他合作方融合与共享程度越来越高；三是场景化、交易化、数字化和标准化，将会大大推动人力资源服务行业资产链接更多渠道资金方，如银行、信托、券商、保理商和财富管理公司等，从而达到撮合资产和资金最佳匹配的目标。

发展专业化数字平台同时也存在一些障碍，主要有以下三个方面：一是如何解决用工企业关心的关键问题，即围绕甲方痛点，为其提供专业化解决方案，从而为其创造价值；二是如何在人力资源公司关键业务、关键环节、关键操作上运用现代信息技术，充分发挥科技的力量，为人力资源公司提高效率、降低成本、创造价值，更好地提供科技和金融赋能；三是如何为金融机构提供基于场景和交易的大数据，如何通过结构信用、第三方交叉验证以及主体信用的整合应用，为流动性提供方提供在线化、数字化、智能化风控解决方案，以上三个方面将构成专业数字化平台的核心价值，从而决定专业化数字化平台的发展未来。

10.4.3 商业银行参与发展路径

商业银行是人力资源服务行业金融服务的传统力量，为用工企业、人力资源公司和员工提供开户、结算、支付、开卡和发薪等基础金融服务。随着5G和互联网的发展，借助物联网、人工智能、云计算、大数据和区块链等金融科技力量，如何为人力资源服务行业线上化、数字化、智能化供应链金融发展提供新的金融赋能和科技赋能，成为核心和关键问题。

一般说来，商业银行具有以下优势，一是具有天然的客户优势，包括拥有众多的用工企业、人力资源公司等甲方和乙方客户资源；二是结算和支付优势，商业银行既可以开立线下账户、也可以开立线上账户，而且给 C 端员工批量开卡和智能发薪具有支付优势；三是科技优势，一些商业银行构建的账户和支付体系可以为用工企业、人力资源公司、各级人力资源中介以及 C 端员工量身定做，实现了线上化、可视化、数字化和智能化服务；四是商业银行能够提供综合金融服务，除了结算、支付、发薪，还可以提供现金管理、理财服务、B 端融资服务以及 C 端个人理财和贷款服务等；五是商业银行具备资金规模优势和资金价格优势，这个优势是其他金融机构无法比拟的；六是借助金融科技的力量，通过信用数字化、推动数字资产化、实现资产流动化，基于场景化、交易化、数字化的信用评价，无须抵押，无须担保，可以破解中小企业融资难、融资贵问题。

商业银行参与人力资源服务行业数字供应链金融建设的第一种模式，通过嵌入用工企业人力资源服务系统，构建“核心企业 + 供应链金融 + 智能发薪”模式。

商业银行参与的第二种模式：通过嵌入综合性互联网平台或专业第三方平台，打造“平台 + 数字科技 + 供应链金融”的模式，借助互联网和现代信息技术，实现互联互通，借助科技和金融的力量，充分发挥各自的比较优势，推动人力资源服务行业数字化产业供应链金融水平不断提升，通过数字科技应用加速产业与金融相互融合。

商业银行条件成熟时，也可以通过自建平台实现“N + N”模式。即基于人力资源服务行业产业链供应链日常运行过程中以无数个“N”自身为中心长期积累的，可交叉验证的真实交易数据、经营数据以及行为数据来独立评价人力资源公司信用风险，借助金融科技的力量，使得人力资源服务行业中小企业“融资难、融资贵”实现技术性和实质性解决。

参考文献

[1] 张伟锋．企业在供应链上的“两头吃”能力分析——以格力电器为例 [J]. 中国管理信息化，2014，17（21）：3－4.

[2] 刘延东．关注中小企业融资难 [J]. 当代会计，2015（5）：29－30.

[3] 李阳，宋良荣，阎奇冠．智能制造产业链金融研究综述 [J]. 财会月刊，2023（12）.

[4] 同盾科技．供应链金融创新发展报告（2019）[EB/OL]. 2019，12.

[5] 赵琳菊．贵州民族地区电商企业融资模式研究 [D]. 贵州民族大学，2018.

[6] 邱吴姮．以核心企业主导的装配式建筑供应链金融风险研究与应用 [D]. 重庆大学，2017.

[7] 宋华．中国供应链金融的发展趋势 [J]. 中国流通经济，2019，33（3）.

[8] 张旭，曾章蓉．供应链金融：业务模式及风险点 [J]. 国际金融，2020（1）：25－33.

[9] 供应链金融的业务模式整理—《网络（http：//www. wendangku）》.

[10] 中国资本联盟．解析供应链金融不同阶段的各种模式 [EB/OL]. 2019，8.

[11] 宋华．一文看懂供应链金融保理行业 [EB/OL]. 2023，4

[12] 刘欣欣．数字时代下如何实现税收治理现代化 [J]. 商业经济，2022（12）.

[13] 叶佳琪．数字经济赋能共同富裕的作用机理和实现路径 [J]. 河北企业，2023（2）：16－18.

[14] 李晓栋，万诗婕．数字金融对劳动力的就业结构效应：理论与检验 [J]. 经济与管理评论，2022，38（4）：113－123.

[15] 中国人民银行、工业和信息化部、司法部、商务部、银保监会、外汇局等．关于规范发展供应链金融支持供应链产业链稳定循环和优化升级的意见 [EB/OL].

2020, 9.

［16］孙爱丽，牛淑珍．中小企业融资创新研究线上供应链金融［J］．商业时代，2014（1）：66－69.

［17］林扬，白士泮，张治．分布式数字资产监管科技平台的研究与实现［J］．科技智囊，2020（10）：10－17.

［18］胡跃飞．“双轻”时代的数字供应链金融［J］．中国金融，2017（14）：44－46.

［19］供应链金融．电商平台供应链金融发展趋势是怎样的［EB/OL］．2019，1.

［20］深圳市金融商会．国内十大供应链金融企业模式分析［R］．2022，6.

［21］李姗珊．供应链企业发展商业生态圈战略的经济后果研究［D］．暨南大学，2020.

［22］肖红霞．供应链金融运作模式及融资模式探讨［J］．财经界，2019（35）：29－30.

［23］孙桂红．金融科技对中央银行会计核算的影响及风险研究［J］．河北金融，2021（5）：15－18，32.

［24］叶望春．构建智能供应链金融生态圈［J］．中国金融，2019（10）：59－61.

［25］张向霞．区块链在 ZS 银行应收账款融资业务中的应用研究［D］．南京师范大学，2021.

［26］唐榛，汪子怡，黄钰文．“链”金融在小微企业融资中的应用研究——以浙商银行为例［J］．时代金融，2021（3）：10－13.

［27］路传栓．平台企业主导的供应链金融模式研究［D］．南京：南京邮电大学，2021.

［28］陈彦蓉．推动应收账款票据化助力中小企业融资［N］．金融时报，2020－05－11.

［29］彭景．票据创新产品支持供应链金融的研究［D］．江西：江西财经大学，2022.

［30］中国信通院．金融科技前沿技术发展趋势及应用场景研究［EB/OL］．2018.4.

［31］张正平，黄帆帆，卢欢．金融科技在农业供应链金融中的应用及完善［J］．银行家，2021（3）：124－126.

［32］锋行链盟研究院．中国金融科技生态白皮书（2019 年）［R］．2019.7.

[33] 田建勇．浅析物联网技术及应用［J］．电脑编程技巧与维护，2012（12）：96－97.

[34] 李元辰．电子商务平台下的供应链融资风险研究［D］．重庆：重庆交通大学，2018.

[35] 温胜辉．供应链金融 ABS 解析［J］．债券，2017（10）：69－74.

[36] 杭天宇．N 银行供应链金融风险评价研究［D］．南京：东南大学，2020.

[37] 赵莉．供应链金融融资模式及案例分析［D］．山东：山东大学，2010.

[38] 郑庆辉．供应链金融的现状、问题及对策——以福建省石狮市为例［J］．福建金融，2019（1）：36－41.

[39] 周涵．国内商业银行供应链金融及其风险研究［D］．昆明：云南财经大学，2015.

[40] 姜霄．商业银行视角下供应链金融风险的识别和评价［D］．山东：山东大学，2016.

[41] 王珏．商业银行供应链金融的风险防范［J］．金融电子化，2013（11）：65－66.

[42] 梁艳彬，贺佳．数字供应链金融风险分析及防范研究——基于促进中小企业融资角度［J］．北方金融，2023（2）：58－62.

[43] 李静宇．上海钢贸诈骗案的风险警示与对策［J］．中国储运，2013（8）：40－43.

[44] 刘云芬，孙红满．供应链的风险影响因素及其防控［J］．大众投资指南，2019（5）：33.

[45] 程雅．杭州国资成＊ST 博信第一大股东　计划与其他股东协商改组公司董事会［N］．每日经济新闻，2022－02－22（008）.

[46] 陈菲琪．金融科技＋场景金融　打造数字普惠金融服务新模式［J］．金融电子化，2021（11）：27－28.

[47] 杨洁，曾凡军，徐齐利．新经济背景下灵活用工互联网平台的产品需求分析［J］．中国商论，2022（11）：108－111.

[48] 单羽涵．新型灵活就业形态中的劳动关系认定及其法律保障研究［J］．法制博览，2022（4）：130－132.

[49] 马士华、林勇，等．供应链管理（第 5 版）［M］．北京：机械工业出版

社，2016.

［50］深圳发展银行．中欧国际工商学院．供应链金融：新经济下的新金融［M］．上海：上海远东出版社，2009.

［51］宋华．供应链金融第2版［M］．北京：中国人民大学出版社，2016.

［52］宋华．互联网供应链金融［M］．北京：中国人民大学出版社，2017.

［53］宋华．智慧供应链金融［M］．北京：中国人民大学出版社，2019.

［54］陈晓华．供应链金融［M］．北京：中国工信出版集团/人民邮电出版社，2018.

［55］郑殿峰、齐宏．产业供应链金融［M］．北京：中国商业出版社，2020.

［56］宝象金融研究院等．互联网+供应链金融创新［M］．北京：中国工信出版集团/电子工业出版社，2016.

［57］网贷天眼研究院．互联网+供应链金融创新模式［M］．北京：中国铁道出版社，2017.

［58］中国人民银行．全球视野下的中国普惠金融：实践、经验与挑战［R］．2018.

［59］中国信息通信研究院．中国金融科技前沿技术发展趋势及应用场景研究报告［R］．2018.

［60］欧阳日辉．数字金融蓝皮书：中国数字金融创新发展报告（2021）［M］．北京：社会科学文献出版社，2021.

［61］王滨．数字化供应链金融平台风［J］．中国金融杂志，2021（24）.

［62］郑联盛，等．平台型供应链金融：机理、模式与启示［R］．国家金融与发展实验室，2023.

［63］龚谨．数字赋能的美国领先互联网供应链金融平台 Prime Revenue［R］．京东科技集团研究院，2020.

［64］林治洪，罗勇．交易金融［M］．北京：中国金融出版社，2017.

［65］人力资源与社会保障部．2019年度人力资源服务业发展统计报告［R］．2020.

后 记

笔者从事金融和财务工作近三十年，从商业银行支行行长，到保理公司高管，再到互联网科技公司首席产品官，经历不可谓不丰富。累积了不少成功经验，也有很多失败教训。某种程度上，教训比经验更深刻，是时候做一个阶段性总结了。

笔者的能力和水平确实有限，无论在理论上，还是实践上，沧海一粟。但人总是要有点精神，有点追求，勇气之下，才有了本书。笔者崇尚一万小时定律，本书历经三年，四易其稿。如果本书能给您带来一些启发或收获就是好的，也算是为数字化供应链金融发展摇旗呐喊，抛砖引玉，尽自己的绵薄之力。

完稿之际，笔者要感谢这本书，它让笔者走过了一段充实和沉静的旅程，这是一段知识探索之旅，更是一段人生修行之旅！它让那些平常平淡平凡的日子，有了更加意味深长的意义！

感谢父母的养育之恩！感谢所有的领导和师长！感谢朋友们！感恩你们的提携和帮助，没有你们就不会有本书！

感谢这个时代，为时代喝彩！

由于金融科技发展日新月异，数字供应链金融理论和实践也在不断探索和完善之中，书中肯定有疏漏之处，欢迎大家批评指正。

2024 年 3 月　重庆